KB194568

깨어나라, 너 잠자는 자여

깨어나라, 너 잠자는 자여

———

1판 1쇄 펴냄 2020년 1월 6일

지은이 김기석
펴낸이 한종호
디자인 임현주
인쇄·제작 블루앤

펴낸곳 꽃자리
출판등록 2012년 12월 13일
주소 경기도 의왕시 백운중앙로 45, 2단지 207동 503호(학의동, 효성해링턴플레이스)
전자우편 amabi@daum.net
블로그 http://fzari.com

Copyright ⓒ 김기석 2020

* 이 책은 저작권법에 따라 보호받는 저작물이므로 무단 전제와 복제를 금합니다.
* 저자와의 협의에 따라 인지를 생략합니다.
* 잘못된 책은 바꾸어 드립니다.

———

ISBN 979-11-86910-27-6 03230
값 20,000원

깨어나라,

너 잠자는 자여

꽃자리

깨어나라,

너 잠자는 자여

10월 하늘연달

깨어나라,

너 잠자는 자여

12월 매듭달

깨어나라,
너 잠자는 자여

영혼의 훈련

아주 오래 전 백범 김구 선생이 쓰신 편액을 보고 마음에 담아둔 시가 있다. "눈밭 위를 걸어갈 때 어지럽게 걷지 말라 踏雪野中去 不須胡亂行답설야중거 불수호란행 오늘 내가 걸어간 발자취는 뒷사람의 길이 될 터이니 今日我行跡 遂作後人程금일아행적 수작후인정." 나중에 이 시가 서산대사가 쓴 것임을 알았지만, 그렇다고 하여 이 시가 주는 강렬한 도전이 스러진 것은 아니다.

사람은 누구나 길을 걷는다. 아장아장 걸음마를 배우던 순간부터 세상을 떠나는 날까지. 사람은 떠나도 흔적은 남는다. 그 흔적은 세월과 함께 지워지게 마련이지만 그렇다고 하여 영원히 사라지는 것은 아니다. 그 흔적들이 모여 이룬 길을 따라 누군가가 걷고 있다면 모든 것이 무로 돌아갔다 말할 수 없다. 오늘 내가 걸어간 발자취가 누군가의 길이 된다는 생각을 품을 때 삶이 조심스러워진다.

아무도 밟지 않은 설원 위에 발을 내디딜 때 묘한 감동

깨어나라,
너 잠자는 자여

이 있다. 함부로 날뛰지 못한다. 시간은 하나님으로부터 주어진 선물이다. 시간은 새들이나 짐승의 발자국조차 찍히지 않은 깨끗함 자체로 우리에게 다가온다. 그러나 깨끗함을 견디지 못하는 우리는 아직 도래하지 않은 시간까지도 염려와 근심으로 채운 후에 삶이 힘겹다고 말한다. 크로노스의 시간 속을 바장이는 사람이 언제나 시간을 영원에 잇대어 살지는 못한다. 그렇다 해도 가끔은 질주를 멈추고 걸어온 자취를 돌아보아야 한다. 어지럽게 찍힌 발자국들이 가리산지리산 정신이 없다. 우리는 어디를 향해 가는 것일까?

예수님은 "나는 내가 어디에서 와서 어디로 가는지"(요한복음 8:14) 안다 하셨다. 예수님의 아름다운 삶은 이 단호한 확신 속에 기초하여 있다. 자기의 근원과 목표를 안다는 것처럼 든든한 일이 또 있을까? 가야 할 길이 어디인지를 아는 사람은 절망하지 않는 법이다. 바다를 향하여 흐르는 강물은 잠시 지체할 수는 있지만 흐름을 멈추지 않는다. 예수님은 자신을 '보냄을 받은 자'로 인식하고 사셨다. 보냄을 받은 자가 할 일은 보내신 분의 뜻을 행하는 것이다. 한 치의 오차도 없이 그 일을 다 수행하는 것을 일러 주님은 영광이라 하셨다.

초대교회 성도들의 별명은 '그 길의 사람들'이었다. 길은 보기 위해서가 아니라, 걷기 위해 존재한다. 예수의 길을 걷지 않으면서 예수를 따른다고 말하는 것은 어불성설이다. 말은 쉽지만 그 예수를 따르는 일은 여간 어려운 게 아니다. 우리 욕망을 거스르는 길이기 때문이다. 그 길을 걷는 것이 어려운 일임에도 불구하고 그 길을 걸어야 하는 것은 그 길을 거쳐야만 영원한 생명에 이를 수 있기 때문이다.

그 길을 걷기 위해서는 훈련이 필요하다. 훈련은 형편이 좋을 때만 하는 것이 아니다. 운동선수들은 비가 오나 눈이 오나 정해진 절차에 따라 운동을 진행한다. 그래야 몸과 마음의 습관이 생기기 때문이다. 정신을 단련하는 이들도 마찬가지이다. 수도사들은 정확하게 정해진 시간에 기도와 묵상을 한다. 기도가 몸에 배게 하기 위해서이다.

개신교에 가장 부족한 것이 바로 이런 훈련이다. 스포츠 생리학을 연구하는 분이 한 말을 기억한다. 그는 평균적인 체력을 가진 사람이라면 팔굽혀펴기 10개 정도는 너끈히 해낼 수 있다면서 문제는 언제라도 할 수 있지만 대부분의 사람들이 하지 않는데 있다고 말했다. 10개가 무슨 운동이 되겠냐고 코웃음 칠 수도 있지만 일 년 365일 동안 매일 그 운동을 한 사람과 안 한 사람의 몸은 같지 않다는 것이다. 당연한 말이지만 그 말이 시사하는 바가 매우 크다. 정신이나 영혼의 훈련 또한 마찬가지이다. 작정하고 시작한 일을 꾸준히 지속하는 열정이 반짝이는 재능보다 더 큰 결과를

깨어나라,
너 잠자는 자여

가져올 때가 있다.

　매일매일 정해진 시간에 하나님의 말씀을 묵상하고 그 말씀을 바탕으로 기도를 바치는 습관이 중요하다. 이 책은 지난 일 년 동안 그런 취지에서 써나간 글이다. 이 묵상집이 '그 길'을 배우고 익히려는 이의 좋은 안내서가 될 수 있기를 바랄 뿐이다.

하나님, 가끔은 자기 권력을 과신한 나머지 하나님을 모독하기도 하는 것이 인간의 버릇입니다. 권력의 들큼함에 취하면 실상을 볼 수 없습니다. 독선과 오만에 빠진 권력은 하나님의 주권을 넘보기도 합니다. 우리도 언젠가 하나님의 심판대에 서야 하는 존재임을 잊지 않게 해주십시오. 주어진 인생의 순간순간을 삼가는 마음으로 살게 해주시고, 우리에게 위임된 힘과 권력을 오직 사랑과 정의의 세상을 이루기 위해 사용하게 해주십시오. 이멘.

9월

책망의 유익

그런데 게바가 안디옥에 왔을 때에 잘못한 일이 있어서, 나는 얼굴을 마주 보고 그를 나무랐습니다. 그것은 게바가, 야고보에게서 몇몇 사람이 오기 전에는 이방 사람들과 함께 음식을 먹다가, 그들이 오니, 할례 받은 사람들을 두려워하여 그 자리를 떠나 물러난 일입니다. 나머지 유대 사람들도 그와 함께 위선을 하였고, 마침내는 바나바까지도 그들의 위선에 끌려갔습니다. 나는 그들이 복음의 진리를 따라 똑바로 걷지 않는 것을 보고, 모든 사람 앞에서 게바에게 이렇게 말하였습니다. "당신은 유대 사람인데도 유대 사람처럼 살지 않고 이방 사람처럼 살면서, 어찌하여 이방 사람더러 유대 사람이 되라고 강요합니까?" 우리는 본디 유대 사람이요, 이방인 출신의 죄인이 아닙니다. 그러나 사람이, 율법을 행하는 행위로 의롭게 되는 것이 아니라, 예수 그리스도를 믿는 믿음으로 의롭게 되는 것임을 알고, 우리도 그리스도 예수를 믿은 것입니다. 그것은, 우리가 율법을

깨어나라,

너 잠자는 자여

행하는 행위로가 아니라, 그리스도를 믿는 믿음으로 의롭다고 하심을 받고자 했던 것입니다. 율법을 행하는 행위로는, 아무도 의롭게 될 수 없기 때문입니다(갈라디아서 2:11-16).

바울이 안디옥에 머물고 있을 때 베드로가 그곳을 방문했다. 안디옥 공동체는 이미 든든히 서 있었고, 이방인을 위한 선교사를 파송하는 등 아주 활발한 선교사역을 감당하고 있었다. 베드로는 아마도 그런 현장을 살펴보고 또 격려도 하기 위해 그곳을 방문했던 것으로 보인다. 화기애애한 애찬이 벌어졌다. 베드로도 이방인 그리스도인들과 더불어 흉허물 없이 어울렸다. 이미 베드로는 유대인과 이방인 사이를 가르던 담장을 마음속에서 철거했기 때문이다. 이방인 형제자매들도 기뻤을 것이다. 위대한 사도가 그들을 형제자매로 받아들여주었으니 말이다. 하지만 애찬의 흥겨운 분위기는 예루살렘교회가 파견한 일단의 사람들이 도착하면서 깨졌다. 그들은 예수님의 동생인 야고보가 보낸 사람들이었다.

맞이하는 이도, 영접 받는 이도 당황스러운 상황이었다. 당시에는 이방인과 유대인이 친교의 식탁에 함께 앉는다는 것은 머리로는 받아들일 수 있어도 가슴으로는 받아들이기 어려운 일이었기 때문이다. 누구보다 난감했던 것은 베드로였다. 베드로는 슬그머니 그 자리를 벗어났다. 베드로가 자리를 뜨자 다른 유대인들도 자리를 떴고, 심지어는 바나바까지도 자리를 떴다. 이방 출신의 교인들은 괜히 죄인이 된 것 같아 좌불안석이었을 것이다. 불같은 성격의 바울은 그런 태도와 상황을 용납할 수 없었다. 그래서 그는 그들의 위선을 준엄하게 꾸짖었다. 그들이 복음의 진리를 따라 똑바로 걷지 않았다는 것이었다.

바울은 그런 위선을 덮어두려 하지 않았다. 오히려 그것을 드러내 모든 사람들이 직면하도록 만들었다. 조금 당황스럽다. 우리는 아름다운 공동체는 서로의 허물을 덮어줄 때 성립된다는 사실을 경험을 통해 안다. 사사건건 대립하고, 들춰내고, 옳고 그름을 따지는 이들로 인해 공동체는 붕괴된다. 옳음 때문에 사랑을 잃으면 모든 것을 잃기 쉽다. 그러나 복음의 진리가 왜곡되거나 훼손될 우려가 있을 때는 갈등을 두려워하지 말고 드러내야 한다. 환부를 감추어야 할 때도 있지만 도려내야 할 때도 있다. 바울은 그런 점에서 주저함이 없었다. 바울은 가장 큰 권위를 인정받고 있던 베드로를 꾸짖었다.

"당신은 유대 사람인데도 유대 사람처럼 살지 않고 이방 사람처럼 살면서, 어찌하여 이방 사람더러 유대 사람이 되라고 강요합니까?"(갈라디아서 2:14b)

바울의 이런 책망을 베드로가 고깝게 여겼다면, 그래서

깨어나라,
너 잠자는 자여

베드로가 바울에게 맞섰다면, 앙심을 품었더라면, 베드로는 반석이 될 수 없었을 것이다. 그러나 베드로는 매를 맞을 줄 아는 사람이었다. 그는 바울을 통해 전달된 하나님의 마음을 알아차렸다. 그 꾸지람을 받아들임으로 그는 율법의 껍질로부터 벗어나와 은혜의 세계로 확고히 걸어 들어갔다. 은혜는 이렇게 나타나기도 한다.

기도

하나님, 누군가를 책망하기란 여간 어려운 일이 아닙니다. 오해와 갈등을 일으킬 소지가 많기 때문입니다. 내게 꾸짖을 자격이 있는가 하는 마음 또한 있는 게 사실입니다. 그러나 거짓과 위선을 적당히 덮어주는 것만으로는 세상이 새로워질 수 없습니다. 생명이 태어나기 위해 알을 깨는 고통이 필요하듯, 참을 드러내기 위해서는 아픔을 각오해야 할 때가 있습니다. 주님, 미움과 경멸이 아닌 존중과 사랑에 바탕을 둔 꾸짖음이 참을 낳는다는 사실을 잊지 않게 해주십시오. 아멘.

뿌리를 박다

9월 2일

> 그러므로 여러분이 그리스도 예수를 주님으로 받아들였으니, 그분 안에서 살아가십시오. 여러분은 그분 안에 뿌리를 박고, 세우심을 입어서, 가르침을 받은 대로 믿음을 굳게 하여 감사의 마음이 넘치게 하십시오(골로새서 2:6-7).

'나는 믿습니다'라는 뜻의 라틴어 '크레도 credo'는 '심장을 바친다'는 뜻의 '코르도'에서 나온 말이다. 코르도는 영어로 용기를 뜻하는 'courage'의 어원이기도 하다. 하나님을 믿는다는 말은 우리의 의지, 생각, 감정보다 더 깊은 생의 중심을 하나님께 바친다는 뜻이다. 우리는 믿는 사람인가? "믿는다는 말이나 믿는다는 확신만으로는 진정한 믿음이 아니다. 그것이 진실인 것처럼 행동할 때에야 비로소 그것을 진정으로 믿는 것이다"(게리 하우겐, 『정의를 위한 용기』, 78쪽).

신앙고백을 행동으로 옮길 때 비로소 믿는다고 할 수 있

깨어나라,
너 잠자는 자여

다는 것이다. 우리는 입술로는 주님을 시인하면서도 삶으로는 그분을 부인하거나 배신할 때가 많다. '우리의 믿음 없음을 도우소서'라고 기도하지 않을 수 없는 까닭이 여기에 있다. "여러분이 그리스도 예수를 주님으로 받아들였으니, 그분 안에서 살아가십시오." 사도는 주님 안에서 살아간다는 말을 좀 더 구체적으로 설명한다. "여러분은 그분 안에 뿌리를 박고, 세우심을 입어서, 가르침을 받은 대로 믿음을 굳게 하여 감사의 마음이 넘치게 하십시오"(골로새서 2:7).

'뿌리를 박는다'는 말을 읽을 때마다 떠오르는 것은 1968년에 작고한 김수영 시인의 〈거대한 뿌리〉라는 시이다. 그는 진창처럼 더러운 역사일망정 이 땅에 굳게 뿌리를 내리겠다고 다짐하면서 "제3인도교의 물속에 박은 철근기둥도/내가 내 땅에/박는 거대한 뿌리에 비하면 좀벌레의 솜털"이라고 노래한다. 젊은 시절 이 시구와 만났을 때 가슴이 뛰었다. 우리를 힘들게 하던 역사에 대해 속상해하면서도 결코 포기하지 않는 검질김과 당당함을 보았기 때문이다. 예수를 믿는다는 것은 그분의 마음에 깊이 뿌리를 내린 채 어떤 어려움이 닥쳐와도 쉽게 포기하지 않는 것이다. 우리가 처해 있는 현실이 아무리 척박해도 예수의 마음에 깊이 뿌리를 내리려는 절박함 혹은 열정이 있다면 우리는 모든 난관을 헤쳐 나갈 수 있을 것이다.

뿌리를 박은 사람이라야 세우심을 받을 수 있다. 세우심을 받는다는 말은 정신적으로 든든하게 되어 주체적 존재가 된다는 말이다. 참으로 믿는 사람은 자기 속에 기둥과도 같은 것이 박혀 있음을 알 수 있다. 유혹의 바람, 박해의 바람이 거세게 불면 가끔 흔들릴 수는 있어도 결코 무너지지 않는다. 뿌리를 내리고, 세우심을 입은 사람은 주님의 가르침을 받은 대로 살아간다. 우리는 일쑤 주님의 가르침을 우리의 욕망에 따라 왜곡하거나 축소시키곤 한다. 십자가라는 걸림돌을 제거하고 매끈매끈하게 만든다. 그래서 누구나 받아들일 수 있게 만든다. 하지만 그건 믿음이 아니다. 믿음이란 심장을 바치는 것이다. 이 믿음 안에 있을 때 우리 삶은 든든해진다.

기도

하나님, 인간은 뿌리가 없어 불편합니다. 대지에 깊이 뿌리를 박지 못했기에 이리저리 몰려다니며 삽니다. 그러나 높은 곳에 뿌리를 내리고 사는 풍란처럼 우리도 하나님의 마음에 뿌리를 내린 채 살아야 하는 존재들입니다. 부평초처럼 세상 물결에 따라 흔들리는 삶에서 이제는 벗어나고 싶습니다. 그리스도의 마음에 깊이 뿌리를 내린 채 흔들림없는 발걸음으로 진리를 향해 걸어가도록 우리를 꼭 붙들어 주십시오. 아멘.

깨어나라,
너 잠자는 자여

통념을 깬 여인들

> 그 뒤에 예수께서 고을과 마을을 두루 다니시면서, 하나님의 나라를 선포하며 그 기쁜 소식을 전하셨다. 열두 제자가 예수와 동행하였다. 그리고 악령과 질병에서 고침을 받은 몇몇 여자들도 동행하였는데, 일곱 귀신이 떨어져 나간 막달라라고 하는 마리아와 헤롯의 청지기인 구사의 아내 요안나와 수산나와 그 밖에 여러 다른 여자들이었다. 그들은 자기들의 재산으로 예수의 일행을 섬겼다(누가복음 8:1-3).

누가복음에서 막달라 마리아는 '일곱 귀신이 떨어져 나간 사람'으로 소개되고 있다. 마치 그녀의 택호처럼 사용되는 '막달라'는 갈릴리 호수의 서안에 있는 작은 마을이었다. 주민들은 주로 직물업과 염색업에 종사했고, 갈릴리에서 잡은 물고기를 염장 처리하는 공장도 그곳에 있었다고 한다. 그런데 그 마을은 비극의 땅이기도 했다. 로마군대의 주둔지

였기 때문이다. 로마 군인들은 종종 정복당한 민족들에게 치욕감을 안겨주었고, 그 때문에 분노한 사람들이 집단적으로 항거하면 질서를 유지한다는 명목으로 잔인하게 진압하곤 했다. 갈릴리 여러 마을이 로마에 의해 참혹하게 유린당하곤 했는데, 막달라도 그런 곳 가운데 하나였다.

마리아는 그곳에서 나고 자란 사람이다. 어쩌면 가까운 일가붙이들이 로마군에 의해 무참히 학살당하는 광경을 보았는지도 모르겠다. 백소영 교수는 어쩌면 막달라 마리아가 경험했을 지도 모를 현실을 상상 속에서 그려 보여준다.

"소식을 듣고 가게로 뛰어왔을 때는 이미 제가 어쩔 수 있는 상황이 아니었어요. 기억하기도, 다시 말하기도 싫은 끔찍한 일이에요. 하지만 눈을 감으면, 아니 눈을 뜨고 있어도 가게에 갇혀 로마 군인들이 지른 불에 스러져가던 일곱 사람, 제 가장 소중한 가족과 친구들의 얼굴이 생생하게 보이고, 그들의 비명이 귓가에서 날카롭게 울렸습니다. 어떻게 제정신일 수 있겠어요? 미처 날뛰는 저를 보며 사람들은 죽은 일곱 원혼이 들어가 저를 괴롭히는 것이라 했죠. 하지만 틀렸어요. 제 가족이, 친구들이 저를 괴롭힐 리 있나요? 그게 귀신이었는지, 제 안의 분노였는지는 모르겠습니다만, 분명 그들의 영혼은 아니었어요. 다만 전 분노와 두려움에 휩싸여 미친 여자처럼 거리를 헤매었죠. 제 눈에는 세상이

깨어나라,
너 잠자는 자여

온통 불에 타고 있는 것처럼 보였어요. 군복을 입은 사람들은 다 그때 그 자리에서 히죽거리던 로마 군인들 같이 보였고요."(백소영, 『인터뷰 on 예수』, 174쪽).

상상력을 동원한 것이기는 하지만 허황된 이야기만은 아니다. 이런 일은 로마의 식민지에서 자주 일어나는 일이었기 때문이다. 백소영 교수는 막달라 마리아를 괴롭혔던 '일곱 귀신'을 마음속에 일고 있던 분노와 두려움으로 해석한다. 그 내면의 상처와 고통은 예수님과의 만남을 통해 비로소 치유되었다는 것이다. 세상의 모든 고통을 부둥켜안는 예수, 마치 고통에 몸부림치며 땅바닥을 기듯 살아가는 이들과 함께 땅 바닥을 기어 마침내 하늘로 비상하도록 해주는 예수, 그분과의 만남이 막달라 마리아의 삶을 뒤바꾸어 놓았다. 고통의 심연 속에서 몸부림치는 마리아를 보고 사람들은 일곱 귀신이 들렸다고 말했지만, 그는 이제 예수와 더불어 '일어선 사람', 즉 부활의 사람이 되었다. 그는 다른 여성 제자들과 함께 예수운동에 능동적으로 동참했다. 사회의 통념에 도전하면서 새로운 역사의 전초가 되었던 여인들의 이름이 참 귀하다.

하나님, 통념을 깬다는 일은 늘 위험을 동반합니다. 사람들은 경계선을 넘나드는 사람들을 용납하려 하지 않습니다. 그들은 불온시 되기도 하고 때로는 폭력의 표적이 되기도 합니다. 그러나 누군가 경계선을 넘을 용기를 내지 않았다면 세상은 정말 답답하고 편협한 곳이 되고 말았을 것입니다. 유대교가 만든 금제의 선을 넘어 예수의 마음에 합류했던 여인들이 있었기에 예수운동은 활기를 띠게 되었습니다. 주님, 우리에게도 경계선 너머를 상상할 수 있는 능력과 용기를 부어주십시오. 아멘.

깨어나라,
너 잠자는 자여

헐뜯지 말라

> 형제자매 여러분, 서로 헐뜯지 마십시오. 자기 형제자매를 헐뜯거나 심판하는 사람은, 율법을 헐뜯고 율법을 심판하는 것입니다. 그대가 율법을 심판하면, 그대는 율법을 행하는 사람이 아니라 율법을 심판하는 사람입니다. 율법을 제정하신 분과 심판하시는 분은 한 분이십니다. 그는 구원하실 수도 있고, 멸망시키실 수도 있습니다. 도대체 그대가 누구이기에 이웃을 심판합니까?(야고보서 4:11-12)

사람 사는 곳에 갈등이 없을 수 없다. 교회도 마찬가지이다. 마르틴 루터는 교회를 가리켜 '거룩한 창녀'라 했다. 거룩을 지향하기는 하지만 여전히 옛 삶의 인력에서 벗어나지 못한 이들의 모임이라는 말이다. 우리는 누군가는 좋아하고, 누군가는 싫어한다. 어떤 사람은 구구절절 옳은 말을 하지만 사람들의 동의를 얻지 못하기도 한다. 이성적으로는 납득하면서도 감성적으로 받아들일 수 없는 사람이 있는 게 사실이다. 교회처럼 말이 많은 곳이 또 있을까? 문제는 수군거림과 비방이 공동체의 일치를 해친다는 사실이다. 초대교회도 그런 문제에 직면했던 것 같다. "서로 헐뜯지 마십시오." 오죽하면 이런 말을 할까? 노골적으로 드러낼 수는 없어도 어떤 이들의 말이나 처신을 못마땅하게 생각할 때가 왜 없겠는가? '저 사람은 도대체 왜 저래?' 하지만 함께 이야기를 나누다 보면 그가 그렇게 처신하고 말할 수밖에 없었던 까닭을 이해할 수 있다. 다른 이들의 삶의 자리에 서 보지 않은 채 함부로 사람을 판단하는 일은 하지 말아야 한다.

밀양의 한 고등학교에서 국어를 가르쳤던 이계삼 선생이 어느 잡지에 쓴 글을 참 인상 깊게 읽은 적이 있다. 그는 세 종류의 교사가 있다고 말한다. 첫째는 교단에 서서 학생들을 바라보는 교사이다. 그가 학생들을 평가하는 기준은 단순하다. 공부를 한다/하지 않는다, 단정하다/너저분하다, 교사의 지도에 긍정적이다/부정적이다. 그들은 교단에서 받은 인상으로 학생들을 평가한다. 둘째는 아이들이 앉은 자리로 찾아가는 교사이다. 그 자리에 가면 사나울 것 같았던 아이의 천진한 모습도 보게 되고, 모범생처럼 보였던 아이의 자폐적인 내면도 보인다. 셋째는 교실 바깥에서 아이들과 부대끼는 교사이다. 그들은 아이들이 속한 시공간 속에 들어가 그들과 어울린다. 그때 비로소 교사는 학생들에 대한 비교적 객관적이고 정확한 인식에 이르게 된다. 그 글을 보면서 참 많은 반성을 했다. 우리는 교단 위에서 학생들을 바라보는 교사처럼 타인을 평가할 때가 많다. 야고보의 질책이 우렁우렁 들려온다. "도대체 그대가 누구이기에 이웃을 심판합니까?"(야고보서 4:12) 교회 공동체는 하나님께서 평화롭게 사는 법을 익히라고 우리에게 주신 선물이다. '서로 함께' 북돋는 관계를 통해 우리는 악마의 유혹을 물리칠 수 있다. 사소한 차이 때문에 불화를 겪는 것처럼 큰 낭비가 없다. 서로 존경하기를 먼저 하고, 서로 무거운 짐을 나눠지고, 서로 발을 씻겨줄 때 공동체는 든든히 선다. 다른 이에게 변화를 요구할 것이 아니라 내가 먼저 변하면 된다.

기도

하나님, 채찍에 맞은 상처보다 더 아픈 것은 말로 맞는 매입니다. 그것은 몸이 아니라 마음에 새겨지기 때문입니다. 하나님께서 말씀으로 세상을 지으셨다고 고백하는 이들조차 말을 함부로 하는 경우가 많습니다. 주님, 살리는 말, 용기를 북돋는 말, 사랑으로 감싸는 말을 하며 살게 해주십시오. 그러나 필요할 때는 허위를 깨는 말을 하되 그 말을 듣는 이들을 진심으로 아끼고 존중하는 사람들이 되게 해주십시오. 아멘.

교만이라는 병

그러므로 성경에 이르기를 "하나님께서는 교만한 자들을 물리치시고, 겸손한 사람들에게 은혜를 주신다" 하고 말합니다. 그러므로 하나님께 복종하고, 악마를 물리치십시오. 그리하면 악마는 달아날 것입니다(야고보서 4:6-7).

신앙생활은 '탈향脫向'이라는 말로 요약될 수 있다. '탈'은 옛 삶으로부터의 벗어남이고 '향'은 새로운 삶을 향한 견고한 지향이다. 애굽을 떠나 가나안을 향하고, 제국의 논리에서 벗어나 하나님 나라의 현실을 살아가는 것이 그것이다. 우리는 새로운 존재가 되라는 소명 앞에 서 있다. 소명을 이루기 위해서는 단단해져야 한다. 버릴 것을 버리고 붙잡아야 할 것을 든든히 붙잡아야 한다. 야고보는 이것을 "하나님께 복종하고, 악마를 물리치라"는 말로 요약한다. 하나님께 복종하는 것과 악마를 물리치는 것은 사실 하나의 과정이다.

깨어나라,
너 잠자는 자여

악마는 우리가 하나님께 복종하지 않도록/못하도록 만드는 존재이다. 하나님께 복종하지 않으려는 마음이 교만이다. 교만의 사전적 정의는 '잘난 체하여 뽐내고 버릇이 없음'이지만 교만의 뿌리는 훨씬 깊다. 7세기 시나이의 수도자인 요한 클리마쿠스는 교만에 대해 이렇게 설명했다.

"교만이란 하나님을 부인하는 것이고 악마의 발명품이며 인간에 대한 경멸이다. 그것은 비난의 어머니이고 칭찬의 자식이고 불모의 상징이다. 하나님의 도우심으로부터 도망치는 것이고 광기의 선구자이며 몰락의 창조자이다. 마귀에 들리는 원인이고 분노의 원천이며 위선으로 가는 통로이다. 그것은 악마의 요새, 죄의 후견인, 냉혹함의 근원이다. 연민의 부정이요, 지독한 위선자요, 무자비한 심판관이다. 교만은 하나님의 원수이다. 신성을 모독하는 뿌리이다"(캐틀린 노리스, 『수도원 산책』, 129-130쪽에서 재인용).

하나님을 부인하는 데서 비롯되는 교만은 '비난의 어머니', '칭찬의 자식', '불모의 상징', '하나님의 도우심으로부터의 달아남', '분노의 원천', '위선으로 가는 통로', '연민의 부정'이다. 우리 생을 무겁게 만드는 많은 것이 여기에 걸려 있음을 알 수 있다. 교만은 남들은 다 알고 있는데도 정작 자신은 알지 못하는 치명적인 병이다. 교만한 영혼은 자기가 머물고 있는 곳을 불모의 땅으로 만들고, 다른 사람의 가슴에 지우기 힘든 상처를 입힌다.

믿음이 좋다고 자부하는 이들이 교만의 병에 걸린 경우가 많다. 그들은 자기의 옳음을 확신하기에 다른 이들에 대해 늘 심판자의 자리에 앉으려 한다. 하지만 진짜 신앙에 깊이 들어간 이들은 어느 누구에 대해서도 억압적이지 않다. 그들은 판단과 정죄의 언어를 거의 사용하지 않을 뿐더러, 행동도 자연스럽다. 교만의 병에서 벗어나기 위해서는 일단 자신이 교만이라는 병에 걸려 있음을 알아차려야 한다. 자기가 문제라는 사실을 인식하지 못하는 사람은 치유를 받을 수도 없다. 밖으로 향하던 시선을 거두어 들여 자기 자신을 자꾸 성찰해야 한다. 그때 하늘로부터 은총의 빛이 비쳐든다. 치유는 그렇게 시작된다.

기도

하나님, 날마다 새로운 삶을 다짐하지만 우리 삶은 여전히 답보 상태를 면치 못합니다. 떠나야 할 때 떠나지 못하는 안일함이 우리를 확고히 사로잡고 있습니다. 부끄러움을 감추려고 오히려 다른 이들의 허물을 찾아 지적하려 합니다. 겸손을 가장하지만 은근히 남을 무시하기도 합니다. 이제는 이런 삶으로부터 벗어나고 싶습니다. '이만하면 나도 괜찮은 사람'이라는 헛된 자만심으로부터 우리를 건져주십시오. 아멘.

깨어나라,
너 잠자는 자여

당신이 우리와
무슨 상관입니까?

예수께서 건너편 가다라 사람들의 지역에 가셨을 때에, 귀신 들
린 사람 둘이 무덤 사이에서 나오다가, 예수와 마주쳤다. 그들은
너무나 사나워서, 아무도 그 길을 지나다닐 수 없었다. 그런데
그들이 외쳐 말하였다. "하나님의 아들이여, 당신이 우리와 무
슨 상관이 있습니까? 때가 되기도 전에, 우리를 괴롭히려고 여
기에 오셨습니까?" 마침 거기에서 멀리 떨어진 곳에, 놓아기르
는 큰 돼지 떼가 있었다. 귀신들이 예수께 간청하였다. "우리를
쫓아내시려거든, 우리를 저 돼지들 속으로 들여보내 주십시오."
예수께서 "가라" 하고 명령하시니, 귀신들이 나와서 돼지들 속
으로 들어갔다. 그 돼지 떼가 모두 바다 쪽으로 비탈을 내리달
아서, 물 속에 빠져 죽었다. 돼지를 치던 사람들이 도망가서, 읍
내에 들어가, 이 모든 일과 귀신 들린 사람들에게 일어난 일을
알렸다. 온 읍내 사람들이 예수를 만나러 나왔다. 그들은 예수를
보고, 자기네 지역을 떠나 달라고 간청하였다(마태복음 8:28-34).

악한 영은 자기가 어둠이라는 사실을 잘 알고, 또 어둠이 빛을 이길 수 없다는 사실도 잘 안다. 그렇기에 빛의 도래를 방해하려 한다. "당신이 우리와 무슨 상관입니까?" 이 말 속에 귀신의 전략이 담겨 있다. 귀신은 우리가 고난 받는 이들의 아픔에 동참하려 할 때마다 그게 당신과 무슨 상관이냐고 말한다. 길거리에서 폭행당하는 사람을 도우려 할 때도 그게 당신과 무슨 상관이 있냐고 속삭인다. 굶주리는 사람을 보고 지갑을 열려 할 때도 같은 말로 우리를 유혹한다. 오늘 우리 삶이 팍팍한 것은 어쩌면 귀신의 저 말에 넘어갔기 때문이 아닐까?

거창고등학교의 교장을 지낸 전성은 선생은 교육이란 '천명을 알아차리고 그대로 살 수 있도록 돕는 것'이라고 말한다. 그렇다면 고등 교육을 받았다 해도 자기 천명을 알지 못하면 아직 교육을 받은 사람이라 할 수 없다. 그 이야기 끝에 전성은 선생은 이런 말을 덧붙인다. "교육을 받은 사람은, 바로 인간이 타인에게 가한 고통 때문에 발생한 아픔을, 내가 책임질 이유가 없는 아픔을 외면하지 않고, 한 걸음 더 나아가 그 아픔을 책임져야 할 사람이 바로 나라고 인식하는 사람이다." 단순하지만 힘 있는 분류이다. 세상의 아픔을 외면하는 사람은 여전히 참 사람의 길에 들어서지 못한 사람이다. 귀신은 이기적인 욕망을 부추기고 두려움을 주입하

깨어나라,
너 잠자는 자여

여 우리가 세상의 아픔에 예민하게 반응하지 못하도록 한다. 그렇게 해야 자기들의 세계가 확장될 것임을 잘 알기 때문이다.

해가 뜨면 어둠 속에서 사람들을 미혹했던 헛것들이 물러가듯이 예수의 존재 앞에서 귀신들은 물러갈 수밖에 없다. 귀신들은 뜬금없이 "우리를 쫓아내시려거든, 우리를 저 돼지들 속으로 들여보내주십시오" 하고 간청한다. 왜 귀신들은 돼지 떼 속으로 들어가겠다고 했을까? '이방 땅, 무덤, 귀신 들린 사람'이 유대인들에게 일종의 금기였다면 돼지 또한 불결함을 나타내는 금기 동물이었다. 발굽은 갈라져 있지만 새김질은 하지 않는 동물이기에 제의적으로 불결하다는 게 그 이유였겠지만, 돼지고기를 먹는 게 금지된 데는 좀 더 생태학적 이유도 있었다. 돼지는 원거리를 이동해야 했던 유목민들에게는 사육하기에 부적절한 동물이었다. 곡물도 먹어야 했기에 인간과 먹을거리가 겹쳤고, 고기와 젖과 가죽을 주는 반추동물들과 달리 오직 고기만을 제공했기에 효용성도 떨어졌다.

그럼에도 불구하고 데가볼리 지역에서 돼지가 사육되었다는 것은 그만큼 수요가 있었다는 말이고, 돼지고기를 소비하는 이들은 자신들만의 특권을 누리던 이들임이 분명하다. 마태는 남이야 어찌되었건 자기 좋을 대로 처신하는 이들의 예견된 몰락을 돼지떼 속에 들어간 귀신 이야기를 통해 전하고 싶었던 것이 아닐까?

기도

하나님. "당신이 우리와 무슨 상관입니까?" 귀신이 주님께 한 이 항의의 말은 오늘 우리의 현실 속에서도 자주 들려옵니다. 삶이 개별화되면서 사람들은 더 이상 다른 이들의 삶에 개입하려 하지 않습니다. 복잡한 일에 연루되느니 차라리 눈을 감고 사는 게 낫다고 여깁니다. 그로 인해 세상은 점점 차갑고 위험한 곳으로 변하고 있습니다. 우리 문화가 인간성의 몰락으로 귀결되지 않도록 우리 속에 깨끗하고 맑은 영을 심어주십시오. 아멘.

깨어나라,
너 잠자는 자여

아마샤의 비극

아마샤는 아모스에게도 말하였다. "선견자는, 여기를 떠나시오! 유다 땅으로 피해서, 거기에서나 예언을 하면서, 밥벌이를 하시오. 다시는 베델에 나타나서 예언을 하지 마시오. 이 곳은 임금님의 성소요, 왕실이오"(아모스 7:12-13).

베델의 제사장인 아마샤에게 하나님의 모진 심판을 예고하는 아모스 선지자의 외침은 불편함 그 자체였다. 귀족들과 부유한 이들의 호의에 기대어 사는 동안 특권에 익숙해진 사람이었으니 아모스의 말은 마치 비수처럼 아팠을 것이다. 그는 아모스의 입을 다물게 하기 위해 왕의 손을 빌리려 한다. 그는 여로보암 왕에게 가서 아모스가 백성들에게 반란을 선동하고 있다고 말한다. 그가 하는 말을 이 나라가 더이상 참을 수 없다는 것이었다. 아모스가 왕은 칼에 찔려 죽고 백성들은 사로잡혀 가게 될 것이라면서 민심을 뒤흔들고 있으니 조치가 필요하다는 것이었다.

아마샤가 아무런 근거 없이 아모스를 모함한 것은 아니다. 아모스는 분명히 그런 메시지를 선포했다. 하지만 아마샤는 맥락을 제거한 채 아모스의 말을 제멋대로 발췌하여 보고했다. 그는 아모스가 고발하고 있는 내용이 무엇인지에 대해서는 말하지 않았다. 왕으로 하여금 부정의의 현실과 대면하지 않도록 하려는 것이었다. 권력자의 비위를 건드리지 않는 것이 그의 관심일 뿐이었다.

아마샤는 아모스에게도 권고를 가장한 위협을 가한다. 남왕국 출신인 그가 왜 뜬금없이 베델까지 와서 평지풍파를 일으키냐며 그곳을 떠나 고향으로 돌아가라는 것이었다.

"선견자는 여기를 떠나시오! 유다 땅으로 피해서, 거기에서나 예언을 하면서 밥벌이를 하시오. 다시는 베델에 나타나서 예언을 하지 마시오. 이곳은 임금님의 성소요, 왕실이오." 이 구절은 애국을 가장하고 있는 제사장 아마샤의 진짜 관심이 무엇인지를 제유적으로 드러내고 있다. '밥벌이'라는 말이 그것이다. '밥벌이' 자체가 문제인 것은 아니다. 그것처럼 중요한 일이 또 있을까? 먹고 사는 문제를 마치 사소한 문제인 듯 말하는 사람은 신뢰하기 어렵다. 하지만 하나님께 자기 삶을 바친 사람들이라면 이야기가 달라진다. 그들이 자기들의 직무를 '밥벌이'의 수단으로 삼는다면 그처럼 비극적인 일이 또 있을까? 종교행위가 밥벌이의 수단이 되는 순간, 그는 자기에게 밥을 주는 사람의 눈치를 보게 되어 있다. 그리고 그가 듣고 싶은 말만 하게 된다. 아마샤는 그런 타락한 종교인의 전형이다. 그는 스스로 그런 자신의 모습을 알기에 당당하게 할 말을 하는 아모스가 못내 불편한 것이다. 신앙생활의 가장 큰 적은 둔감함이다. 저어주지 않으면 금방 더께가 생기는 팥죽처럼, 매 순간 마음을 하나님께 들어 올리지 않으면 우리는 부푼 욕망에 덧없이 끌려가게 마련이다. 아모스는 폭포를 거슬러 오르는 연어와 같은 사람이다. 넘어지고, 깨지고, 상처 입는 것을 운명으로 받아들이는 사람이다. 자기 삶을 통해 인류의 양심을 깨우는 사람이야말로 하나님의 종이라 할 수 있다.

기도

하나님. 첫 마음을 잃지 않기란 여간 어려운 일이 아닙니다. 좋은 뜻을 품고 살던 이들도 안락함에 길들여지는 순간 슬그머니 숭고한 뜻을 내려놓고 이익을 취하는 사람이 되고 맙니다. 아마샤는 그래서 우리의 반면교사입니다. 생각하는 대로 살지 않으면 사는 대로 생각하게 됩니다. 우리가 하나님의 일꾼임을 한 순간도 잊지 말게 해주십시오. 욕망과 이익에 취해 진리를 등지지 않도록 우리를 꼭 붙들어 주십시오. 아멘.

신앙생활의 가장 큰 적은 둔감함이다. 저어주지 않으면 금방 더께가 생기는 팥죽처럼, 매 순간 마음을 하나님께 들어 올리지 않으면 우리는 부푼 욕망에 덧없이 끌려가게 마련이다. 자기 삶을 통해 인류의 양심을 깨우는 사람이야말로 하나님의 종이라 할 수 있다.

Monday ~~~~~~

Tuesday ~~~~~~

Wednesday ~~~~~~

깨어나라,
너 잠자는 자여

Thursday ~~~~~

Friday ~~~~~

Saturday ~~~~~

Sunday ~~~~~

마음을 지키는 길

9월 8일

> 아이들아, 내가 하는 말을 잘 듣고, 내가 이르는 말에 귀를 기울여라. 이 말에서 한시도 눈을 떼지 말고, 너의 마음 속 깊이 잘 간직하여라. 이 말은 그것을 얻는 사람에게 생명이 되며, 그의 온 몸에 건강을 준다. 그 무엇보다도 너는 네 마음을 지켜라. 그 마음이 바로 생명의 근원이기 때문이다(잠언 4:20-23).

하나님을 믿는다는 것은 순간마다 들려오는 하나님의 말씀에 귀를 기울이며 사는 것이다. 하나님의 말씀은 예측 가능한 '상투어'가 아니다. 늘 새롭게 들려온다. 하지만 우리 경험은 인생이란 지루한 일상의 반복이라고 말한다. 무료하고 권태로운 삶의 늪에 빠지지 않으려면 분명한 지향이 있어야 한다. 제법 나이가 들고, 많은 경험과 지식을 갖춘 이들도 가끔 길을 잃는다. 이정표를 찾아야 한다. 시인 이정록은 많이 배우진 못했지만 삶에 대한 통찰력이 넘쳤던 어머니와

깨어나라,
너 잠자는 자여

아버지를 이정표로 삼고 산다.

"허물없는 사람이 어디 있겠냐?/내 잘못이라고 혼잣말 되뇌며 살아야 한다./교회나 절간에 골백번 가는 것보다/동네 어르신께 문안 여쭙고 어미 한 번 더 보는 게 나은 거다./저 혼자 웬 산 다 넘으려 나대지 말고 말이여"(〈가슴 우물〉 중에서).

삶은 이처럼 단순한 건데 우리는 복잡하게 살아간다. 그렇기에 어떤 경우에도 우리 삶을 바른 길로 인도해 줄 말씀과 만나야 한다. 바람 부는 대로 이리저리 나부끼는 부평초처럼 우리 마음은 속절없이 흔들린다. 하루에도 몇 번씩 희망과 절망, 기쁨과 슬픔, 감사와 노여움 사이를 오간다. 우리는 하루에도 여러 번 천국을 짓기도 하고 지옥을 짓기도 한다. 외부 세계의 영향에 민감한 우리 마음은 고요함을 누리지 못한다. 오죽하면 '내 마음 나도 모른다'는 말이 있겠는가? 예레미야는 일찍이 "만물보다 더 거짓되고 아주 썩은 것은 사람의 마음이니, 누가 그 속을 알 수 있습니까?"(예레미야 17:9)라고 탄식했다.

옛 사람은 어딘가에 집착하지 않고 마음을 쓸 수 있어야 한다應無所住而生其心·응무소주이생기심.(『금강경』)고 말했다. 하지만 그게 말처럼 쉽진 않다. 우리는 편견을 가지고 세상을 바라본다. 똑같은 사안도 이익이나 입장, 친소관계에 따라 전혀 달리 평가한다. 누가 감히 나는 언제나 공정하다고 말할 수 있겠는가? 우리 마음은 늘 흔들린다. 그렇기에 마음을 제대로 쓰고 살리려면 늘 잘 조율되어야 한다. 그렇다면 무엇을 '기준음'으로 삼아야 할까? 히브리의 지혜자는 하나님의 말씀을 기준음으로 삼으라고 말한다. '귀를 기울이라', '한시도 눈을 떼지 말라', '마음 속 깊이 간직하라.' 한 마디로 말하자면 집중하라는 말이다. 집중이라는 한자어도 두 가지가 있다. 하나는 모일 集에 가운데 中 자가 결합된 말이고, 다른 하나는 잡을/지킬 執에 가운데 中 자가 결합된 단어이다. 하나님의 뜻이라는 '中'에 우리 마음을 오롯이 모아야 하고^{集中}, 또 그것을 꼭 붙들어야 한다^{執中}. 붙드는 데 그치지 않고 그것을 꼭 지켜야 한다. 그것이 마음을 지키는 길이다.

기도

하나님. 우리 마음은 늘 흔들립니다. 어떤 때는 담대하다가도 다음 순간 두려움에 떨기도 하고, 어떤 때는 이타적인 선택을 하지만 이기심에 사로잡히기도 합니다. '이것이 내 마음이다'라고 말할 만한 확고한 마음이 우리에게는 없습니다. 그렇기에 우리 마음을 주님께 내놓습니다. 주님의 마음에 조율되지 않으면 우리는 어둠의 일에 이끌리겠기 때문입니다. 구멍 투성이인 우리 마음을 고쳐주시고, 주님의 마음을 우리 속에 심어주십시오. 아멘.

깨어나라,
너 잠자는 자여

진리 체질

여러분은 자기가 믿음 안에 있는지를 스스로 시험해 보고, 스스로 검증해 보십시오. 여러분은 예수 그리스도께서 여러분 안에 계시다는 것을 알지 못합니까? 모른다면, 여러분은 실격자입니다. 그러나 나는 우리가 실격자가 아니라는 것을 여러분이 알게 되기를 바랍니다. 우리는 여러분이 악을 저지르지 않게 되기를 하나님께 기도합니다. 그것은 우리가 합격자임을 드러내려는 것이 아니라, 우리는 실격자인 것처럼 보일지라도, 여러분만은 옳은 일을 하게 하려고 하는 것입니다. 우리는 진리를 거슬러서는 아무것도 할 수 없고, 오직 진리를 위해서만 무언가 할 수 있습니다(고린도후서 13:5-8).

바울 사도는 우리가 믿음 가운데 있는지, 예수 그리스도가 우리 안에 있는지 스스로 점검해보라고 말한다. 스스로 대답해보자. '나는 주님께서 우리를 통해 당신의 꿈을 이루시도록 허용하고 있는가? 아니면 우리가 바라는 것을 이루기 위해 주님을 동원하고 있지는 않는가?' '예수의 말씀을 가슴에 새기고 그 말씀에 육체를 부여하기 위해 노력하고 있나?' '그분의 성품을 닮기 위해 늘 자기를 살피고 또 살피며 사는가?' '과연 우리를 통해 사람들은 하나님의 현존을 경험하고 있나?

만약 이런 질문에 대해 우리가 긍정적으로 답할 수 없다면 우리 속에 예수 그리스도가 계시지 않은 것이고 따라서 우리는 실격자이다. 바울은 자신과 복음의 동지들은 실격자가 아니라고 단호하게 말한다. 그 근거는 무엇인가? 그들이 자기들의 이익을 위해 살지 않고 다른 이들의 유익을 위해 사는 사람이기 때문이다. 사람들이 악을 저지르지 않도록 하는 데 그치지 않고, 적극적으로 선을 행하는 사람이 되도록 하기 위해 그들은 박해받는 것조차 마다하지 않았다는 것이다. 바울이 이 말끝에 덧붙인 말이 참 놀랍다.

"우리는 진리를 거슬러서는 아무것도 할 수 없고, 오직 진리를 위해서만 무언가 할 수 있습니다"(고린도후서 13:8).

우리가 유의해 보아야 할 것이 있다. 바울과 동역자들은 진리를 거스르는 일을 하지 않겠다고 의지적으로 결단한 것이 아니다. 그는 진리를 거슬러서는 아무것도 할 수 없다고 말한다. '진리 체질'이 된 것이다. 한의사들 가운데도 체질

론을 가지고 환자를 진단하는 이들이 있다. 우리는 어떤 일에 적응을 잘 하는 사람을 보면 '체질'이라고 말한다. '군대체질'도 있고, '술 체질'도 있다. 그런데 바울은 진리 체질도 있다고 말한다. 오직 진리를 위해서만 무언가 할 수 있는 사람. 조금 비인간적으로 보이긴 하지만 신앙인은 그런 체질로 변화되어야 한다. 답답한 율법주의자가 되라는 말이 아니다.

진리 체질이 되기 위해서는 예수의 피, 예수의 눈물, 예수의 숨이 우리 속에 있어야 한다. 1930년대의 신비주의자인 이용도 목사는 눈물이 마르자 온갖 못된 것들만 무성하게 되었다면서 주님께 눈물을 청한다. "동정의 눈물이 쏟아질 때, 뜨거운 사랑의 눈물이 쏟아질 때" 모든 악한 병균이다 죽고, 따스하고 온유하고 미쁜 새 마음이 나온다는 것이다. 그는 또한 주님께 피를 청한다. 우리가 지금 맥 없고, 힘 없고, 담력 없고, 의분 없고, 화기 없고, 생기가 없는 것은 그분의 피가 없기 때문이다. 죄와 더불어 싸울만한 피, 악마가 인간을 유린하는 것을 분히 여기는 피가 우리 속에 돌기 시작할 때 우리는 비로소 진리 체질로 거듭날 수 있다.

하나님, 자만과 오기와 자애심의 감옥으로부터 우리를 구하여 주십시오. 주님의 뜻을 따르기가 어찌 그리 어려운지요? 은총 안에 산다고 말하면서도 우리 몸과 마음은 마치 자석에 달라붙는 쇠붙이처럼 세상의 달콤한 것에 이끌려 갑니다. 진리를 거슬러서는 아무 것도 할 수 없다는 바울의 고백이 쇠북소리처럼 우리 마음을 울립니다. 그런 믿음의 지평에 당도할 때까지 우리를 버리지 말아주십시오. 아멘.

깨어나라,
너 잠자는 자여

9월 10일

어처구니없는
꿈이라 해도

그 날이 오면, 이집트에서 앗시리아로 통하는 큰길이 생겨, 앗
시리아 사람은 이집트로 가고 이집트 사람은 앗시리아로 갈 것
이며, 이집트 사람이 앗시리아 사람과 함께 주님을 경배할 것
이다. 그 날이 오면, 이스라엘과 이집트와 앗시리아, 이 세 나라
가 이 세상 모든 나라에 복을 주게 될 것이다. 만군의 주님께서
이 세 나라에 복을 주며 이르시기를 "나의 백성 이집트야, 나의
손으로 지은 앗시리아야, 나의 소유 이스라엘아, 복을 받아라"
하실 것이다(이사야 19:23-25).

꿈은 언제나 비현실적으로 보인다. 꿈꾸는 이들은 몽상가
혹은 현실 부적응자 취급을 당하곤 한다. 그러나 역사는 그
런 이들을 통해 새로운 차원으로 돌입하는 법이다. 꿈을 버
리는 순간 비관주의와 허무주의가 우리를 확고하게 지배한
다. 평화 세상을 꿈꾸는 이들이 있다. 그들의 꿈은 어처구니

없어 보일 때도 있지만, 그 꿈은 강고한 현실에 작은 틈을 만드는 법이다. 미국 유니온 신학교의 종신교수인 정현경 박사는 알자지라 TV에서 본 한 광고를 즐겁게 기억한다.

"이스라엘의 어린 소년이 축구를 하다가 실수로 축구공을 이스라엘과 팔레스타인을 가르는 높은 시멘트 담 너머로 넘겨버리는 것이다. 실망한 소년은 시멘트 담에 뚫린 작은 구멍을 통해 팔레스타인 쪽을 들여다봤다. 그러자 저쪽에서 놀고 있던 또래의 팔레스타인 소년이 그 소년의 얼굴을 보고는 씨익 웃으며 그 공을 힘껏 차 담을 넘겨 돌려보내준다"(현경, 『신의 정원에 핀 꽃들처럼』, 126쪽).

중요한 것은 그 '틈'이다. 서로를 바라볼 수 있는 작은 틈이 없었다면 이런 멋진 장면은 연출될 수 없었을 것이다. 미국과 멕시코 국경 장벽 사이에 시소가 놓이자, 이쪽과 저쪽의 아이들이 시소를 타고 노는 장면을 보았다. 장벽을 깨뜨리는 상상력이 빛나는 순간이었다. 그 틈으로 평화의 바람이 불었다. 그리스도인들은 그런 '틈'을 만드는 사람이 되어야 한다. 전혀 소통할 수 없을 것 같은 사람들을 만나게 하고, 서로에게 귀를 기울이게 해야 한다. 예수님은 세상이 그어놓은 모든 경계선을 가로지른 분이다. 유대인과 이방인, 남자와 여자, 의인과 죄인, 성과 속 사이에 길을 내 서로 통하게 만드셨다. 예수를 믿는다는 것은 그 분이 삶으로 만드

깨어나라,
너 잠자는 자여

신 그 길을 우리 길로 삼아 살아가는 것이다.

"그 날이 오면, 이집트에서 앗시리아로 통하는 큰길이 생겨, 앗시리아 사람은 이집트로 가고 이집트 사람은 앗시리아로 갈 것이며, 이집트 사람이 앗시리아 사람과 함께 주님을 경배할 것이다"(이사야 19:23).

이사야는 기존질서를 운명으로 받아들이지 않는다. 적대 관계였던 나라들이 서로 소통하고, 함께 세상 여러 나라에 복을 매개하는 꿈을 꾼다. 이런 꿈이 없어 세상은 거칠고 빈곤해졌다. 사람들은 어리석은 꿈이라 말할지 몰라도 우리는 어리석어 보이는 십자가가 세상을 구원한다는 사실을 믿는 사람들이 아닌가.

기도

하나님, 현실에 적응하며 사는 동안 우리는 날개를 잃은 새처럼 살고 있습니다. 몸은 비대해졌지만 정신은 왜소해졌고, 땅의 현실에 몰두하다보니 하늘을 잊었습니다. 경쟁과 불화가 우리의 자연 상태인 것처럼 생각하며 살았습니다. 적대 관계에 있던 이들이 함께 손을 잡고, 서로에게 복이 되는 세상을 꿈꾸었던 이사야의 그 꿈을 우리도 잊지 않게 해주십시오. 우리를 확고하게 사로잡고 있는 강고한 편견과 적대감으로부터 벗어날 수 있도록 도와주십시오. 아멘.

어울림 속에서
자라는 평화

> 다른 사람과 어울리지 못하는 사람은 자기 욕심만 채우려 하
> 고, 건전한 판단력을 가진 사람을 적대시한다. 미련한 사람은
> 명철을 좋아하지 않으며, 오직 자기 의견만을 내세운다. 악한
> 사람이 오면 멸시가 뒤따르고, 부끄러운 일 뒤에는 모욕이 따
> 른다(잠언 18:1-3).

"다른 사람과 어울리지 못하는 사람은 자기 욕심만 채우려
하고, 건전한 판단력을 가진 사람을 적대시한다"(잠언 18:1).
사귐에 다소 굼뜨거나 소극적인 사람들에게는 좀 불편한 말
이다. 노는 일에 이골이 난 사람들은 어쩌면 이 구절에 밑
줄을 그을지도 모르겠다. 하지만 너무 위축될 것도 없고, 우
쭐할 것도 없다. 이 구절은 소극적인 사람들을 정죄하는 말
이 아니다. 어울림이란 한데 섞이어 조화롭게 되는 것을 일
컫는 말이다. 지금은 사라진 도시의 풍경 하나가 떠오른다.

깨어나라,
너 잠자는 자여

아이들이 친구 집 앞에 우르르 몰려가서 외친다. "○○○야, 노올자!" 마을 공터에서 놀던 아이 하나가 엄지손가락을 세운 채 외친다. "술래잡기 할 사람 여기 붙어라!" 참 정겨운 풍경이다. 인간의 인간됨은 어울림에 있다. 그런데 현실은 우리로 하여금 흉허물 없이 어울릴 수 있는 기회를 자꾸만 빼앗아 간다.

위의 구절을 이렇게 바꾸어 보자. "자기 욕심만 채우려 하고, 건전한 판단력을 가진 사람을 적대시하는 사람은 어울려 사는 법을 모르는 사람이다." 유유상종類類相從이란 말이 있지만 진짜 어울림의 고수는 자기와 다른 이들까지도 기꺼이 품어 안는 사람이다. 남아프리카 공화국의 데스몬드 투투 주교는 교회를 가리켜 '무지개 공동체'라 했다. 무지개가 아름다운 것은 서로 다른 색들이 한데 어우러지기 때문인 것처럼, 교회는 다양한 개성을 가진 이들이 만나 조화를 이룰 때 교회다워진다는 것이다.

어울림의 반대는 독선과 배타이다. 독선과 배타의 뿌리는 자기 애self-love이다. 독선적인 사람일수록 자기 의self-righteousness가 강하다. "미련한 사람은 명철을 좋아하지 않으며, 오직 자기 의견만을 내세운다. 악한 사람이 오면 멸시가 뒤따르고, 부끄러운 일 뒤에는 모욕이 따른다"(잠언 18:2-3). '쓸모와 유용성'이 거대한 우상이 되어 모든 이들에게 숭배를 강요하고 있는 시대는 품성이 고귀한 사람을 귀히 여기지 않는다. 이런 세상에 살기에 우리 마음은 늘 퍼렇게 멍이 들어 있다.

치유책은 없을까? 있다. 그것은 '아름다움에 대한 감수성'을 높이는 것이다. 아름다움에 대한 감수성을 높이기 위해서는 어떻게 해야 할까? 잘 놀 줄 알아야 한다. 잘 놀 때 우리 속에 깃든 무거움이 사라진다. 우리에게 감춰져 있던 능력이 드러난다. 구체적인 목적 없이 놀이를 할 때 사람은 자기 속에 있는 아름다움과 마주치게 된다. 놀이는 우리를 짓누르는 현실의 중압감으로부터 우리를 자유롭게 풀어준다. 잘 노는 사람이라야 하나님이 창조하신 세상의 신비에 매혹되는 법이다.

기도

하나님, 천진한 미소를 지을 줄 아는 사람을 보면 기분이 좋아집니다. 사람들의 좋은 점을 보아내고 그것 때문에 기뻐하는 이들을 보면 세상이 한결 밝아 보입니다. 의무의 감옥 속에 갇혀 살아서인지 우리는 제대로 놀지 못합니다. 사심 없이 함께 어울리면서 생을 경축하는 능력을 되찾고 싶습니다. 독선과 배타심 그리고 과욕을 내려놓고 만나는 모든 이들 속에서 하나님의 형상을 보아내는 눈 밝은 사람이 되게 해주십시오. 아멘.

깨어나라,
너 잠자는 자여

나는 날마다 죽습니다

형제자매 여러분, 나는 감히 단언합니다. 나는 날마다 죽습니다! 이것은, 우리 주 예수 그리스도께서 여러분에게 하신 그 일로 내가 여러분을 자랑스럽게 여기는 것만큼이나 확실한 것입니다. 내가 에베소에서 맹수와 싸웠다고 하더라도, 인간적인 동기에서 한 것이라면, 그것이 나에게 무슨 유익이 되겠습니까? 만일 죽은 사람이 살아나지 못한다면 "내일이면 죽을 터이니, 먹고 마시자" 할 것입니다. 속지 마십시오. 나쁜 동무가 좋은 습성을 망칩니다. 똑바로 정신을 차리고, 죄를 짓지 마십시오. 여러분을 부끄럽게 하려고 내가 이 말을 합니다만, 여러분 가운데서 더러는 하나님을 아는 지식이 없습니다(고린도전서 15:31-34).

바울 사도는 '나는 날마다 죽습니다'라고 말한다. 이 말이 주는 충격이 크다. 바울이 여기서 말하는 죽음은 상징적인 죽음 즉 내적인 죽음이 아니다. 마음속에서 시도 때도 없이 일어나는 욕망, 미움, 원망, 절망, 좌절을 떨쳐버린다는 뜻이 아니라는 말이다. 바울은 구체적인 죽음의 위협 아래서 살고 있었다. 복음을 전하는 과정 중에 매를 맞고, 감옥에 갇히고, 파선도 당하고, 바다 위를 표류하기도 하고, 사람의 위험, 도시의 위험, 광야의 위험, 바다의 위험을 수도 없이 겪었다.

그는 왜 그런 온갖 위험 속으로 뛰어들었던 것일까? 좋은 배경에 좋은 학식을 지니고 있으니 평범하게 살기로 작정하면 얼마든지 그렇게 살 수 있었다. 그런데 그는 사서 고생을 했다. 재산을 모으거나 권세를 얻기 위해서가 아니었다. 예수 그리스도를 사람들에게 전파하기 위해서였다. 세상의 눈으로 보자면 그는 어리석은 자이다. 하지만 그는 기꺼이 어리석어지기로 결심한 사람이다. 왜? 그는 이미 생과 사를 넘어서는 구원의 신비를 엿보았던 것이다. 어리석은 십자가가 세상을 구원한다는 사실을 말이다.

러시아에는 유로지비yurodivy라고 일컬어지는 사람들이 있다. '바보 성자'라는 뜻인데, 겉으로 보기에는 백치 같아 보이지만 실제로는 남들이 보지 못한 것을 보고 남들이 듣지 못한 것을 듣는 참 지혜자들이다. 그들은 악과 부정을 폭로하면서도 스스로는 바보처럼 처신하는 사람들이다. 십자가의 길이야말로 유로지비의 길이 아닐까? 예수를 따르는 이들은 왜 뻔히 보이는 고난을 피하려 하지 않는 것일까? 안타까움 때문이다. 욕망이라는 불구덩이에 빠져 허우적거리는 이들을 건져주고, 이미 안방까지 연기가 차올랐는데도 잠에서 깨어날 줄 모르는 이들을 살리고 싶기 때문이다.

그가 그럴 수 있었던 것은 자신이 사랑의 빚진 자임을 알았기 때문이다. 그래서 그는 자기 삶을 다 바쳐 예수를 전했다. 그가 혼신의 힘으로 전하고 싶었던 말은 단순하다. "여러분은 하나님께서 값을 치르고 사들인 사람입니다. 그러므로 여러분의 몸으로 하나님을 영화롭게 하십시오"(고린도전서 6:20). 한 번 밖에 주어지지 않은 인생을 헛된 일에 바칠 수는 없지 않은가. 사람답게 살아야 한다. 사람다운 삶은 하나님을 영화롭게 하는 삶이다. 바울은 그런 삶을 확장하는 일에 자기를 다 바쳤다. '나는 날마다 죽습니다.' 죽기를 각오했기에 그는 힘 있게 일할 수 있었다.

하나님, 세상의 모든 생명은 살기를 원합니다. 할 수만 있다면 모든 고통에서 벗어나고 싶어합니다. 그러나 부득불 고통을 감내해야 할 때도 있습니다. 사랑하는 이를 위해서 기꺼이 고통을 감수하는 이들이 있습니다. 다른 이들이 겪어야 할 고통을 대신 겪는 이들은 인간 정신의 숭고함을 보여줍니다. 자기 삶과 밀접한 관계가 없는 사람을 위해서 위험에 뛰어드는 이들이야말로 예수님을 닮은 사람입니다. 주님의 십자가를 자랑만 하는 사람이 아니라, 누군가를 위해 기꺼이 십자가를 질 줄 아는 사람이 되게 해주십시오. 아멘.

깨어나라,
너 잠자는 자여

위로

우리 주 예수 그리스도의 아버지이신 하나님을 찬양합시다. 그는 자비로우신 아버지시요, 온갖 위로를 주시는 하나님이시요, 온갖 환난 가운데에서 우리를 위로하여 주시는 분이십니다. 따라서 우리가 하나님께 받는 그 위로로, 우리도 온갖 환난을 당하는 사람들을 위로할 수 있습니다. 그리스도의 고난이 우리에게 넘치는 것과 같이, 그리스도로 말미암아 우리의 위로도 또한 넘칩니다(고린도후서 1:3-5).

우연히 가수 하림이 부르는 〈위로〉라는 노래를 들었다. 서정적인 목소리의 가수가 "외롭다 말을 해봐요 다 보여요 그대 외롭다는 걸, 힘들다 말해보세요 괜찮아요 바보 같지 않아요"라고 노래할 때 괜히 가슴이 찡해졌다. 우리는 세상에 살면서 사람 때문에 위로를 받기도 하고 상처를 받기도 한다. '관계'의 어려움을 겪을 때마다 삶이 참 힘겹다는 생각에 사로잡힌다. 관계關係라는 단어에서 관關은 문빗장을 지른 모습을 그린 것이고, 계係는 '걸리다, 잇다'라는 뜻이다. 닫아 걸기도 하고 또 잇기도 하는 것이 관계 속에서 살아가는 우리의 모습이다. 관계가 순조롭고 원만할 때는 편안함과 행복을 느끼지만 관계가 어그러지면 고통스럽다.

현대인들은 저마다 다 외롭다. 그렇기에 관계를 갈망한다. 젊은이들은 사회관계망서비스SNS를 통해 누군가와 접속을 유지하려 애쓴다. '나 홀로'라는 느낌 속에 방치되고 싶지 않기 때문이다. 그래서 인터넷 공간에 자기의 근황을 알리고는 누군가가 반응해주기를 애타게 기다린다. 누군가 의미 없는 기호인 'ㅋㅋㅋ'나 'ㅎㅎㅎ'로만 반응해도 흐뭇해한다. 페이스북에서는 '좋아요'라고 반응해 준 사람들의 수나 댓글 수에 민감하다. 문득 지구별에 왔던 어린왕자가 떠오른다. 그는 뾰족산에 올라 외친다. "나는 외롭다. 나는 외롭다. 누가 나의 친구가 되어줘." 외로움이 문제이다. 외로움을 해소하기 위해 우리는 타인의 인정을 갈망한다. 사람들은 인정과 배제 사이에서 바장인다. 따돌림 받지 않기 위해 자기 소신과는 무관한 일을 하기도 한다. 영혼을 파는 이들도 있다.

그러나 바울은 사람들의 인정에 매달리지 않는다. 물론 바울이 떠난 이후에 고린도교인들이 파당을 짓고, 바울을 깎아내리는 이들이 있다는 소문을 들었을 때 그는 가슴 아파했다. 자기 수고가 허사로 돌아가는 것 같은 절망감이 그를 짓눌렀을지도 모르겠다. 하지만 그는 낙심하지 않았다. 살아 있는 씨는 때를 만나면 반드시 발아한다는 사실을 확신했기 때문이다. 어둠의 날이 지나면 밝은 날이 올 것임을 확신했기에 그는 일어설 수 있었다. 하나님에 대한 깊은 신뢰가 위로의 기초였다. 환난과 핍박이 중첩되는 상황 속에서도 그가 당당하게 대지 위를 걸을 수 있었던 것은 하나님으로부터 오는 위로가 있었기 때문이다.

일찍이 사도들은 핍박을 받으면서도 "예수의 이름 때문에 모욕을 당할 수 있는 자격을 얻게 된 것을 기뻐"(사도행전 5:41)했다. 이처럼 고난을 당하면서도 세상이 주는 것과 같지 않은 평안을 누리는 사람들을 누가 이길 수 있을까? 세상의 위로를 구하는 이들은 절망을 거두지만, 하늘의 위로를 얻은 이들은 희망의 노래를 부르며 척박한 대지를 갈아엎는다.

하나님, 사람답게 산다는 것이 무엇인지 도무지 모르겠고, 세상 모든 게 다 시들하게 느껴질 때면, 내가 사람이라는 게 싫어집니다. 어쩌면 그때가 위로가 필요한 순간인지도 모르겠습니다. 누군가 다가와 등이라도 툭 쳐 주었으며 좋겠다는 생각이 들어 주위를 둘러보기도 합니다. 그러나 우리는 압니다. 사람의 위로도 소중하지만 주님이 주시는 위로야말로 우리를 일어서게 하는 힘임을 말입니다. 척박한 세상에 평화와 생명의 씨앗을 뿌릴 힘은 주님으로부터 옵니다. 지금 위로의 손길로 우리를 어루만져 주십시오. 아멘.

깨어나라,
너 잠자는 자여

깊은 물 속에서

주님, 내가 깊은 물 속에서 주님을 불렀습니다. 주님, 내 소리를 들어 주십시오. 나의 애원하는 소리에 귀를 기울여 주십시오. 주님, 주님께서 죄를 지켜보고 계시면, 주님 앞에 누가 감히 맞설 수 있겠습니까? 용서는 주님만이 하실 수 있는 것이므로, 우리가 주님만을 경외합니다(시편 130:1-4).

"주님, 내가 깊은 물 속에서 주님을 불렀습니다." '깊은 물'이라는 표현은 굳이 설명을 필요로 하지 않는다. 깊은 물은 우리가 직면하는 인생의 심연이다. 전모를 파악할 수도 없고, 벗어날 수도 없는 일종의 한계상황이다. 깊은 물 속에 있다는 말은 자기 힘으로는 어떻게 해볼 수 없는 처지에 빠져 있다는 말이다. 우리도 이런 무력감과 공포를 느낄 때가 있다. 예기치 않게 찾아오는 돌발적인 일들, 예컨대 질병이나 천재지변, 실패나 배신의 경험은 우리를 참 무력하게 만든다. 하지만 우리를 더 힘들게 하는 것은 자기 존재의 심연과 마주칠 때이다. 꽤 근사한 사람인척 하고 살았는데, 자기 속에 있는 어두운 욕망과 죄성罪性을 가감 없이 보게 될 때 사람들은 '깊은 물' 속에 빠진 듯한 느낌에 사로잡힌다.

그런 상황에서 시인은 주님께 부르짖는다. "주님, 내 소리를 들어 주십시오. 나의 애원하는 소리에 귀를 기울여 주십시오"(시편 130:2). 시인은 자기의 영적 궁핍함을 숨기지 않는다. 세상은 그를 경멸할 수도 있고 침을 뱉을 수도 있지만, 하나님은 그의 말을 경청해 주실 것이라고 믿기 때문이다. 그는 부끄러움을 무릅쓰고 자기 존재 전체를 하나님께 내놓는다. 무엇 하나 숨기려고 하지 않는다. "주님, 주님께서 죄를 지켜보고 계시면, 주님 앞에 누가 감히 맞설 수 있겠습니까?"(시편 130:3)

그는 간절하게 용서를 청한다. 용서를 받는다는 것, 그것은 부자유에서 해방되는 것이다. 죄책감에 사로잡혀 있을 때, 우리 영혼은 위축되게 마련이다. 갈등과 불화는 우리 영혼을 속박하는 사슬이다. 그것은 우리에게서 평화를 빼앗아 간다. 평화란 아름다운 관계에서 비롯되는 것이기 때문이다. 용서 받기 위해서는 참회해야 한다. 자기가 문제라는 사실을 알아차려야 한다. 토머스 키팅 신부는 회개를 아주 단순한 말로 설명한다. "네가 행복을 찾고 있는 방향을 바꾸라"(토머스 키팅, 『하느님과의 친밀』, 69쪽). 사람들은 행복의 파랑새를 찾아 온 세상을 헤매고 다니면서 다른 이에게 해를 입히기도 하고, 스스로 상처를 입기도 한다.

세상의 좋은 것들을 소유함으로 행복할 수 있다고 믿는 이들은 남들보다 더 많은 것을 누리며 살 수 있을지 모르겠다. 하지만 그들은 사람이 경험할 수 있는, 아니 경험해야만 하는 진정한 행복과 평화를 맛보기 어렵다. 진짜 행복은 채움 속에 있는 것이 아니라 필요한 이들에게 주기 위해 자기 것을 비울 때 찾아오는 선물이다. 회개한다는 것은 그래서 자기중심으로 세상을 그리던 사람이 하나님 중심으로 그리고 이웃 중심으로 세상을 바라본다는 말이다. 회개야말로 진정한 자유의 입구이다.

기도

하나님. 물에 몸을 맡긴 채 천천히 유영을 할 때 우리는 자유로움과 행복을 느낍니다. 그러나 물을 적대적 공간으로 인식하는 순간 물은 사정없이 우리를 아래로 잡아당깁니다. 삶이라는 강물이 그러한 것 같습니다. 두려움 속에서 부르짖는 우리의 기도를 들어주십시오. 자기애의 심연에서 우리를 구하여 주십시오. 주님께 몸과 마음을 맡긴 채 이웃과 더불어 참된 자유와 기쁨과 행복을 누리게 해주십시오. 아멘.

순례자로 산다는 것

> 주님께서 시온에서 잡혀간 포로를 시온으로 돌려보내실 때에, 우리는 꿈을 꾸는 사람들 같았다. 그 때에 우리의 입은 웃음으로 가득 찼고, 우리의 혀는 찬양의 함성으로 가득 찼다. 그 때에 다른 나라 백성들도 말하였다. "주님께서 그들의 편이 되셔서 큰 일을 하셨다." 주님께서 우리 편이 되시어 큰 일을 하셨을 때에, 우리는 얼마나 기뻤던가! 주님, 네겝의 시내들에 다시 물이 흐르듯이 포로로 잡혀간 자들을 돌려 보내 주십시오. 눈물을 흘리며 씨를 뿌리는 사람은 기쁨으로 거둔다. 울며 씨를 뿌리러 나가는 사람은 기쁨으로 단을 가지고 돌아온다(시편 126:1-6).

하나의 중심을 향해 나아가는 사람은 저절로 기도의 사람이 된다. 16세기에 팔레스타인에 살았던 교부 도로테우스는 세계를 원이라고 상상해 볼 것을 제안한다. 그 중심은 하나님이고 그분의 광채는 인간들의 각기 다른 삶의 모습이다.

"하나님께 가까이 가고자 하는 모든 이가 하나님이 계신 원의 중심으로 다가간다면, 그들은 서로에게 다가가는 동시에 하나님께 다가가는 것이다." 하나님께 다가가기 위해서는 이웃에게 다가서야 하고, 이웃에게 참으로 다가서기 위해서는 하나님께 다가서야 하는 이 되먹임의 관계가 참 신비하다.

함께 살아야 할 이들은 때로는 더할 나위 없이 소중한 존재로 여겨지지만 때로는 걸림돌처럼 느껴지기도 한다. 우리 마음은 늘 '충만'과 '텅 빔' 사이를 오간다. 시인의 기도는 그래서 소중하다.

"주님, 네겝의 시내들에 다시 물이 흐르듯이 포로로 잡혀간 자들을 돌려보내 주십시오"(시편 126:4).

네겝은 비가 올 때는 물이 흐르지만 비가 그치면 바짝 말라버리는 와디이다. 우리 마음의 풍경과 다를 바 없다. 도시에 사는 우리 마음은 네겝의 와디처럼 모래만 버석이는 불모지 아닌가? 그곳에 물이 흐르게 하시고, 세상에 사로잡혔던 우리를 해방하여 자유인으로 살게 하실 분은 하나님뿐이다.

네겝 시내에 물이 흐르기를 소망한 시인의 마음이 자연스럽게 흘러간 것은 농부들이 씨를 뿌리는 광경이다. 척박한 땅에 물이 흐르면 죽은 것 같았던 대지가 깨어나기 시작한다. 파종의 때이다. 인생을 순례로 사는 이는 파종자여야 한다. 파종은 고된 노동이다. 하지만 파종이라는 노고가 없다면 수확도 없다.

"눈물을 흘리며 씨를 뿌리는 사람은 기쁨으로 거둔다. 울며 씨를 뿌리러 나가는 사람은 기쁨으로 단을 가지고 돌아온다"(시편 126:5-6).

'눈물을 흘리며 씨를 뿌린다'는 표현은 우리에게 좀 낯설게 들린다. 노동이 고되기 때문에 눈물을 흘린다는 말일까? 사실 이 말은 애굽이나 우가릿 신화를 염두에 둔 것이다. 그들은 겨우내 죽음의 세계에 끌려간 곡물의 여신을 깨우기 위해서는 들판에서 울어야 한다고 믿었다. 운다는 말은 그러니까 신을 깨우는 일이다. 히브리의 시인은 그런 풍습을 그리되, 그 의미를 바꾸어놓고 있다.

믿음으로 사는 것은 어쩌면 자기 욕망을 거스르는 일일 수 있다. 섬김, 돌봄, 나눔, 권리의 자발적 포기, 타자를 유익하게 하는 삶이 쉽지는 않다. 하나님의 뜻을 따르기 위해서는 자기의 욕망과 치열하게 싸워야 한다. 정의의 씨를 뿌리고 사랑의 열매를 거두는 것, 그것이 순례자로 산다는 의미이다.

깨어나라,
너 잠자는 자여

하나님, 삶의 속도가 점점 빨라지고 있습니다. 그래서인지 마음은 뭔가에 쫓기듯 들떠있습니다. 외로움이 깊지만 선뜻 다른 이들에게 손을 내밀지도 못합니다. 가까운 이들조차 점점 멀어지는 것 같아 쓸쓸합니다. 우리 삶이 하나님의 마음을 향한 순례의 과정임을 잊고 있기 때문입니다. 하나님께 이르는 길은 이웃들과의 관계 속에 있음을 명심하게 해주십시오. 주님의 이름을 부르는 이들과 함께 정의와 공의가 살아있는 세상을 만들기 위해 땀 흘리는 기쁨을 맛보게 해주십시오. 아멘.

사랑하면 보인다

바리새파 사람들과 사두개파 사람들이 와서, 예수를 시험하느라고, 하늘로부터 내리는 표징을 자기들에게 보여 달라고 요청하였다. 예수께서 그들에게 말씀하셨다. "너희는 저녁 때에는 '하늘이 붉은 것을 보니 내일은 날씨가 맑겠구나' 하고, 아침에는 '하늘이 붉고 흐린 것을 보니 오늘은 날씨가 궂겠구나' 한다. 너희는 하늘의 징조는 분별할 줄 알면서, 시대의 징조들은 분별하지 못하느냐? 악하고 음란한 세대가 표징을 요구하지만, 이 세대는, 요나의 표징 밖에는, 아무 표징도 받지 못할 것이다." 그리고 나서 예수께서는 그들을 남겨 두고 떠나가셨다(마태복음 16:1-4).

어느 날 바리새파 사람들과 사두개파 사람들이 함께 주님께 왔다. 무심히 보아 넘길 수도 있지만 우리는 이 두 집단이 서로에 대한 호감이 없을 뿐만 아니라 일쑤 대립하기도

깨어나라,
너 잠자는 자여

하는 사람들임을 기억해야 한다. 새로운 경건운동의 중심을 자처하는 바리새파 사람들과 전통주의자를 자처하는 사두개파 사람들은 견원지간이었다. 그런 그들이 손을 맞잡았다. 공공의 적이 생겼기 때문이다. 예수는 자기들이 의지하고 있던 유대교 세계를 기초부터 뒤흔드는 위험인물이었다. 마태는 그들이 예수께 나온 것은 '시험'하기 위해서였다고 말한다. 동기가 순수하지 못하다. 그들은 예수를 함정 속으로 유인하기 위해 하늘로부터 내리는 표징을 보여 달라고 요청한다. 표징은 일견 매력적으로 보이지만 위험하다.

표징을 보여주면서 자기 말을 따르게 하려는 이들이 있다. 그들은 하나님의 뜻을 분별하는 능력을 자신들에게만 귀속시키면서 다른 이들을 정신적으로 지배하려 한다. 지배는 곧장 욕망 채우기와 연결된다. 표징을 보이면서 순진한 사람들에게 재산이나 몸을 요구하는 이들이 많지 않던가. 바리새파 사람들과 사두개인들의 표징 요구는 정말 당신이 하나님의 아들인지 알고 싶다는 절실함에서 나온 것이 아니다. 예수를 사람들에게 표징을 보이면서 자신을 입증하려 하는 사이비 종교인, 다시 말해 하나님을 시험하는 사람으로 만들고 싶었던 것이다. 그들은 이미 예수가 계신 곳에서 일어난 일들을 보았다. 병든 사람들이 나음을 입고, 귀신이 쫓겨나고, 사람들이 친교의 식탁에 모여들고 있었다. 그것

말고 다른 표징이 더 필요한 까닭이 무엇인가? 정작 그들에게 필요한 것은 보려는 마음이지 표징이 아니다.

진실은 보고자 하는 사람에게만 보인다. 그래서 주님은 비유를 들려주신 후에 때때로 '들을 귀 있는 자는 들어라' 하고 말씀하신 것이다. 눈이 있다고 하여 다 보는 것이 아니고, 귀가 있다 하여 다 듣는 것도 아니다. 볼 마음이 있으면 눈이 없어도 볼 수 있고, 들을 마음이 있으면 귀가 없어도 들을 수 있다. 라이너 마리아 릴케는 열네 살 연상인 루 살로메를 너무도 사랑한 나머지 이런 사랑의 시를 썼다.

"내 눈을 감기세요./그래도 난 당신을 볼 수 있습니다.// 내 귀를 막으세요./그래도 나는 당신의 음성을 들을 수 있습니다.//발이 없어도 당신에게 갈 수 있고/입이 없어도 당신의 이름을 부를 수 있습니다." 사랑하면 보인다. 그리고 들린다. 우리 일상의 모든 순간이 하나님께서 말을 건네 오시는 시간이다. 세미한 중에 들려오는 그 말씀을 듣기에는 세상이 너무 소란스럽다. 거기 익숙해진 사람들은 자극적인 소리에만 반응한다. 전략이다. 예수님은 표징을 보여 달라는 이들을 준엄하게 꾸짖으신다. '너희는 하늘을 보면서 일기는 분별할 줄 알지만, 지금이 어떤 시대인 줄은 알지 못하고 있구나.' 제법 똑똑한 척하고, 모르는 게 없는 척하지만 정작 알아야 할 것은 알지 못하는 이들이 많다.

깨어나라,
너 잠자는 자여

기도

하나님. 자기 의에 충만한 우리는 청맹과니가 되고 말았습니다. 세상의 휘황한 것들에 익숙한 눈은 세상에 깃든 영원의 흔적을 보지 못합니다. 소란스런 소리에 익숙해진 귀는 하나님의 세미한 음성을 듣지 못합니다. 보지 못하고, 듣지 못하는데 어떻게 우리가 하나님을 사랑할 수 있겠습니까? 진심으로 사랑한다면 눈이 없어도 들을 수 있고, 귀가 없어도 들을 수 있다는 시인의 고백이 우리의 고백이 되기를 원합니다. 우리 삶이 하나님의 살아계심에 대한 증거가 되게 해주십시오. 아멘.

반얀나무처럼

또 우리에게 약속하신 분은 신실하시니, 우리는 흔들리지 말고, 우리가 고백하는 그 소망을 굳게 지킵시다. 그리고 서로 마음을 써서 사랑과 선한 일을 하도록 격려합시다. 어떤 사람들의 습관처럼, 우리는 모이기를 그만하지 말고, 서로 격려하여 그 날이 가까워 오는 것을 볼수록, 더욱 힘써 모입시다(히브리서 10:23-25).

믿음의 길을 걷는 것은 결코 쉽지 않다. 우리가 여전히 옛 삶의 인력으로부터 벗어나지 못했기 때문이다. 도스토예프스키는 인간의 마음은 천사와 악마의 투기장이라고 말했다. 예수님과 친밀한 접속을 유지하고 있을 때는 천사가 우리 마음을 들어 올려주지만, 그 접속이 끊어질 때면 악마가 우리 마음을 아래로 잡아당긴다. 하지만 사람들은 대체로 그것이 내림길이라는 사실을 깨닫지 못한다. 악마가 행복의

깨어나라,
너 잠자는 자여

환상을 우리 속에 주입하기 때문이다. 우리가 환상에서 깨어나는 것은 삶이 이미 황폐해졌을 때이다.

삶은 일직선으로 진행되지 않는다. 장애물을 만나 길을 우회해야 할 때도 있고, 그 길을 포기해야 할 때도 있다. 우리는 늘 흐름 속에서 산다. '변함없음', '한결같음'은 우리의 몫이 아니다. 그렇다고 하여 너무 자책할 필요는 없다. 지향을 잃지 않으면 된다. 하나님이 우리를 생명의 길로 인도하실 것이다. 우리가 신뢰해야 하는 것은 우리 자신이 아니라 주님이시다.

"또 우리에게 약속하신 분은 신실하시니, 우리는 흔들리지 말고, 우리가 고백하는 그 소망을 굳게 지킵시다"(히브리서 10:23).

나침반은 흔들리면서 북쪽을 가리킨다. 흔들리지 않고 정북正北을 가리키는 나침반은 고장난 것이다. 일단 믿음의 길에 접어든 이들은 길이 보이지 않아도 가던 방향으로 계속 걸어야 한다. 산에 올라가 본 이들은 잘 알 것이다. 멀리 떨어져서 보면 확연하게 드러나던 산봉우리가 계곡에 들어서면 보이지 않는다. 하지만 봉우리가 보이지 않는다고 하여 낙심할 이유는 없다. 잠시 다른 봉우리에 가려 보이지 않아도 봉우리는 그곳에 있으니 말이다. 믿음의 사람들은 이 척박한 세상 한복판에서 시작되고 있는 하나님의 나라를 보고, 또 그 나라에 동참하기 위해 몸을 일으켜 세운 사람들이다. 그 소망을 굳게 붙들 때 우리 삶은 든든해진다.

하나님은 우리를 거룩한 삶의 길로 부르실 때 동지도 함께 보내주신다. 같은 지향을 가진 이들이 서로 연결되고 결합될 때 우리를 지배하던 이기심과 탐욕의 영역은 줄어들고, 행복의 환상으로 우리를 제멋대로 지배하던 사탄의 권세는 힘을 쓰지 못한다. "서로 마음을 써서 사랑과 선한 일을 하도록 격려"(히브리서 10:24)할 때 주님의 몸은 든든히 선다.

반얀나무Ficus benghalensis는 뿌리가 약하기에 비바람을 견디기 위해 가지에서 다시 땅으로 뿌리를 내리는 습성이 있다 한다. 땅에 닿은 뿌리는 기둥뿌리支柱根가 되어 나뭇가지를 받쳐준다. 이 과정을 반복하면서 한 그루 반얀나무가 숲을 이루는 경우도 있다니 놀라운 일 아닌가. 반얀나무가 그러하듯 서로를 든든히 지탱해주면서 숲을 이루어 뭇 생명들을 품어 안는 것이야말로 교회의 교회됨이 아닐까?

하나님. 바람이 불든 눈비가 내리든 의젓하게 길을 걷고 싶지만, 우리는 작은 바람에도 휘청거리며 인생이라는 소롯길을 걷고 있습니다. 어려움을 겪을 때마다 지향을 잃고 방황하기 일쑤입니다. 주님께서 우리에게 동료를 주신 것은 흔들리는 마음을 서로 붙들어주라는 명령인 줄 이제는 알겠습니다. 함께 격려해가며 숲을 이루는 반얀나무처럼 우리도 서로에게 든든한 버팀목이 되어 살게 해주십시오. 아멘.

새싹처럼

> 여호수아 대제사장은 들어라. 여기 여호수아 앞에 앉아 있는
> 여호수아의 동료들도 함께 잘 들어라. 너희는 모두 앞으로 나
> 타날 일의 표가 되는 사람들이다. 내가 이제 새싹이라고 부르
> 는 나의 종을 보내겠다. 나 만군의 주가 말한다. 내가 여호수아
> 앞에 돌 한 개를 놓는다. 그것은 일곱 눈을 가진 돌이다. 나는
> 그 돌에 내가 이 땅의 죄를 하루 만에 없애겠다는 글을 새긴다.
> 나 만군의 주가 말한다. 그 날이 오면, 너희는 서로 자기 포도나
> 무와 무화과나무 아래로 이웃을 초대할 것이다(스가랴 3:8-10).

하나님은 스가랴를 통해 이스라엘의 정화와 회복을 약속하
셨다. 그 중심에는 스룹바벨과 대제사장 여호수아가 있다.
특히 여호수아와 그의 동료들은 앞으로 나타날 일의 표가
되어야 했다. 앞으로 나타날 일은 사람들이 '새싹' 혹은 '일
곱 눈을 가진 돌'이라고 부르는 이의 도래이다. 그는 메시아

깨어나라,
너 잠자는 자여

적 존재일 것이다. 그런 그를 '새싹'이라 이르는 게 참 의미심장하다. 새싹은 여리다. 하지만 그 속에 생명의 기운이 가득 차 있다. 두터운 대지 혹은 두꺼운 나무껍질을 뚫고 솟아나오는 새싹은 아름답다. 그리고 장엄하다.

이사야도 새싹이라는 은유를 통해 메시야적 존재를 드러낸 바 있다. 그는 "이새의 줄기에서 한 싹이 나며 그 뿌리에서 한 가지가 자라서 열매를 맺는다"(이사야 11:1)고 말했다. '일곱 눈을 가진 돌'은 참 이해하기 어려운 상징이다. 어떤 이는 그것이 제사장의 옷에 매단 보석의 일곱 면을 일컫는 것이라고 말하고, 어떤 이는 히브리어로 '돌'이라는 단어와 유사한 '샘'을 뜻하는 것이라고 설명하기도 한다.

스가랴 13장은 샘의 이미지를 통해 구원받은 삶을 나타낸다. "그 날이 오면, 샘 하나가 터져서, 다윗 집안과 예루살렘에 사는 사람들의 죄와 더러움을 씻어 줄 것이다"(스가랴 13:1). '돌'이든 '샘'이든 그 역할은 죄를 씻어주는 것이다. 제사장들은 백성들의 죄 사함을 위해 매번 새롭게 제사를 바쳐야 했다. 그러나 오실 그분은 땅의 죄를 하루 만에 없애실 것이다. 제사장들이 그분을 가리키는 손가락 역할을 잘 할 때 세상은 평화롭게 된다. 주님은 확약을 하듯 말씀하신다.

"그 날이 오면, 너희는 서로 자기 포도나무와 무화과나무 아래로 이웃을 초대할 것이다"(스가랴 3:10).

평범한 이 말씀이 사무치게 좋다. 사람들이 사귐을 위해 서로를 초대하는 세상은 얼마나 아름다운가. 현대인들은 이제 다른 이들을 사적 공간에 초대하지 않는다. 점점 장벽이 높아지면서 외로움 또한 깊어지고 있다. 사귀어 두면 덕을 볼 것 같아서가 아니라 그저 사람이 좋아서 누군가를 초대할 수 있는 세상이 속히 왔으면 좋겠다. 어느 철학자는 현대인을 가리키는 기호를 만들어냈다. 영어 S자 한복판에 빗금을 그은 것[$]이다. S는 주체를 뜻하는 subject라는 단어에서 온 것이고, 빗금은 사람들의 영혼에 새겨진 상처의 흔적을 상징한다. 세상에 상처나 아픔의 기억이 없는 사람은 없다. 그 상처는 이유 없는 환대의 공간 속에서라야 치유된다. 교회는 바로 그런 환대의 공간이어야 한다. 우리가 서로를 포도나무 아래로, 무화과나무 아래로 초대할 수 있는 것은 하나님의 사랑, 그리고 성령의 능력이 우리 가운데 임할 때이다.

깨어나라,
너 잠자는 자여

기도

하나님, 젊은이들을 격려할 때면 사람들을 으레 그래야 한다는 듯이 '큰
일'을 하라고 말합니다. 큰 일이 곧 옳은 일은 아닙니다. 큰 일에 집착하다
가 진실로부터 멀어진 이들이 많습니다. 주님은 우리에게 큰 일이 아니라
작은 일에 충실하라 이르십니다. 우리에게 맡겨진 일들은 크든 작든 거룩
한 일입니다. 덩치 큰 나무도 연약한 새싹으로부터 시작된다는 사실을 명
심하게 해주십시오. 새싹의 아름다움에 눈 뜬 사람들이 누리는 생명의 잔
치에 우리도 참여하게 해주십시오. 아멘.

누가 구원받은 사람인가

예수께서 여러 성읍과 마을에 들르셔서, 가르치시면서 예루살렘으로 여행하셨다. 그런데 어떤 사람이 예수께 물었다. "주님, 구원받을 사람은 적습니까?" 예수께서 그들에게 대답하셨다. "너희는 좁은 문으로 들어가기를 힘써라. 내가 너희에게 말한다. 들어가려고 해도 들어가지 못하는 사람이 많을 것이다. 집주인이 일어나서, 문을 닫아 버리면, 너희가 밖에 서서 문을 두드리면서 '주인님, 문을 열어 주십시오' 하고 졸라도, 주인은 '너희가 어디에서 왔는지, 나는 모른다' 하고 대답할 것이다. 그때에 너희가 말하기를 '우리는 주인님 앞에서 먹고 마셨으며, 주인님은 우리를 길거리에서 가르치셨습니다' 할 터이나, 주인이 너희에게 말하기를 '나는 너희가 어디에서 왔는지 모른다. 불의를 일삼는 자들아, 모두 내게서 물러가거라' 할 것이다. 아브라함과 이삭과 야곱과 모든 예언자는 하나님 나라 안에 있는데, 너희는 바깥으로 쫓겨난 것을 너희가 보게 될 때에, 거기서

깨어나라,
너 잠자는 자여

슬피 울면서 이를 갈 것이다. 사람들이 동과 서에서, 또 남과 북에서 와서, 하나님 나라 잔치 자리에 앉을 것이다. 보아라, 꼴찌가 첫째가 될 사람이 있고, 첫째가 꼴찌가 될 사람이 있다(누가복음 13:22-30).

"주님, 구원받을 사람은 적습니까?"(누가복음 13:23) 이것은 예수님을 함정에 빠뜨리기 위한 질문이 아니다. 질문자는 순수한 열정을 가지고 정말 궁금한 것을 물은 것이다. 그는 이미 유대인으로 태어났다는 사실 자체가 구원을 보증해 줄 수 없다는 사실을 알고 있다. 그는 구원에 대한 갈망을 간직하고 있는 사람이다. '구원'이라는 단어를 통해 많은 이들이 염두에 두고 있는 것은 '하나님 나라'일 것이다. 아니, 어쩌면 '천당'이라고 해야 그들의 숨은 욕망이 더 잘 드러날 지도 모르겠다.

사람들의 욕망이 어떠하든 성경에서 사용되는 구원soteria 이라는 말은 매우 다양한 의미를 내포하고 있다. '치유'라는 의미로 쓰일 때가 가장 많다. 병자의 치유, 귀신들린 자의 회복이 구원으로 표현되고 있다. 하지만 회복은 그런 것에만 국한된 것이 아니다. 주님은 당신을 영접한 삭개오가 자기 재산의 절반을 가난한 이들을 위해 내놓고, 남의 것을 빼앗은 일이 있다면 네 배로 갚겠다고 했을 때 "오늘 구원이

이 집에 이르렀다"(누가복음 19:9)고 선언하셨다.

성경이 말하는 구원은 주로 사람의 사람됨이 회복된 것을 이르는 말이다. 거듭난 사람이라야 구원받은 사람이라 할 수 있다. 그런데 "구원받을 사람은 적습니까?" 하고 물었던 사람은, 구원을 남과는 구별되는 특권이라고 이해한 것 같다. 구원조차 남과의 경쟁에서 승리해야 얻을 수 있는 것인가? 정작 우리가 던져야 할 질문은 따로 있다. "우리는 구원받은 사람답게 살고 있는가?" 오지랖 넓게 남이 구원 받았나 받지 못했나를 곁눈질할 게 아니라 자기 삶을 살필 일이다. 프랑스 사람들이 가장 존경했다는 아베 피에르 신부에게 한 방송 진행자가 다짜고짜 물었다. "삶의 이유가 무엇입니까?" 그러자 피에르는 주저하지 않고 대답했다.

"산다는 것은 사랑하는 법을 배우고 영원한 사랑과의 영원한 만남을 준비하기 위해 주어진 약간의 시간일 뿐입니다. 인생이 내게 그 사실을 가르쳐주었지요. 나는 이 말을 후세에 물려줄 수 있었으면 좋겠습니다. 바로 이러한 확신이 내 인생과 행동의 열쇠이기 때문입니다"(아베 피에르, 『피에르 신부의 유언』, 16쪽).

예수님은 "구원받을 사람은 적습니까?"라는 질문에 동문서답으로 응대하셨다. "너희는 좁은 문으로 들어가기를 힘써라"(24절). 힘쓴다는 말은 '아고니제스테agonizesthe'를 번

깨어나라,
너 잠자는 자여

역한 것이다. 이 단어에서 심한 고통을 뜻하는 영어 단어 'agony'가 나온 것을 보면, 이 단어는 고심하고 고투하는 것 즉 진력하는 것을 의미한다. 가급적이면 좁은 문으로 들어가라는 말이 아니라, 최선의 노력을 다해 들어가라는 말이다. 세상에는 좁은 문으로 들어가는 이들이 있다. 편안하고 안락한 삶의 자리에서 벗어나 사서 고생하는 길에 접어든 이들 말이다. 이 거친 세상에 살면서 마음이 상하고 찢긴 이들의 이웃이 되어 주기 위해 애쓰는 사람들, 상호부조의 공동체를 만들기 위해 애쓰는 사람들, 그런 이들은 세상의 눈으로 보면 어리석은 사람들이다. 그러나 그들이야말로 구원받은 사람들이 아닐까?

기도

하나님, 사람들은 구원받을 사람의 자격에 관심이 많습니다. 그 자격 조건에 자신을 맞추고 싶기 때문입니다. 어떤 이들은 구원받을 사람의 숫자가 제한되어 있다고 말하며 사람들을 미혹하기도 합니다. 구원을 독점한 듯 말하는 이들 가운데는 삶으로 주님을 부인하는 이들이 꽤 많습니다. 주님, 구원받은 자답게 살게 해주십시오. 예수님의 마음으로 이웃과 피조물을 대하고, 이웃을 복되게 하기 위해 스스로를 섬김의 자리에 서게 해주십시오. 아멘.

언제까지
그러실 겁니까

이것은 예언자 하박국이 묵시로 받은 말씀이다. 살려 달라고 부르짖어도 듣지 않으시고, "폭력이다!" 하고 외쳐도 구해 주지 않으시니, 주님, 언제까지 그러실 겁니까? 어찌하여 나로 불의를 보게 하십니까? 어찌하여 악을 그대로 보기만 하십니까? 약탈과 폭력이 제 앞에서 벌어지고, 다툼과 시비가 그칠 사이가 없습니다. 율법이 해이하고, 공의가 아주 시행되지 못합니다. 악인이 의인을 협박하니, 공의가 왜곡되고 말았습니다(하박국 1:1-4).

하박국은 평화를 애타게 기다리던 사람이다. 그가 활동한 시기를 특정하여 말하기는 어렵다. 하박국서는 단일한 저자가 쓴 책이 아니라 수세기에 걸친 발전 과정을 거친 책으로 보는 게 대체적인 견해이다. 예언의 앞부분은 주전 600년 무렵을 반영하고 있고, 뒷부분은 바벨론 포로기 이후의 상

깨어나라,
너 잠자는 자여

황을 반영한다. 그러나 시대가 언제이든 하박국이 맞닥뜨리고 있던 상황은 전형적이다. "이것은 예언자 하박국이 묵시로 받은 말씀이다"라는 서언이 나온 이후 다짜고짜 탄식이 터져 나온다.

"살려 달라고 부르짖어도 듣지 않으시고, '폭력이다!' 하고 외쳐도 구해 주지 않으시니, 주님, 언제까지 그러실 겁니까?"(하박국 1:2)

하박국은 지금 하나님이 원망스럽다. '듣지 않으시고'라는 구절과 '구해 주지 않으시니'라는 구절이 예언자의 절박한 심정을 고스란히 드러내고 있다. 살려 달라는 부르짖음이 넘치는 세상, 더 나아가 '폭력이다' 하고 외칠 수밖에 없는 세상에 산다는 것은 고통이 아닐 수 없다. '폭력'은 '하마스'의 번역어인데, 그것은 한 사회에서 벌어지는 불의한 현실을 요약하는 말이다. 기득권자들은 자기들의 이익을 지키고 확대하는 일에만 열심이고, 사회적 약자들의 처지에 대해서는 전혀 관심을 갖지 않는다. 약탈과 폭력, 다툼과 시비가 그칠 새 없다.

하박국은 이런 시대상을 세 가지 다른 표현으로 설명한다. '율법이 해이해졌다.' '공의가 시행되지 않는다.' '악인이 의인을 협박한다.' 현실에 개입하지 않으시는 것처럼 보이는 하나님에 대한 하박국의 원망을 나무랄 수 없다. 그런데 하박국의 이 절박한 부르짖음 속에서 나는 주님의 슬픈 음성을 듣는다. '나는 그 소리를 이미 듣고 있단다. 그리고 그 소리에 응답하라고 너희를 부르고 있건만 너희는 들은 척도 하지 않는구나. 나는 너희들과 함께 새로운 세상을 열고 싶은데, 너희는 내가 그 세상을 열어야 한다고 말하는구나. 나는 너희가 나의 귀가 되고, 나의 입이 되고, 나의 손과 발이 되어주기를 기다리고 있다.'

할 수 있는 일이 적다고 하여 아무 일도 하지 않는다면 우리는 하나님의 가능성을 제한하는 죄를 짓는 것이다. 하나님 나라를 소망하는 사람은 당장 결과가 눈앞에 보이지 않아도 씨를 심는 일을 멈추지 말아야 한다. 전도서의 기자는 "바람이 그치기를 기다리다가는, 씨를 뿌리지 못한다. 구름이 걷히기를 기다리다가는, 거두어들이지 못한다"(전도서 11:4)고 가르친다. 때를 얻든지 못 얻든지 씨를 뿌리며 사는 것이 용기요 믿음이다. "의인은 믿음으로 산다"는 말은 바로 이 일을 가리키는 것이 아닐까?

깨어나라,
너 잠자는 자여

하나님, 폭력과 억압이 일상이 된 세상에서 살다보면 저절로 한숨이 터져 나옵니다. 불의를 행하는 이들의 뻔뻔함에 화가 나기도 합니다. 법망을 교묘하게 빠져나가며 자기 잇속만 차리는 이들을 보면 정의에 대해 회의에 빠지기도 합니다. 그런 현실을 보면서도 침묵하고 계신 하나님이 원망스럽기도 합니다. 그러나 주님의 시간이 다가옴을 믿기에 우리는 낙심하지 않습니다. 지금 여기에서 우리가 살고 싶은 세상을 시작하겠습니다. 이러한 결심이 무너지지 않도록 우리를 지켜주십시오. 아멘.

겨자씨 같은 믿음

9월 21일

그들이 무리에게 오니, 한 사람이 예수께 다가와서 무릎을 꿇고 말하였다. "주님, 내 아들을 불쌍히 여겨 주십시오. 간질병으로 몹시 고통 받고 있습니다. 자주 불 속에 빠지기도 하고, 물 속에 빠지기도 합니다. 그래서 아이를 선생님의 제자들에게 데리고 왔으나, 그들은 고치지 못하였습니다." 예수께서 말씀하셨다. "아! 믿음이 없고 비뚤어진 세대여, 내가 언제까지 너희와 같이 있어야 하겠느냐? 내가 언제까지 너희에게 참아야 하겠느냐? 아이를 내게 데려오너라." 그리고 예수께서 귀신을 꾸짖으셨다. 그러자 귀신이 아이에게서 나가고, 아이는 그 순간에 나았다. 그 때에 제자들이 따로 예수께 다가가서 물었다. "우리는 어찌하여 귀신을 쫓아내지 못했습니까?" 예수께서 그들에게 대답하셨다. "너희의 믿음이 적기 때문이다. 내가 진정으로 너희에게 말한다. 너희에게 겨자씨 한 알만한 믿음이라도 있으면, 이 산더러 '여기에서 저기로 옮겨가라!' 하면 그대로 될 것

깨어나라,
너 잠자는 자여

변화산에서 내려오신 주님을 기다리고 있던 것은 귀신 들린 아이였다. 그 아이는 스스로 제어할 수 없는 어떤 힘에 사로 잡혀 있었다. 아이는 불 속에 뛰어들기도 하고, 물속에 뛰어 들기도 했다. 어떤 큰 충격을 받았을 거라고 짐작해 볼 수는 있지만 그 아이가 그 지경이 된 까닭을 정확히 알 수는 없다. 어떤 이들은 그 지역에서 벌어진 로마인들의 잔학행위를 목격했기 때문일 거라고 말하기도 하지만 그건 짐작일 뿐이다. 설명할 수 없는 일이 벌어질 때 사람들은 흔히 그 원인을 바깥에서 찾는다. 사람들은 그래서 아이가 달의 불 길한 기운에 사로잡혔다고 말했던 것이다.

원인이 무엇이든 아이가 그 지경이 된 후 가족들의 삶은 황폐하게 변했을 것이다. 어느 날 예수가 자기 마을에 오셨 다는 소식을 들었을 때 그 불행한 아버지는 예수를 만나러 한 달음에 달려왔다. 예수가 병을 고치는 자요, 귀신 축출자 라는 소문은 이미 사람들 사이에 널리 퍼져 있었다. 그러나 예수님은 그 자리에 있지 않았고, 급한 마음에 그 아버지는 제자들에게 아이의 치유를 부탁했다. 하지만 그들은 아무 것도 할 수 없었다. 제자들은 깊은 당혹감에 사로잡혔다. 바 로 그때 예수님이 등장하신 것이다. 자초지종을 들은 예수님은 깊은 탄식을 내뱉으셨다.

"아! 믿음이 없고 비뚤어진 세대여, 내가 언제까지 너희와 같이 있어야 하겠느냐? 내가 언제까지 너희에게 참아야 하겠느냐? 아이를 내게 데려오너라"(마태복음 17:17).

제자들의 무능함이 예수님의 시름을 깊게 만들었다. 악한 영을 꾸짖기는커녕 사람들의 조롱거리가 되는 현실을 보며 주님은 "내가 언제까지 너희에게 참아야 하겠느냐?" 탄식하신다. 주님께서 귀신을 꾸짖어 내쫓으시자 제자들은 "우리는 어찌하여 귀신을 쫓아내지 못하였습니까?" 하고 묻는다. 이에 예수님은 '너희의 믿음이 적기 때문'이라고 대답하신다. '믿음이 적다'는 말은 사실은 '불신앙apistian'을 뜻한다. 우리가 귀신을 쫓아내지 못하는 것은 믿음이 없기 때문이라는 것이다. 그러면서 주님은 충격적인 말씀을 하신다. "너희에게 겨자씨 한 알만한 믿음이라도 있으면, 이 산더러 '여기에서 저기로 옮겨가라!' 하면 그대로 될 것이요, 너희가 못할 일이 없을 것이다."

함석헌 선생님은 '산을 움직이는 믿음은 사실은 나를 움직이는 믿음'이라 말한다. 산보다도 더 무거운 게 우리 몸이고 마음이라는 것이다. 산이 아니라 무력증에 빠진 나 자신을 움직이는 것이 믿음이다. 믿음은 관념이 아니라 삶이다. 나의 가능성이 아니라 하나님의 가능성을 의지해 사는 사

깨어나라,
너 잠자는 자여

람, 할 수 있기에 하는 것이 아니라, 해야 하기에 하는 사람이 믿음의 사람이다.

하나님. 제자들의 당혹감이 고스란히 느껴집니다. 무능한 제자들을 탓할 수 없는 것은 바로 그것이 우리들의 실상임을 알기 때문입니다. 한 영혼에 대한 절절한 애태움이 없이 무슨 기적이 일어날 수 있겠습니까. 우리에게 겨자씨만한 믿음조차 없습니다. 산은커녕 조그마한 장벽 하나도 무너뜨리지 못하는 우리들을 불쌍히 여겨주십시오. 무기력증을 떨치고 일어나 주님의 손과 발이 되는 기쁨을 누리게 해주십시오. 아멘.

꿈은 언제나 비현실적으로 보인다. 꿈꾸는 이들은 몽상가 혹은 현실 부적응자 취급을 당하곤 한다. 꿈이 없어 세상은 거칠고 빈곤해졌다. 역사적 상상력을 억압하고 세상을 시장으로 바꾸는 정치를 바로잡을 책임이 우리에게 있다. 역사는 그런 이들을 통해 새로운 차원으로 돌입하는 법이다.

Monday ~~~~~

Tuesday ~~~~~

Wednesday ~~~~~

깨어나라,

너 잠자는 자여

Thursday ～～～～

Friday ～～～～

Saturday ～～～～

Sunday ～～～～

메시지를 잃어버린 메신저

예루살렘 사람들 가운데서 몇 사람이 말하였다. "그들이 죽이려고 하는 이가 바로 이 사람이 아닙니까? 보십시오. 그가 드러내 놓고 말하는데도, 사람들이 그에게 아무 말도 못합니다. 지도자들은 정말로 이 사람을 그리스도로 알고 있는 것입니까? 우리는 이 사람이 어디에서 왔는지를 알고 있습니다. 그러나 그리스도가 오실 때에는, 어디에서 오셨는지 아는 사람이 없을 것입니다." 예수께서 성전에서 가르치실 때에, 큰 소리로 말씀하셨다. "너희는 나를 알고, 또 내가 어디에서 왔는지를 알고 있다. 그런데 나는 내 마음대로 온 것이 아니다. 나를 보내신 분은 참되시다. 너희는 그분을 알지 못하지만, 나는 그분을 안다. 나는 그분에게서 왔고, 그분은 나를 보내셨기 때문이다." 사람들이 예수를 잡으려고 하였으나, 아무도 그에게 손을 대는 사람이 없었다. 그것은 그의 때가 아직 이르지 않았기 때문이다. 무리 가운데서 많은 사람이 예수를 믿었다. 그들이 말하였다.

깨어나라,
너 잠자는 자여

예루살렘 사람들 가운데서 몇 사람이 예수님에 대한 궁금증을 품었다. "그들이 죽이려고 하는 이가 바로 이 사람이 아닙니까?" '이 사람'이라는 호칭 속에 예수에 대한 그들의 감정이 묻어 있다. 그들에게 예수는 낯선 타자, 곧 문제적 인물이다. 함부로 무시할 수도 없지만 그렇다고 선뜻 가까이하기도 꺼려지는 사람이기에 그들은 '이 사람'이라는 단어를 골랐다. 그런데 정작 그들이 의아하게 여기는 것은 그가 드러내 놓고 말하는 데도 지도자라는 사람들이 아무 말도 못한다는 사실이다. 죽일 음모를 꾸미는 것은 분명한데 왠지 쭈뼛거리고 있다.

예수가 메시아가 아니라는 판단의 근거는 단순하다. 그들은 "그리스도가 오실 때에는, 어디에서 오셨는지 아는 사람이 없을 것"인데, 자기들은 그가 어디 출신인지 잘 알고 있다는 것이었다. '아는 게 힘'이라는 말이 있지만 '아는 게 병'이라는 말도 있다. 안다고 생각하는 순간 사람들은 더 이상 배우려고 하지 않는다. 자기의 알량한 앎을 근거로 하여 세상을 판단한다.

예수님도 사람들이 뒤에서 수군대는 소리를 들으셨던 것

일까? 어느 날 성전에서 가르치실 때에 주님은 사람들이 한 말을 상기시키시며 말씀하셨다. "너희는 나를 알고, 또 내가 어디에서 왔는지를 알고 있다"(요한복음 7:28a). 그들은 예수님이 갈릴리 나사렛 출신의 목수였고, 제자들과 유랑하며 가르치는 사람이라는 사실을 알았다. 그러나 그것이 곧 예수에 대한 참다운 앎이라 할 수 있을까? 그들은 예수의 겉모습만 알뿐 그 깊은 속은 전혀 알지 못한다. 평생을 교회에 다녀도 예수의 핵심과 만나지 못한 사람들이 많다.

예수님은 당신을 잘 알고 있다고 말하지만 실상은 무지한 이들에게 당신이 누구인지를 밝히신다. "그런데 나는 내 마음대로 온 것이 아니다. 나를 보내신 분은 참되시다. 너희는 그분을 알지 못하지만, 나는 그분을 안다. 나는 그분에게서 왔고, 그분은 나를 보내셨기 때문이다"(요한복음 7:28b-29). 예수님은 참 되신 분, 참이신 분, 곧 하나님이 당신을 이 세상에 보내셨다고 말씀하셨다. 스스로 믿음이 돈독하다 여기는 사람들은 '보냄을 받았다'는 이 말을 배타적으로 예수님에게만 귀속시켜야 한다고 생각한다. 하지만 이 말은 우리 모두에게도 해당되는 말이다. 하나님을 창조주로 고백한다는 것은 나의 '있음'이 우연이 아니라는 사실을 받아들이는 것이다. 우연이 아니라면 함부로 살 수 없다. 우리는 지금 어떤 메시지로 이웃들 앞에 서 있나? 메시지를 잃어버린 메신저가 된 것은 아닌가? 보냄을 받은 자가 마땅히 가야 할 곳으로 가지 않기에 세상은 어지럽기 그지없다.

기도

하나님, 예수님은 당대의 사람들에게 낯선 분이셨습니다. 세상에 길들여지지 않으셨기 때문입니다. 기존 질서에 염증을 느끼는 이들에게는 신선한 자극이었겠지만, 누릴 것을 다 누리고 사는 특권층들에게는 불온하게 보였을 것입니다. 하나님께 보냄을 받았다는 분명한 자각이 있었기에 주님은 흔들림 없이 소명을 이루실 수 있었습니다. 주님의 그 당당함을 배우고 싶습니다. 주님이 누리신 그 영적인 자유를 우리에게도 허락하여 주십시오. 삶으로 하나님의 살아계심을 증언하는 우리가 되게 해주십시오. 아멘.

예복을 입지 않은 사람

종들은 큰길로 나가서, 악한 사람이나, 선한 사람이나, 만나는 대로 다 데려왔다. 그래서 혼인 잔치 자리는 손님으로 가득 차게 되었다. 임금이 손님들을 만나러 들어갔다가, 거기에 혼인 예복을 입지 않은 사람이 한 명 있는 것을 보고 그에게 묻기를, '이 사람아, 그대는 혼인 예복을 입지 않았는데, 어떻게 여기에 들어왔는가?' 하니, 그는 아무 말도 하지 못하였다. 그 때에 임금이 종들에게 분부하였다. '이 사람의 손발을 묶어서, 바깥 어두운 데로 내던져라. 거기서 슬피 울며 이를 갈 것이다.' 부름받은 사람은 많으나, 뽑힌 사람은 적다(마태복음 22:10-14).

혼인 잔치에 초대받은 손님들은 마치 사전에 짜기라도 한 것처럼 다 참석을 거부함으로 초대한 임금을 모욕했다. 그 모욕당한 임금은 깊은 탄식을 내뱉는다. "혼인 잔치는 준비되었는데, 초대받은 사람들은 이것을 받을 만한 자격이 없

깨어나라,
너 잠자는 자여

다"(마태복음 22:8). 먼저 초대받았던 이들에 대한 '무자격 선언'이다. 물론 마태가 염두에 두고 있는 것은 선택을 특권으로 인식했던 이스라엘일 것이다. 혼인 잔치에 들어갈 자격은 다른 것 없다. 초대한 분에 대한 신뢰와 존경이다. 그러나 신뢰는 무너졌고 존경은 철회되었다.

임금은 종들에게 네거리로 나가서, 아무나, 만나는 대로 잔치에 청해 오라고 이른다. 종들은 큰길로 나가서, 악한 사람이나 선한 사람이나 다 데려왔고, 마침내 잔치 자리가 가득 차게 되었다. 여기서 강조점은 '악한 사람'에게 있다. 메시아적 잔치는 모두에게 열려 있다. 하나님의 나라는 아무도 배제하지 않는다. 우리가 마음으로 용납하기 어려운 사람조차 하나님 나라 잔치에 초대받은 사람들이다. 받아들이거나 거절하는 것은 그들의 문제일 뿐이다. 스스로 임금의 잔치에 초대받을 자격이 없다고 생각했던 이들은 그 뜻밖의 초대에 기꺼이 응했고, 잔치 자리는 가득 차게 되었다. 이제 바야흐로 잔치가 시작될 판이다.

그런데 이런 흥겨운 잔치 분위기에 찬물을 끼얹는 일이 발생한다. 손님을 만나러 연회 자리에 나온 왕은 혼인 예복을 입지 않은 사람이 있는 것을 보았다. 임금은 그에게 "이 사람아, 그대는 혼인 예복을 입지 않았는데, 어떻게 여기에 들어왔는가?" 하고 묻는다. 그는 아무 말도 하지 못했다. 의문이 생긴다. 길가에 지나가는 사람들을 불러다 앉혀놓고는 혼인예복을 입지 않았다고 야단치는 것이 상식적인가? 어떤 학자들은 이 곤경을 피하기 위해서 왕이 이미 연회장 밖에 손님들이 입을 예복을 준비해놓았을 거라고 말하기도 한다. 입을 기회가 있었는데도 그가 입지 않았다는 것이다.

하지만 여기서 말하는 혼인 예복은 마태복음 전체의 맥락에서 볼 때 '의로운 행동' 혹은 '삶'이라고 보아야 한다. 예수님은 일찍이 산상수훈에서 "너희의 의가 율법학자들과 바리새파 사람들의 의보다 낫지 않으면, 너희는 하늘나라에 들어가지 못할 것이다"(마태복음 5:20)라고 말씀하셨다. 악인이나 선인이나, 유대인이나 비유대인이나, 남자나 여자나 가릴 것 없이 기회의 문은 모두에게 열려 있다. 그러나 하늘나라의 잔치에 참여하는 이들은 거기에 걸맞은 의의 옷을 입어야 한다. 초대받았다는 사실에만 들떠선 안 된다. 초대받은 자로서의 삶을 살아야 한다. 그것이 초대한 분에 대한 예의이다. 이 비유의 결구는 단순하지만 강력하다. "부름 받은 사람은 많으나, 뽑힌 사람은 적다"(마태복음 22:14). 믿는다고 고백하는 이들은 많지만 믿는 대로 사는 이들은 적다. 안타깝지만 이게 우리 현실이다.

깨어나라,
너 잠자는 자여

하나님, 누군가에게 초대를 받는다는 것은 참 고마운 일입니다. 그가 나를 귀하게 여긴다는 사실이 그렇게 드러났기 때문입니다. 그러나 초대를 받고도 일상이 분주하다는 핑계로 혹은 낯선 이들과의 대면이 싫다는 이유로, 삶의 루틴을 깨지 않으려는 게으름 때문에 초대를 거절할 때가 많습니다. 주님, 이제라도 의와 사랑과 자비의 예복을 준비하게 해주십시오. 하나님 나라 잔치에 참여한다는 설렘과 기대로 현실의 모든 어려움들을 이겨낼 수 있게 해주십시오. 아멘.

소명을 견주지 말라

베드로가 돌아다보니, 예수께서 사랑하시던 제자가 따라오고 있었다. 이 제자는 마지막 만찬 때에 예수의 가슴에 기대어서, "주님, 주님을 넘겨줄 자가 누구입니까?" 하고 물었던 사람이다. 베드로가 이 제자를 보고서, 예수께 물었다. "주님, 이 사람은 어떻게 되겠습니까?" 예수께서 말씀하셨다. "내가 올 때까지 그가 살아 있기를 내가 바란다고 한들, 그것이 너와 무슨 상관이 있느냐? 너는 나를 따라라!" 이 말씀이 믿는 사람들 사이에 퍼져 나가서, 그 제자는 죽지 않을 것이라고들 하였지만, 예수께서는 그가 죽지 않을 것이라고 말씀하신 것이 아니라, "내가 올 때까지 그가 살아 있기를 내가 바란다고 한들, [그것이 너와 무슨 상관이 있느냐?]" 하고 말씀하신 것뿐이다. 이 모든 일을 증언하고 또 이 사실을 기록한 사람이 바로 이 제자이다. 우리는 그의 증언이 참되다는 것을 알고 있다. 예수께서 하신 일은 이 밖에도 많이 있어서, 그것을 낱낱이 기록한다면, 이 세

깨어나라,
너 잠자는 자여

부활하신 주님은 베드로를 향해 '내 양떼를 먹여라', '나를
따라라!' 하고 명령하셨다. 20절은 '베드로가 돌아다보니'
라는 말로 시작된다. "나를 따라라!" 하는 명령과 "돌아다보
니"라는 단어가 묘하게 엇갈리고 있다. 따르기 위해서는 부
르신 분을 바라보아야 한다. 그런데 베드로는 뒤를 돌아본
다. 어쩌면 이게 연약한 인간의 어쩔 수 없는 한계인지도 모
르겠다. 그는 예수께서 사랑하시는 제자를 흘낏 바라보고는
주님께 묻는다. "주님, 이 사람은 어떻게 되겠습니까?" 천박
한 호기심이다. 다른 사람의 소명과 나의 소명을 견줘보고
싶어 하는 이 마음이 유혹의 뿌리이다.

자기와 다른 이를 비교하는 순간 원망과 시샘이 나온다.
주님은 "그것이 너와 무슨 상관이 있느냐?"며 베드로를 책
망하시고는 재차 "너는 나를 따라라!" 하고 말씀하셨다. 우
리는 요한의 소명이 무엇인지를 잘 안다. 그는 신실한 복음
의 증인이 되었고, 그 복음의 기록자 역할을 잘 감당했다.
바울 사도는 교회를 그리스도의 몸에 비유하면서 몸에 있
는 다양한 지체가 하는 일이 다 다르다고 말한다. 어떤 사
람은 사도로, 어떤 사람은 예언자로, 어떤 사람은 복음 전도

자로, 어떤 사람은 목사와 교사로 부름 받는다(에베소서 4:11). 역할에 경중은 없다. 모두가 다 소중한 일들이다. 각자가 자기 일을 성실하게 감당할 때 그리스도의 몸은 든든히 세워진다.

주님을 따른다는 것은 결코 쉬운 일이 아니다. 사람들은 값비싼 은총보다 값싼 은총을 좋아한다. 디트리히 본회퍼 목사는 그런 값싼 은혜를 맹렬히 비판한다. 값싼 은혜란 참회가 없는 사죄요, 교회의 치리가 없는 세례요, 죄의 고백이 없는 성만찬이요, 개인적인 참회가 없는 사죄이고, 뒤따름이 없는 은혜요, 십자가가 없는 은혜요, 인간이 되시고 살아 계시는 예수 그리스도가 없는 은혜이다. 그렇다면 값비싼 은총이란 무엇인가?

"은혜가 값비싼 까닭은 예수 그리스도를 따르기를 촉구하기 때문이요, 인간의 생명을 대가로 치르기 때문이며 인간에게 생명을 선사하기 때문이다"(『디트리히 본회퍼 묵상 52』, 이신건 편, 102-3쪽).

값싼 은혜에 중독된 이들은 따라야 할 분을 바라보지 않고 다른 이들을 바라보기 때문에 길을 잃을 때가 많다. 주님은 우리 시대의 갈릴리로 우리보다 앞서서 가고 계시다. 지금 울고 있는 사람들이 있는 곳, 분노의 눈물을 흘리는 이들이 있는 곳, 그곳에 갈 때 우리 신앙의 이야기가 풍성해진

깨어나라,
너 잠자는 자여

다. 남이 어떻게 하는가 눈치 볼 것 없다. 각자 자기 삶의 자리에서 주님의 부르심에 응답하는 게 중요하다.

기도

하나님, 주님을 등지고 떠났던 제자를 지싯지싯 찾아오셔서 '너는 나를 따르라' 하시는 예수님의 그 끈질긴 사랑에 우리는 할 말을 잊습니다. 포기하지 않으시는 그 사랑이 베드로를 일으켜 세우는 힘이 되었습니다. 우리를 부르셨기에 버리지 않으실 줄 믿습니다. 가끔은 유난히 내게 주어진 십자가가 가장 무거운 것처럼 보일 때도 있지만, 하나님은 각자에게 맞는 역할을 부여하셨음을 잊지 않게 해주십시오. 남과 비교하며 일희일비하지 말게 하시고, 끈질기게 소명을 이루어가는 우리가 되게 해주십시오. 아멘.

당신의 손

> 예수께서 안식일에 회당에서 가르치고 계셨다. 그런데 거기에 열여덟 해 동안이나 병마에 시달리고 있는 여자가 있었는데, 그는 허리가 굽어 있어서, 몸을 조금도 펼 수 없었다. 예수께서 는 이 여자를 보시고, 가까이 불러서 말씀하시기를, "여자야, 너 는 병에서 풀려났다" 하시고, 그 여자에게 손을 얹으셨다. 그러 자 그 여자는 곧 허리를 펴고, 하나님께 영광을 돌렸다(누가복음 13:10-13).

열여덟 해 동안 등이 굽은 채 살아온 여인이 있었다. 참 긴 세월이다. 며칠만 아파도 삶의 리듬이 깨지는 법인데 그 긴 세월을 여인은 어떻게 견딜 수 있었을까? 천형처럼 다가온 질병을 고쳐보려고 백방의 노력을 다했을 것이다. 슬픔과 분노, 그리고 절망과 좌절의 시간이 계속되었다. 처음에는 참 안됐다고, 잘 될 거라고 위로하던 이들도 이제는 그의 고통을 잊은 지 이미 오래다. 가족들은 있었을까? 설사 있었다 해도 가족들조차 여인을 짐스럽게 여겼을 것이다. 그는 '없는 사람'이었다. 아니, 차라리 없으면 좋을 잉여 존재였을 것이다.

그래도 여인은 회당 예배를 포기할 수 없었다. 회당에 가서 하나님의 말씀을 듣는 것은 여인에게 일종의 숨쉬기와 같은 것이었다. 그 운명의 날, 여인은 여느 때와 다름없이 회당에 들어갔고 그곳에서 예수님이 전하시는 말씀을 들었다. 어떤 뜨거움이 정수리에서 발끝까지 여인의 존재를 꿰뚫었던 것 같다. 예수님도 그 회당에서 어떤 사건이 벌어지고 있음을 예민하게 알아차리셨다. 허리를 펴지 못하는 그 여인 속에서 하나님은 이미 활동하고 계셨던 것이다. 주님은 18년 동안 한 번도 주목의 대상이 되지 못했던 여인을 앞으로 불러 세우신 후에 말씀하셨다. "여자야, 너는 병에서 풀려났다." 이 음성이야말로 '빛이 생겨라' 하시던 그 음성이 아닌가? 예수님은 여인의 몸에 손을 대셨다. 강은교 선생의 시 〈당신의 손〉이 떠오른다.

"당신의 손이 길을 만지니/누워있는 길이 일어서는 길이 되네./당신의 슬픔이 살을 만지니/머뭇대는 슬픔의 살이 달리는 기쁨의 살이 되네./아, 당신이 죽음을 만지니/천지에 일어서는 뿌리들의 뼈"

보고, 가까이 부르고, 선언하고, 접촉하는 일련의 행동이 물 흐르듯 자연스럽다. 그 흐름 속에서 생명이 소생되고 있었다. 여인의 허리가 펴졌다. 열여덟 해 동안이나 여인을 사로잡고 놓아주지 않던 병이 마침내 떠나간 것이다. 여인을 사로잡고 있던 것이 무엇인지는 알 수 없다. 죄책감일 수도 있고, 누군가에 대한 혹은 세상에 대한 원망일 수도 있다. 중요한 것은 주님과의 만남이 그 여인을 부자유에서 해방시켜 주었다는 사실이다. 예수님은 자신이 이 세상에 온 것은 의인들을 위해서가 아니라 죄인들을 위해서라고 말씀하셨다. 주님은 맺힌 것을 풀어 자유롭게 하는 의사이다. 허리를 펼 수 있게 된 여인은 하나님께 영광의 찬송을 올렸다. 누가 들을세라 숨죽여 부르는 찬양이 아니라 기쁨을 주체하지 못하는 이의 찬송이었다. 우리의 굽은 등을 펴주시는 그 손길이 몹시 그립다.

깨어나라,
너 잠자는 자여

하나님, 모든 이들에게 잊혀졌지만 고단한 삶을 어떻게든 살아내야 했던 이 여인의 슬픔을 주님 홀로 헤아리셨습니다. 사람들은 그를 늘 그 자리에 있는 풍경처럼 대했겠지만 주님은 여인을 아브라함의 딸로 대하셨습니다. 이웃들을 바라보고 대하는 우리의 시선을 생각해 봅니다. 누군가를 경멸하는 눈빛으로 바라보지는 않았다 해도, 아픔에 처한 이들의 입장에 서려는 노력은 게을리 했음을 시인하지 않을 수 없습니다. 굳어질 대로 굳어진 우리 마음을 녹여주십시오. 주님의 마음으로 이웃을 대하는 새 사람이 되게 해주십시오. 아멘.

잔치는 끝나고

벨사살 왕이 귀한 손님 천 명을 불러서 큰 잔치를 베풀고, 그 천 명과 더불어 술을 마셨다. 벨사살 왕은 술을 마시면서 명령을 내려서, 그의 아버지 느부갓네살 왕이 예루살렘 성전에서 가져 온 금그릇과 은그릇들을 가져 오게 하였다. 왕과 귀한 손님과 왕비들과 후궁들이 모두 그것으로 술을 마시게 할 참이었다. 그래서 예루살렘에 있는 하나님의 집 성전에서 가져 온 금그릇들을 꺼내서, 왕과 귀한 손님과 왕비들과 후궁들이 그것으로 술을 마셨다. 그들은 술을 마시고서, 금과 은과 동과 철과 나무와 돌로 만든 신들을 찬양하였다(다니엘 5:1-4).

벨사살 왕은 바벨론 제국의 쇠퇴기에 등장한 사람으로, 그 이름은 '벨이시여, 임금을 지키소서'라는 뜻이다. '벨'은 바벨론의 최고신인 마르둑의 다른 이름이다. 벨사살은 어느 날 제국의 위용을 자랑하기 위해 귀한 손님 천명을 불러서

깨어나라,
너 잠자는 자여

큰 잔치를 베풀었다. 술이 거나해져 기분이 한껏 고조된 벨사살은 자기 위세를 만방에 과시하고 싶은 생각이 들었다. 그는 선왕인 느부갓네살이 전쟁 중 예루살렘 성전에서 약탈해 온 금그릇과 은그릇들을 가져오라고 지시했고, 거기에 술을 따라 마셨다. 그것은 한편으로는 자기 힘에 대한 과시이지만, 다른 한편으로는 약소국에 대한 조롱인 동시에 야훼에 대한 모독이었다. 스스로를 전능자로 인식하는 이의 부박함이여!

가장 거룩한 일을 위해 구별했던 성전 기물을 술자리의 여흥을 위해 사용한다는 것은 상상하기 어려운 일이었다. 그것이 야훼에 대한 모독과 조롱인 것은 그들이 한 다음 일을 보아도 알 수 있다. "그들은 술을 마시고서, 금과 은과 동과 철과 나무와 돌로 만든 신들을 찬양하였다"(다니엘 5:4). 그들은 바벨론 제국과 그 신들의 우월함을 그렇게 표현했던 것이다. 그러나 일순간 흥겹던 잔치는 공포로 변하고 말았다. 갑자기 사람 손 하나가 나타나더니 촛대 앞에 있는 왕궁 석고 벽 그러니까 모두가 잘 볼 수 있는 곳에 글을 쓰기 시작했다. 왕은 공포에 사로잡혔고 얼굴빛이 창백해졌다. 제국의 모든 지혜자들이 그 글씨를 해독하려고 애써보았지만 허사였다. 이것은 제국이 자랑하던 지식이라는 것이 얼마나 허약한지를 보여주는 징표였다. 오직 하나님의 영감을 받은 사람인 다니엘만이 그 글씨를 해독할 수 있었다. 다니엘은 기록된 글자가 '메네 메네 데겔'과 '바르신'(다니엘 5:25)이라고 말하며 그 뜻을 풀어준다.

"'메네'는 하나님이 이미 임금님의 나라의 시대를 계산하셔서, 그것이 끝나게 하셨다는 것이고, '데겔'은, 임금님이 저울에 달리셨는데, 무게가 부족함이 드러났다는 것이고, '바르신'은 임금님의 왕국이 둘로 나뉘어서 메대와 페르시아 사람에게 넘어갔다는 뜻입니다"(다니엘 5:26-27).

사실 '메네' '데겔' '바르신'이라는 글자 속에 그렇게 심오한 뜻이 담겨 있던 것은 아니다. 다만 다니엘이 암호화된 단어를 그렇게 해석했을 뿐이다. 성경은 바로 그 날 밤에 벨사살이 살해되고, 메대 사람 다리우스가 그 나라를 차지하였다고 전한다. 흥겨운 잔치, 벽에 쓰인 글씨, 심판 예고, 심판의 실현이라는 사건의 흐름이 이렇게 신속할 수가 없다. 과시적인 소비, 흥청망청, 경외심이 없는 삶의 결국은 파멸이라는 사실을 이보다 더 인상 깊게 들려줄 수는 없을 것이다.

깨어나라,
너 잠자는 자여

하나님, 가끔은 자기 권력을 과신한 나머지 하나님을 모독하기도 하는 것이 인간의 버릇입니다. 권력의 들큼함에 취하면 실상을 볼 수 없습니다. 독선과 오만에 빠진 권력은 하나님의 주권을 넘보기도 합니다. 우리도 언젠가 하나님의 심판대에 서야 하는 존재임을 잊지 않게 해주십시오. 주어진 인생의 순간순간을 삼가는 마음으로 살게 해주시고, 우리에게 위임된 힘과 권력을 오직 사랑과 정의의 세상을 이루기 위해 사용하게 해주십시오. 아멘.

공동체의 아름다움

그러므로 이제부터 여러분은 외국 사람이나 나그네가 아니요, 성도들과 함께 시민이며 하나님의 가족입니다. 여러분은 사도들과 예언자들이 놓은 기초 위에 세워진 건물이며, 그리스도 예수가 그 모퉁잇돌이 되십니다. 그리스도 안에서 건물 전체가 서로 연결되어서, 주님 안에서 자라서 성전이 됩니다. 그리스도 안에서 여러분도 함께 세워져서 하나님이 성령으로 거하실 처소가 됩니다(에베소서 2:19-22).

교회는 우리가 복음 안에서 담대하게 살아갈 수 있도록 서로 격려하고 북돋워주라고 주님이 주신 선물이다. 교회는 돈과 출세를 마치 인생의 목표인양 생각하는 사람들에게 다른 삶이 가능하다는 사실을 환기시켜야 한다. 백향목처럼 남들 위에 우뚝 솟은 사람이 되는 것이 성공이 아니라, 굽은 나무일망정 다른 나무와 더불어 숲을 이룰 줄 아는 것이 참

삶임을 보여주어야 한다. 또한 하나님이 통치하시는 삶의 아름다움을 사람들에게 드러내야 한다.

바울 사도는 교회를 가리켜 그리스도의 몸이라 했다. 몸은 유기체이다. 유기체의 특색은 '배려'이다. 고통 받는 다른 지체를 위해 자기 몫을 덜어낼 때 유기체의 건강이 유지된다. 몇 해 전 프랑스에 있는 떼제 공동체에 잠시 들른 적이 있다. 환대와 경건과 사랑의 친교를 만끽하며 지냈다. 떼제 공동체를 떠나기 이틀 전 참 감사하게도 알로이스 원장 수사와 다른 수사들의 점심식사에 초대를 받았다. 떼제 마을의 아름다운 평원이 내려다보이는 공동체의 정원에서 우리는 정겹게 음식을 나눴다. 떼제 음악에 대한 이야기도 나누고 기도 경험과 공동체 생활에 대한 이야기도 나누는 좋은 시간이었다. 식사를 마칠 무렵 그 자리에 초대된 미국인 청소년 잭이 자기가 떼제에 오게 된 사연을 들려주었다.

"저는 몇 년 전에도 떼제에 온 적이 있습니다. 지금은 두 번째 방문입니다. 몇 년 전에 왔을 때는 제 절친한 친구와 함께였지만 이번에는 혼자 왔습니다. 그 친구는 작년에 총에 맞아 죽었습니다. 너무나 큰 충격이었습니다. 저는 친구를 잊지 않으려고 팔에 그 친구의 모습을 문신했습니다. 저는 지금도 이해할 수 없습니다. 하나님이 계시다면 왜 이런 일이 벌어지는지. 제 속에서 반항심이 커갔습니다. 떼제에 가지 않겠느냐는 제안을 받았을 때 조금 망설였지만 응한 것은, 2005년에 로제 원장 수사님이 기도 중에 살해를 당했는데, 여러분들이 어떻게 여전히 사랑의 하나님을 믿고 있는지를 보고 싶었기 때문입니다."

어리지만 잭의 이야기는 매우 정연했다. 식탁 사이로 낮은 탄식이 흘렀다. 알로이스 원장 수사는 잭을 따뜻한 말로 위로하면서 "우리도 혼자였다면 그 고통을 견디기 어려웠을지 모르지만 형제들과 함께 있었기 때문에 그 고통을 이겨낼 수 있었다"고 말했다. 그리고 모두 함께 잭을 격려하는 노래를 불러주었다. 떼제 공동체에서 가장 중요하게 생각하는 말은 '함께 하는 삶life together'이다. 공동체는 삶을 함께 나눌 때 든든히 서기 시작한다. 그리스도의 마음이야말로 교회의 핵심이다. 사랑으로 삶을 나누는 이들이 있는 곳에서 하나님 나라가 자란다.

깨어나라,
너 잠자는 자여

하나님, 세상의 모든 것은 서로 비스듬히 기댄 채 살아갑니다. 바람에 흔들리는 나무도 다른 나무에 기댄 채 시련의 시간을 견뎌냅니다. 산다는 것은 누군가에게 어깨를 빌리고 또 빌려주기도 하는 일임을 잊지 않게 해주십시오. 홀로 만족하는 사람이 아니라 이웃과 더불어 삶을 경축하는 축제의 사람이 되고 싶습니다. 이 땅에 세워진 그리스도의 몸인 교회를 통해 함께 하는 삶의 아름다움을 맛보게 해주십시오. 아멘.

오만한 권력의 몰락

르호보암 왕은 부왕 솔로몬이 살아 있을 때에, 부왕을 섬긴 원로들과 상의하였다. "이 백성에게 어떤 대답을 해야 할지, 경들의 충고를 듣고 싶소." 그들은 르호보암에게 이렇게 대답하였다. "임금님께서 이 백성의 종이 되셔서, 그들을 섬기려고 하시면, 또 그들이 요구한 것을 들어 주시겠다고 좋은 말로 대답해 주시면, 이 백성은 평생 임금님의 종이 될 것입니다."

원로들이 이렇게 충고하였지만, 그는 원로들의 충고를 무시하고, 자기와 함께 자란, 자기를 받드는 젊은 신하들과 의논하면서, 그들에게 물었다. "백성들이 나에게, 부왕께서 메워 주신 멍에를 가볍게 하여 달라고 요청하고 있소. 이 백성에게 내가 어떤 말로 대답하여야 할지, 그대들의 충고를 듣고 싶소." 왕과 함께 자란 젊은 신하들이 그에게 말하였다. "이 백성은, 임금님의 아버지께서 그들에게 메우신 무거운 멍에를 가볍게 해 달라고, 임금님께 요청하였습니다. 그러나 임금님께서는 이 백성에게 이렇게 말씀하십시오. '내 새끼 손가락 하나가 내 아버지의 허리보다 굵다. 내 아버지가 너희에게 무거운 멍에를 메웠다. 그러나 나는 이제 너희에게 그것보다 더 무거운 멍에를 메우겠다. 내 아버지는 너희를 가죽 채찍으로 매질하였지만, 나는 너희를 쇠 채찍으로 치겠다' 하고 말씀하십시오." 왕이 백성에게 사흘 뒤에 다시 오라고 하였으므로, 여로보암과 온 백성은 사흘째 되는 날에 르호보암 앞에 나아왔다 (열왕기상 12:6-12).

왕위를 계승한 르호보암은 두렵고 떨렸을 것이다. 통치 경험은 전무하고, 다스려야 할 나라는 컸다. 어느 날 여로보암을 대표자로 한 북부 지파 동맹 사람들이 세겜에 있는 왕을 찾아왔다. 그들은 솔로몬이 백성들에게 부과했던 세금과 노역이 너무 과중하여 견딜 수 없으니 그 멍에를 가볍게 해달라고 청했다. 솔로몬 시대의 영화로움은 백성들의 희생을 통해 이룩된 것임을 알 수 있다. 당황한 르호보암은 먼저 선왕과 함께 나라를 일으켜 세웠던 원로들에게 자문을 구한다. 그러자 그들은 백성들의 요구를 들어주라고 고언한다.

원로들은 이미 특권을 누리고 있는 이들이기는 했지만, 아직 출애굽 정신을 다 망각하지는 않았던 것 같다. 그들은 왕에게 주어진 권한은 백성을 마음대로 다루는 것이 아니라 백성을 섬기는 일이라는 사실, 백성들이 왕을 위해 존재하는 것이 아니라 왕이 백성들을 위해 존재한다는 사실을 점 잖게 일깨워준다. 하지만 르호보암은 그 충언을 받아들이고 싶지 않았다. 그는 자기와 함께 자란 젊은 벗들에게도 충고를 구한다. 성서 기자는 그 젊은 관료들이 누구인지를 두 가지 말로 표현한다. "그와 함께 자란", "그를 받드는."

그들은 왕실 가까이에 머물면서 온갖 특권적인 삶을 누려온 이들이다. 또 권력의 비위를 맞추는 것이 자기들의 기득권을 잃지 않는 길임을 너무나 잘 아는 이들이다. 강제 노역에 시달리고, 과중한 조세 부담에 허리가 휜 민중들의 처지를 알 리가 없다. 그들에게 세상은 '다스리는 자'와 '다스림을 받는 자'로 나뉠 뿐이다. 르호보암은 백성들의 말을 듣다가는 통치를 할 수 없다면서 그들의 요구를 단호히 거절해야 한다는 그 젊은이들의 조언을 달콤하게 들었다. 몰락은 그렇게 시작된다. 믿음의 사람은 자기 좋을 대로 사는 사람이 아니라 남 좋을 대로 사는 사람이다.

르호보암은 고통을 호소하며 부담을 경감시켜달라는 백성들의 처지를 헤아리지 않았다. 그만한 그릇이 되지 못했던 것이다. 높은 자리에 앉아서는 저 아래 땅의 사람들이 겪는 삶의 애환이 보이지 않는 법이다. 성서가 증언하는 하나님은 땅에서 들려오는 신음 소리에 귀를 기울이시고, 불의한 세상을 바로잡기 위해 세상과 연루되는 것을 꺼리지 않는 분이시

깨어나라,
너 잠자는 자여

다. 성육신의 신비는 지금 이 자리에 우리와 함께 계신 하나님을 가르쳐준다. 르호보암은 그런 하나님의 마음을 알지 못한다. 그래서 고통을 호소하는 이들에게 이전보다 더 무거운 멍에를 메우고, 쇠 채찍으로 치겠다고 으름장을 놓았다.

'멍에'와 '채찍'이라는 말이 아프게 다가온다. 그것은 출애굽 정신에 대한 부정의 상징이 아닌가. 어느 사이에 이스라엘은 새로운 애굽이 되고 말았다. 지배자와 피지배자가 갈리면서 멍에와 채찍이 다시 등장한 것이다. 르호보암은 자기에게 위임된 권한이 백성들의 삶을 풍요롭게 하는 것임을 잊었다. 하나님의 마음을 알지 못하는 오만한 권력은 몰락할 수밖에 없다.

기도

하나님, 우리가 당연하게 누리는 것들이 누군가에게는 결여된 것임을 알아차릴 수 있도록 우리 눈을 열어주십시오. 아름답고 장엄해 보이는 것들 속에 깃든 약자들의 피와 눈물과 한숨을 헤아리는 사람이 되고 싶습니다. 특권의 포기야말로 공동체를 든든하게 떠받치는 기둥임을 잊지 않게 해주십시오. 쓴 소리보다 단 소리에 귀를 기울임으로 역사를 혼돈 속으로 밀어 넣었던 르호보암의 어리석음을 반복하지 않도록 우리에게 지혜를 허락하여 주십시오. 아멘.

믿음으로 사는 것은 어쩌면 자기 욕망을 거스르는 일일 수 있다. 섬김, 돌봄, 나눔, 권리의 자발적 포기, 타자를 유익하게 하는 삶이 쉽지는 않다. 하나님의 뜻을 따르기 위해서는 자기의 욕망과 치열하게 싸워야 한다. 정의의 씨를 뿌리고 사랑의 열매를 거두는 것, 그것이 순례자로 산다는 의미이다.

Monday 〰〰〰

Tuesday 〰〰〰

Wednesday 〰〰〰

깨어나라,
너 잠자는 자여

Thursday ~~~~~

Friday ~~~~~

Saturday ~~~~~

Sunday ~~~~~

참 사람의 길

임금이 그들에게 말하기를 '내가 진정으로 너희에게 말한다.
너희가 여기 내 형제자매 가운데, 지극히 보잘 것 없는 사람 하
나에게 한 것이 곧 내게 한 것이다' 할 것이다(마태복음 25:40).

떼제 공동체의 설립자인 로제 수사는 스위스 사람이다. 스
위스는 영세 중립국이었기 때문에 2차 대전에 휩쓸리지 않
았다. 하지만 예민한 젊은이였던 그는 고통 받는 이들을 품
겠다는 의지 하나로 떼제에 정착했다. 3년 동안이나 마을의
작은 예배당에서 기도에 매진하던 그의 곁에 형제들이 하나
둘 모여들기 시작했다. 그들은 미약했지만 하나의 질문 위
에 자기들의 공동체를 세우기로 작정했다.

"지금 세상에서 가장 절실히 도움을 필요로 하는 이들
은 누구인가?" 그들은 그 질문에 대한 답을 몸으로 살아내
기 시작했다. 그들이 처음으로 돌본 이들은 나치의 박해를

깨어나라,
너 잠자는 자여

피해 내려온 유대인들이었다. 위험천만한 일이었다. 전쟁이 끝나자 그들이 찾아간 것은 '독일군 포로'였다. 모두의 미움을 받던 이들이었지만 가장 절실하게 이웃을 필요로 하는 이들이었기에 그들을 만나고 돌보는 데 주저함이 없었다. 나중에는 전쟁으로 부모를 잃은 아이들을 돌보았다. 이 마음이 곧 그리스도의 마음이 아니겠는가?

예수님은 최후 심판의 날에 벌어질 한 광경을 우리에게 들려주신다. 보좌에 앉으신 주님은 모든 민족을 당신 앞에 불러 모아 목자가 양과 염소를 가르듯이 그들을 가르친다. 주님은 한편에 있는 이들에게 말씀하신다.

"내 아버지께 복을 받은 사람들아, 와서, 창세 때로부터 너희를 위하여 준비한 이 나라를 차지하여라"(마태복음 25:34).

그 복을 받은 이들은 오랫동안 교회에 다닌 사람들이 아니다. 헌금을 착실하게 하고, 은혜 받는 집회에 빠지지 않은 사람들이 아니다. 아름다운 목소리와 몸짓으로 찬양을 올린 이들이 아니다. 그들은 곤경에 처한 이들의 형제자매가 되어 준 이들이다.

하나님이 귀히 여기는 이들은 '좋은 교인'이 아니라 '참 사람'이다. 물론 좋은 교인과 참 사람은 떼려야 뗄 수 없게 결합된 말이다. 주님을 믿는다는 것은 '참 사람됨'의 길에 접어들었음을 의미한다. 누가 참 사람인가? 누군가의 좋은 이웃이 되어주는 사람이다. 배고픈 사람을 보면 먹이고 싶어지고, 목마른 사람에게 물 한 잔 대접해주려는 사람, 외로운 나그네를 보면 따뜻하게 맞아들이려 하는 사람, 헐벗은 사람을 보면 어떻게든 입혀 주려는 사람, 병들어 몸과 마음이 다 무너진 사람을 보면 그의 곁에 머물며 힘이 되어 주려는 사람, 감옥에 갇힌 사람을 보면 옳고 그름에 대한 판단을 넘어 가엾게 여기고 그를 찾아 주는 사람이야 말로 참 사람이라는 말이다.

철학자 E. 레비나스는 낯선 타자의 얼굴을 마주하고, 끊임없이 그를 향한 사랑을 선택할 때, 그래서 그의 얼굴에서 하나님을 볼 때 비로소 인간의 윤리가 완성된다고 말했다. '너'를 통하지 않고는 '하나님'께 이르는 길이 없다는 말이 아닐까? 그렇다면 지금 우리 곁에 있는 이들은 하나님께로 우리를 이끄는 소중한 존재들이라 할 수 있다.

깨어나라,
너 잠자는 자여

하나님. 우리는 버릇처럼 사람들을 외모로 평가합니다. 사람들이 스펙 쌓기에 몰두하는 것은 무시당하고 싶지 않다는 바람 때문입니다. 성공이라는 목표를 향해 질주하는 이들은 주변화되고 있는 이들의 아픔을 헤아리지 못합니다. 경쟁을 내면화하고 사는 이들은 '패배자'처럼 보이는 이들에게 관심이 없습니다. 그러나 주님은 주변화된 사람들에게 따뜻한 시선을 보내십니다. 아니, 그들과 당신을 동일시하십니다. 주님을 믿고 따르는 우리도 그런 마음으로 이웃들을 대할 수 있도록 하늘의 숨을 불어넣어주십시오. 아멘.

사랑이란 끈질긴 모험

여러분은 세상이나 세상에 있는 것들을 사랑하지 마십시오. 누가 세상을 사랑하면, 그 사람 속에는 하늘 아버지에 대한 사랑이 없습니다. 세상에 있는 모든 것, 곧 육체의 욕망과 눈의 욕망과 세상 살림에 대한 자랑은 모두 하늘 아버지에게서 온 것이 아니라, 세상에서 온 것이기 때문입니다. 이 세상도 사라지고, 이 세상의 욕망도 사라지지만, 하나님의 뜻을 행하는 사람은 영원히 남습니다(요한일서 2:15-17)

사랑은 교통사고와 같다 한다. 예기치 않은 시간에 찾아오기에 피하기 어렵고, 그 충격은 몸과 마음에 오래 남기 때문이다. 제멋대로 왔다가 자기 맘대로 떠나가는 사랑 때문에 열병을 앓는 이들이 많다. 사랑하고 또 사랑받기를 갈망하는 것은 모든 생명 현상의 뿌리이다. 세계적인 영성가로 명성을 얻었던 헨리 나우웬 신부의 전기를 읽으면서 그도 우

깨어나라,
너 잠자는 자여

리와 다를 바 없는 사람임을 알 수 있었다. 그는 끊임없이 누군가의 주목을 받고 싶어 했고, 대중들에게 잊힐까 봐 두려워했다. 따뜻한 시선을 언제나 그리워했다. 그런 여린 영혼의 소유자인 그에게 깊은 안도감을 주곤 했던 것은 어머니의 눈길이었다.

"어머니는 종종 … 내가 신학교에 들어갔을 때, 사제가 되었을 때, 미국에서 살기 위해 떠났을 때 바라보셨던 그 눈으로 나를 바라보셨다. 고통이 공존하는 사랑의 눈으로 말이다. 아마도 그 눈이, 사랑과 슬픔이 공존하는 그 눈이, 늘 나를 감동시켰던 것 같다"(마이클 앤드루 포드, 『상처 입은 예언자 헨리 나우웬』, 173쪽).

사랑은 이처럼 좋은 것이다. 하지만 우리가 관심을 가져야 할 것은 사랑의 방향성이다. 옛 성인은 '그 사람이 무엇을 생각하느냐가 아니라 무엇을 사랑하느냐가 그 사람을 결정한다'고 말했다. 성경은 두 방향의 사랑에 대해 말한다. 하나는 하나님에 대한 사랑이고, 다른 하나는 세상과 세상에 있는 것들에 대한 사랑이다. 요한은 세상과 세상에 있는 것들에 대한 사랑을 다른 말로 표현했다. '육체의 욕망', '눈의 욕망', '세상 살림에 대한 자랑'이 그것이다. 이 셋은 한결같이 자기가 중심이 되려는 욕망과 관련된다. 자기가 중심이 된다는 것은 다른 이들을 수단으로 삼는다는 말이다. 돈을 사랑하는 이들에게 지구는 자원일 뿐이고, 우리가 맺고 있는 관계는 이용 가능한 연줄이다. 연줄로서의 역할이 끝나면 관계도 끝난다. 쾌락을 사랑하는 사람은 자기와 만나는 사람을 자기 욕망을 채우기 위한 수단으로만 이용한다. 누군가를 수단으로 삼을 때 이익은 얻을 수 있을지 몰라도 영혼의 평강은 얻을 수 없다. 우리 속에 있는 외로움은 진실한 사랑이 아니고는 해결되지 않는다. 인간은 '서로 함께 Miteinander'의 존재이다. 너 없이는 나도 없다는 말이다.

프랑스 철학자인 알랭 바디우는 '사랑이란 끈질긴 모험'이라 했다. 시간과 정성을 들이지 않으면 사랑은 불가능하다. 사랑의 관계에 돌입하기 위해서는 자기 스스로를 넘어서야 한다. 일상의 단조로움을 견디고 모든 것을 함께 겪어내야 한다. 아픔과 기쁨을 함께 나눠야 한다. 사랑의 모험에 나설 용기가 없다면 인생은 적막할 뿐이다.

깨어나라,
너 잠자는 자여

하나님, 우리를 사랑의 세계로 초대해주셔서 감사합니다. 거리를 걷고 있는 이들의 얼굴에 드리운 쓸쓸함을 봅니다. 생명 있는 모든 것들은 사랑받고 사랑하기를 갈망합니다. 그러나 도무지 사랑하기 어려운 이들이 있습니다. 자기 이익을 위해 다른 이들을 짓밟는 이들, 진실과 거짓을 뒤섞어 세상을 혼란스럽게 만드는 이들입니다. 그런 이들이 득세하는 것처럼 보이는 세상에서 사랑을 선택하며 살기란 여간 어려운 일이 아닙니다. 우리에게 주님의 영을 불어넣으시어 사랑의 모험을 포기하지 않도록 우리를 지켜주십시오. 아멘.

'사랑이란 끈질긴 모험'이다. 시간과 정성을 들이지 않으면 사랑은 불가능하다. 사랑의 관계에 돌입하기 위해서는 자기 스스로를 넘어서야 한다. 일상의 단조로움을 견디고 모든 것을 함께 겪어내야 한다. 아픔과 기쁨을 함께 나눠야 한다. 사랑의 모험에 나설 용기가 없다면 인생은 적막할 뿐이다.

Monday ～～～～

Tuesday ～～～～

Wednesday ～～～～

깨어나라,
너 잠자는 자여

Thursday ～～～～

Friday ～～～～

Saturday ～～～～

Sunday ～～～～

하나님, 주님의 말씀은 가끔 우리의 일상적 판단을 뒤흔들어 놓습니다. 풍요로움을 구하는 이들에게 주님은 가난한 자가 복이 있다 말씀하십니다. 슬픔을 한사코 피하려는 이들에게 지금 슬퍼하는 자가 복이 있다 말씀하십니다. 이 전복적 진실을 깨달을 수 있는 지혜를 우리에게 부어주십시오. 믿음은 관념도 이론도 아닌 현실임을 깨우쳐주십시오. 지금 가난한 사람, 배고픈 사람, 슬퍼하는 사람, 배척받는 사람들 곁에 다가가 그들의 이웃이 되어줄 용기를 허락하여 주십시오. 그 가운데서 참된 행복을 누리게 해주십시오. 아멘.

10월

총체적 회복

예수께서는 모든 도시와 마을을 두루 다니시면서, 유대 사람의 여러 회당에서 가르치며, 하늘 나라의 복음을 선포하며, 온갖 질병과 온갖 아픔을 고쳐 주셨다. 예수께서 무리를 보시고, 그들을 불쌍히 여기셨다. 그들은 마치 목자 없는 양과 같이, 고생에 지쳐서 기운이 빠져 있었기 때문이다. 그래서 제자들에게 말씀하셨다. "추수할 것은 많은데, 일꾼이 적다. 그러므로 너희는 추수하는 주인에게 일꾼들을 그의 추수밭으로 보내시라고 청하여라"(마태복음 9:35-38).

조선 시대의 선비인 허목許穆 1595-1682은 자신의 평생을 돌아보며 스스로에 대해 이런 평가를 내렸다.

"나는 늘 말이 행동보다 앞섰다. 자꾸 떠벌리기만 했지 행동으로 실천하지 못했다. 경전을 손에서 놓은 적은 없지만, 그 말씀이 내 삶 속에 녹아들진 않았다. 말씀 따로 나 따로 각자 놀았다. 나는 이것이 부끄럽다. 지금에 와서 깊이 반성한다. 나 죽으면 이 글을 돌에다 새겨 내 무덤 앞에 묻으라. 뒷 사람이 이 글을 보고 자신을 비춰볼 수 있도록"(정민, 『죽비소리』, 199쪽).

참으로 엄정한 자기반성이다. 오늘 우리는 어떠한가? 예수님을 따르는 사람답게 살고 있나? 예수님을 우리가 감히 범접할 수 없는 경배의 대상으로 상정하고 있는 것은 아닌가? 주님이 사람들을 부를 때 하신 말씀은 '나를 믿어라'가 아니라 '나를 따르라'였다. 주님을 따른다는 것은 주님이 하시는 일을 우리도 한다는 뜻이다.

"예수께서는 모든 도시와 마을을 두루 다니시면서, 유대 사람의 여러 회당에서 가르치며, 하늘나라의 복음을 선포하며, 온갖 질병과 온갖 아픔을 고쳐 주셨다"(마태복음 9:35).

'가르치셨다teaching', '선포하셨다preaching', '고쳐 주셨다healing'라는 세 단어가 눈에 띈다. 하나님의 백성으로 사는 이들이 해야 할 일이 바로 이것이다. 예수님은 하나님의 백성으로 산다는 것이 어떤 것인지를 아주 일상적인 언어로 잘 풀어서 설명해 주셨다. '좋은 이웃이 되는 것', '어려움 속에서도 희망의 불꽃을 꺼뜨리지 않는 것'이 그 핵심이다. 예수님은 또 '하나님 나라의 도래'를 선포하셨다. 주님은 억압과 착취와 폭력을 통해 유지되는 제국이 아니라, 섬김과 나눔과 평화를 통해 열릴 새 세상의 꿈을 사람들에게 심어주셨다. 선포의 언어는 우리의 일상적 의식이나 삶을 뒤흔든다. 선포의 언어는 듣는 이들에게 결단을 요구하기 때문이다.

　주님이 하신 사역 가운데서 빼놓을 수 없는 것이 치유 사역이다. 마태는 주님이 사람들의 온갖 질병과 온갖 아픔을 고쳐 주셨다고 전한다. 질병^{nosos}은 객관적으로 진단할 수 있는 병적 증상을 이르는 말이다. 질병은 우리 삶의 질을 현저히 떨어뜨린다. 질병은 삶의 활기^{bios}를 저하시킬 뿐만 아니라, 우리가 애써 유지하고 있는 삶의 질서^{nomos}를 깨뜨린다. 가족 가운데 아픈 사람이 있으면 가족 전체의 삶의 질 또한 떨어진다. 그런데 주님은 다양한 질병을 앓고 있는 이들의 고통을 당신의 고통인양 여기시고 그들을 고쳐주셨다. '아픔^{makaria}'은 감정적·정서적·영적으로 균형이 무너진 상태를 가리키는 말이다. 정신의 균형이 무너지면 충동적이 되고, 화를 참지 못하고, 이웃을 너그럽게 대하지 못하고, 공감의 능력이 줄어든다. '아픔'은 일쑤 사람들을 비인간의 길로 인도한다. 예수와 만난 이들은 총체적인 회복을 맛보았다.

깨어나라,
너 잠자는 자여

하나님, 인생 여정 가운데 지리산가리산 헤매는 우리를 불쌍히 여겨주십시오. 욕망의 벌판에서 바장이는 동안 우리 마음은 병이 들고 말았습니다. 하나님의 뜻을 헤아리는 분별력과 그 뜻을 따라 살려는 검질긴 의지 또한 잃어버렸습니다. 주님의 말씀 위에 인생의 집을 짓고 싶습니다. 우리가 마땅히 해야 할 일을 가르쳐 주십시오. 그리고 그 가르침에 따라 살아갈 수 있는 능력을 허락하여 주십시오. 예수 그리스도의 꿈을 가슴에 품은 주님의 사람들이 되게 해주십시오. 아멘.

유라굴로 앞에서

날이 새어 갈 때에, 바울은 모든 사람에게 음식을 먹으라고 권하면서 말하였다. "여러분은 오늘까지 열나흘 동안이나 마음을 졸이며 아무것도 먹지 못하고 굶고 지냈습니다. 그래서 나는 여러분들에게 음식을 먹으라고 권합니다. 그래야 여러분은 목숨을 유지할 힘을 얻을 것입니다. 여러분 가운데서 아무도 머리카락 하나라도 잃지 않을 것입니다." 바울은 이렇게 말하고 나서, 빵을 들어, 모든 사람 앞에서 하나님께 감사를 드리고, 떼어서 먹기 시작하였다. 그러자 사람들은 모두 용기를 얻어서 음식을 먹었다. 배에 탄 우리의 수는 모두 이백일흔여섯 명이었다. 사람들이 음식을 배부르게 먹은 뒤에, 남은 식량을 바다에 버려서 배를 가볍게 하였다(사도행전 27:33-38).

가이사랴에 몇 해 동안 구금되어 있던 바울은 황제에게 상소함으로써 로마에서 재판을 받게 되었다. 바울과 다른 죄

깨어나라,
너 잠자는 자여

수들을 압송할 책임을 맡았던 백부장 율리오는 그들을 아드라뭇데노 호에 태웠다. 그 배는 지중해 연안을 끼고 항해하여 지금의 레바논 땅인 시돈에 이르렀고, 맞바람 때문에 키프로스 섬을 바람막이로 삼아 항해를 계속했다. 길리기아와 밤빌리아 앞 바다를 가로질러 루기아에 있는 무라에 도착한 후 그곳에서 이탈리아로 가는 알렉산드리아 배로 갈아탔다. 맞바람이 심했다. 배는 크레타 섬을 바람막이로 삼아 항해하다가 크레타 남쪽 해안의 '아름다운 항구'에 잠시 닻을 내렸다. 항해하기에 위태로운 때였다. 바울은 그 위험성을 적극적으로 개진하였지만, 백부장은 선장과 선주의 말을 믿고 뵈닉스로 가서 겨울을 나기로 작정하고 항해를 서둘렀다.

항해 일자를 줄여 이득을 많이 남기려는 선장과 선주의 이해관계와 편하고 안락한 곳에서 쉬고 싶은 군인들의 이해관계가 맞아떨어진 것이다. 위험이 예기되었지만 그들은 '잘 되겠지' 하는 근거 없는 낙관론에 기댔다. 순하게 남풍이 불었고 항해는 순조로운 것 같았다. 하지만 얼마 못 가 섬 쪽에서 몰아치는 광풍 유라굴로를 만났다. 선원들이 배를 어떻게든 통제해보려 했지만 소용이 없었다. 그들은 속절없이 이리저리 떠밀렸다. 좌초를 막기 위해 짐을 바다에 던지고, 항해에 필요한 필수 장비마저 버렸다. 해도, 별도 보이지 않는 날이 여러 날 계속되었다. 살아남으리라는 희망이 점점 희미해졌다. 절망의 심연이 입을 벌리고 달려들었다.

그러나 희망은 언제나 예기치 않은 곳에서 온다. 그 희망은 경험 많은 선원들이나 침착하고 용감한 백부장을 통해 오지 않았다. 어느 곳에 있든 하나님의 사랑의 통로가 되려는 한 사람, 바울을 통해 왔다. 비록 죄수의 몸이지만 사람들을 섬기고, 그들을 살리려는 바울의 마음은 변할 수 없었다. 그는 여러 날 아무 것도 먹지 못한 사람들에게 하나님의 천사가 한 말을 전했다. 지금은 비록 곤경의 시간이지만 하나님은 그 배에 탄 사람들의 안전 보장을 약속하셨다는 것이었다. 그의 증언은 절망의 심연에서 허덕이던 이들의 내면을 밝히는 실낱같은 빛이 되었다.

여러 날 표류하던 배가 수심이 얕은 곳으로 밀리면서 암초에 걸릴 위험이 증가했다. 바울은 몰래 배를 탈출하려는 선원들을 붙잡아 두어야 한다고 백부장에게 고했고, 소동을 겪으며 절망 속에 빠져 들어가는 이들에게 음식을 권하며 용기를 북돋웠다. 바다와 바람을 잠잠케 하지는 못했지만 그는 사람들을 휩쓸어가고 있던 두려움의 폭풍을 잠재웠다. 파선의 위협 아래 있던 이들을 구한 것은 하나님을 신뢰한 단 한 사람의 깨어 있는 영혼이었다.

깨어나라,
너 잠자는 자여

하나님, 순풍에 돛을 단 것처럼 우리 인생이 상쾌할 때도 있습니다만, 대부분의 순간 우리는 역풍에 시달리며 삽니다. 만성적인 피로가 쌓이면서 명랑함을 잃었습니다. 사소한 자극에도 화를 내고 피해의식에 사로잡혀 징징거리기도 합니다. 드물지만 유라굴로 광풍을 만난 것처럼 난감한 시간에 처할 때도 있습니다. 역사의 격랑이 우리 사회를 삼키려 할 때 우리는 허둥거리며 어찌할 바를 모릅니다. 바울이라는 한 사람이 있어 배에 탄 모든 사람들이 생명을 유지할 수 있었던 것처럼, 주님의 이름을 부르는 우리들도 그러한 희망의 메신저가 되도록 이끌어 주십시오. 아멘.

공동체로의 초대

예수께서는 제자들에게 명하여, 모두들 떼를 지어 푸른 풀밭에 앉게 하셨다. 그들은 백 명씩 또는 쉰 명씩 떼를 지어 앉았다. 예수께서 빵 다섯 개와 물고기 두 마리를 들어서, 하늘을 쳐다보고 축복하신 다음에, 빵을 떼어서 제자들에게 주시고 사람들에게 나누어 주게 하셨다. 그리고 그 물고기 두 마리도 모든 사람에게 나누어 주셨다. 그들은 모두 배불리 먹었다. 빵 부스러기와 물고기 남은 것을 주워 모으니, 열두 광주리에 가득 찼다. 빵을 먹은 사람은 남자 어른만도 오천 명이었다(마가복음 6:39-44).

'빈들', '어둠', '배고픔.' 예수를 따라왔던 이들이 처한 상황이 딱하기는 하지만 제자들에게는 문제를 해결할 능력이 없었다. 유일한 해결책이 그들을 돌려보내는 것이었다. 하지만 주님의 생각은 달랐다. 주님은 영적으로나 육적으로 허기진 그들을 차마 그냥 돌려보내실 수 없었다. "너희가 그들

깨어나라,
너 잠자는 자여

에게 먹을 것을 주어라." 제자들은 그들을 먹이려면 적어도 200데나리온 어치의 빵이 필요한데, 그럴 돈도 없고 또 설사 있다 해도 빵을 구할 데도 없다고 말씀드렸다.

"너희에게 빵이 얼마나 있느냐? 가서, 알아보아라." 제자들은 그 말씀에 순종하여 알아본 후에 말한다. "빵 다섯 개와 물고기 두 마리가 있습니다." 주님은 많다 적다 평가하지 않으시고 제자들을 시켜 무리들을 떼를 지어 푸른 풀밭에 앉게 하셨다. 무리들은 '백 명씩 또는 쉰 명씩' 앉았다. 우리는 이후에 어떤 일이 일어났는지를 잘 안다. 주님은 빵과 물고기를 손에 들고 하늘을 우러러 보며 축사하신 후에 그것을 떼어 제자들에게 주면서 사람들에게 나누어주라 말씀하셨다. 모든 사람들이 배불리 먹고도 남은 것을 거두니 열 두 광주리가 되었다.

우리가 주목해야 할 것은 '백 명씩 또는 쉰 명씩' 떼를 지어 앉도록 하셨다는 대목이다. 배분의 편의를 위한 조치였을까? 그럴 수도 있지만 조금 다른 점에 주목할 필요가 있다. 예수님은 무리를 공동체로 초대하신 것이다. 라르쉬 공동체의 설립자인 장 바니에는 "공동체란 모든 사람이—아니 좀 더 현실적으로 보아 대다수가—자기중심이라는 그늘에서 빠져나와 참된 사랑의 빛 속으로 들어가는 장소"(장 바니에, 『공동체와 성장』, 17쪽)라고 말했다. 무리는 이리저리 떠밀려 다니기는 하지만 역사 변혁의 주체가 되기 어렵다. 하지만 공동체에 속한 사람은 다르다. 그들은 서로의 말에 귀를 기울이고, 서로에게 관심을 갖고, 함께 느끼고 괴로워하고, 서로의 필요에 응답한다. 공동체는 우리가 잃어버렸던 소속감을 회복시켜 준다. 공동체는 우리의 새로운 고향이다.

예수님은 자칫하면 익명성 속에 머물 수밖에 없는 이들을 공동체로 초대하신 것이다. 그들은 광야에서 사랑의 기적을 함께 체험한 사람들이 되었다. 함께 있음이 얼마나 소중한 일인지를 깨닫자 내면의 어둠이 스러지고 상처가 아물었다. 현대인들은 익명의 대중이 되어 살아간다. 외로움은 당연한 귀결이다. 적대적인 눈빛, 경계하는 눈빛들이 우리 가슴에 자꾸만 생채기를 낸다. 주님은 익명의 대중들이 경계심을 풀고 서로를 바라보는 따뜻한 공동체야말로 하나님 나라의 입구임을 보여주셨다.

깨어나라,
너 잠자는 자여

하나님, '너희가 먹을 것을 주라'는 명령을 들었을 때 제자들은 당황했습니다. 그것은 불가능한 일이었기 때문입니다. 할 수 없는 일이었기에 그들은 할 수 없다고 말했습니다. 하지만 때로는 할 수 있기 때문이 아니라 해야 할 일이기에 어떤 일을 시작해야 할 때도 있습니다. 우리의 가능성이 그칠 때 하나님의 가능성이 열림을 잊지 않게 해주십시오. 외로운 세상이지만 곁에 선 이들의 손을 붙잡아 주면서 아름다운 세상을 향한 순례를 멈추지 않도록 우리를 이끌어 주십시오. 아멘.

복과 화 사이

예수께서 눈을 들어 제자들을 보시고 말씀하셨다. "너희 가난한 사람들은 복이 있다. 하나님의 나라가 너희의 것이다. 너희 지금 굶주리는 사람들은 복이 있다. 너희가 배부르게 될 것이다. 너희 지금 슬피 우는 사람들은 복이 있다. 너희가 웃게 될 것이다. 사람들이 너희를 미워하고, 인자 때문에 너희를 배척하고, 욕하고, 너희의 이름을 악하다고 내칠 때에는, 너희는 복이 있다. 그 날에 기뻐하고 뛰놀아라. 보아라, 하늘에서 받을 너희의 상이 크다. 그들의 조상들이 예언자들에게 이와 같이 행하였다. 그러나 너희, 부요한 사람들은 화가 있다. 너희가 너희의 위안을 받고 있기 때문이다. 너희, 지금 배부른 사람들은 화가 있다. 너희가 굶주리게 될 것이기 때문이다. 너희, 지금 웃는 사람들은 화가 있다. 너희가 슬퍼하며 울 것이기 때문이다. 모든 사람이 너희를 좋게 말할 때에, 너희는 화가 있다. 그들의 조상들이 거짓 예언자들에게 이와 같이 행하였다(누가복음 6:20-26).

깨어나라,
너 잠자는 자여

"복이 있다. 너희 가난한 사람들. 너희의 것이다. 하나님의 나라가." 헬라어의 어순에 따라 재구성한 것이다. '복이 있다'는 선언이 앞에 나오고 그 대상 혹은 이유가 뒤에 나온다. 단언적일 뿐만 아니라, 같은 구가 반복되기에 강렬한 느낌을 자아낸다. 그런데 '복'이라는 단어가 한국 교회에서 너무 낡은 말이 되어 버려서 원문의 뜻을 담아내기에는 조금 부족한 감이 있다. '복'으로 번역된 '마카리오스'를 일제 치하 우리 민족의 큰 스승이셨던 김교신 선생은 "환경이 지배할 수 없는 영혼 속에서 용출하는 내적 환희의 샘"으로 설명했다. 그것은 하나님과의 정당한 관계 안에서 사람 된 자의 진정한 도를 따르는 데서 발생하는 것이다(『김교신 전집4』, 〈성서연구〉, 노평구 편, 32쪽).

주님이 말씀하시는 복은 요즘으로 치면 영 복 같지 않은 복이다. '가난한 사람', '굶주리는 사람', '슬피 우는 사람', '배척받는 사람'이 복이 있다니? 이것은 오히려 화에 가까운 것이 아닐까? 지금 정말 어려운 시기를 지나는 이들은 이 말씀에서 은혜를 받기보다는 상처를 받게 마련이다. 어떤 이들은 이 말씀에 화를 내기도 한다. 마치 주님이 불의한 현실을 그냥 받아들이도록 권고하는 것처럼 들리기 때문이다. 칼 마르크스는 종교를 인민의 아편이라고 말했다. 엄연한 고통의 현실에 눈을 뜨고 또 저항하지 못하도록 사람들의 영혼을 몽롱하게 만드는 마약이라는 것이다. 사실 역사 속에서 종교가 그런 역할을 한 때도 있었기에 마르크스의 말은 전적으로 그른 것은 아니다. 하지만 예수님은 가난이나 굶주림을 미화하실 생각이 없다. 네 가지의 복은 24절부터 나오는 네 가지 화에 대한 선포를 배경으로 해서 보아야 제대로 보인다.

"그러나 너희, 부요한 사람들은 화가 있다. 너희가 너희의 위안을 받고 있기 때문이다. 너희, 지금 배부른 사람들은 화가 있다. 너희가 굶주리게 될 것이기 때문이다. 너희, 지금 웃는 사람들은 화가 있다. 너희가 슬퍼하며 울 것이기 때문이다. 모든 사람이 너희를 좋게 말할 때에, 너희는 화가 있다. 그들의 조상들이 거짓 예언자들에게 이와 같이 행하였다"(누가복음 6:24-26).

이 대목 역시 원문에는 '화가 있다'는 구절이 맨 앞에 나온다. 그리고 거기에 해당하는 사람이 나온다. '부요한 사람', '배부른 사람', '웃는 사람', '모든 이에게 좋은 평판을 듣는 사람.' 이 구절도 얼핏 이해가 안 된다. 이것이야말로 우리가 혼신의 힘을 다하여 구하는 것이 아닌가. 이 말에 담겨 있는 속뜻을 헤아리려면 상상력이 조금 필요하다. 여기서 화가 있다고 선언된 사람들은 '타자' 혹은 '이웃'의 고통이나 불행에는 아랑곳없이 홀로 행복을 누리는 사람들, 자기 의를 내세우는 사람들, 우월감에 들떠 남을 무시하는 사람들, 그러면서도 사람들의 좋은 평판을 듣기 원하는 이들이다. 그들은 다른 이들과 공감할 줄 모른다. 고통 받는 이들과 함께 울 줄도 모르고, 그들의 짐을 덜어주기 위해 몸을 낮출 줄도 모른다. 복처럼 보이는 것이 실은 화일 때가 많다.

하나님. 주님의 말씀은 가끔 우리의 일상적 판단을 뒤흔들어 놓습니다. 풍요로움을 구하는 이들에게 주님은 가난한 자가 복이 있다 말씀하십니다. 슬픔을 한사코 피하려는 이들에게 지금 슬퍼하는 자가 복이 있다 말씀하십니다. 이 전복적 진실을 깨달을 수 있는 지혜를 우리에게 부어주십시오. 믿음은 관념도 이론도 아닌 현실임을 깨우쳐주십시오. 지금 가난한 사람, 배고픈 사람, 슬퍼하는 사람, 배척받는 사람들 곁에 다가가 그들의 이웃이 되어줄 용기를 허락하여 주십시오. 그 가운데서 참된 행복을 누리게 해주십시오. 아멘.

지향이 달라지면

나를 생각하는 마음이 여러분에게 지금 다시 일어난 것을 보고, 나는 주님 안에서 크게 기뻐하였습니다. 사실, 여러분은 나를 항상 생각하고 있었지만, 그것을 나타낼 기회가 없었던 것입니다. 내가 궁핍해서 이렇게 말하는 것이 아닙니다. 나는 어떤 처지에서도 스스로 만족하는 법을 배웠습니다. 나는 비천하게 살 줄도 알고, 풍족하게 살 줄도 압니다. 배부르거나, 굶주리거나, 풍족하거나, 궁핍하거나, 그 어떤 경우에도 적응할 수 있는 비결을 배웠습니다. 나에게 능력을 주시는 분 안에서, 나는 모든 것을 할 수 있습니다(빌립보서 4:10-13).

세계적인 성악가 호세 카레라스는 경력의 절정기인 40대 초반에 백혈병에 걸렸다. 죽음의 공포 속에서 그는 살려주시면 하나님의 영광을 위해 살겠다는 기도를 올렸다. 힘겨운 화학치료를 견뎌야 했지만 그는 결국 회복되었다. 그는

깨어나라,
너 잠자는 자여

자기 재산을 다 정리해서 백혈병 재단을 만들고 어려움을 겪는 이들을 돕기 시작했다. 고통과 시련을 통해 그는 재물과 명예에 대한 집착에서 벗어났고, 십자가의 의미를 깊이 깨닫게 되었던 것이다. 지향이 달라지면 삶의 빛깔도 달라진다.

빌립보 교인들에게 감사의 뜻을 전한 바울은 행여라도 사람들이 오해하는 일이 없도록 하기 위해 말한다.

"나는 어떤 처지에서도 스스로 만족하는 법을 배웠습니다. 나는 비천하게 살 줄도 알고, 풍족하게 살 줄도 압니다. 배부르거나, 굶주리거나, 풍족하거나, 궁핍하거나, 그 어떤 경우에도 적응할 수 있는 비결을 배웠습니다"(빌립보서 4:11-12).

바울은 어떤 처지에서도 만족하는 법을 배웠다고 말하지만 그것은 의지적인 노력의 결과물이 아니다. 저절로 그렇게 된 것이다. 자꾸만 뭘 먹어도 헛헛증을 느끼는 이들이 있다. 위胃가 비었기 때문이 아니라 마음에 안정이 없기 때문이다. 하나님의 마음에 닻을 내렸기에 바울은 이런저런 시련의 바람에 나부끼지 않는다.

바울이 '어떤 경우에도 적응할 수 있는 비결을 배웠다'고 말할 수 있는 것은 본래적인 것과 비본래적인 것을 분별하는 능력을 얻었기 때문이다. 편리함에 길들여진 몸과 마음은 외적 조건의 변화에 따라 널뛰기를 하게 마련이다. 더우면 덥다고, 추우면 춥다고 법석을 떤다. 어지간한 거리는 차를 타고 가는 게 당연한 것처럼 여긴다. 조금만 불편해도 불평을 토해낸다. 편리함과 안락함에 중독된 이들은 돈이 지배하는 세상에 이미 길들여진 사람들이다. 히브리서 기자는 믿음의 사람들을 가리켜 '길손과 나그네'라고 말했다(히브리서 11:13). 그들은 하늘의 고향을 찾는 이들이다.

하늘 고향을 찾는 이들은 자기 욕망 위에 집을 짓지 않는다. 자기 삶을 누군가를 위한 선물로 기꺼이 내준다. "나에게 능력을 주시는 분 안에서, 나는 모든 것을 할 수 있습니다"(빌립보서 4:13)는 구절은 '그도 할 수 있고, 너도 할 수 있으니, 나도 할 수 있다' 류의 적극적 사고방식을 가르치는 것이 아니다. 이런 류의 사고에서 강조되는 것은 자기 강화의 욕망이다. 하지만 바울은 정반대의 방향을 가리키고 있다. 그는 은혜 안에서 타자들에게 자신을 유보 없이 선물로 내줄 수 있다고 말하고 있는 것이다.

깨어나라,
너 잠자는 자여

기도

하나님. 연거푸 다가오는 시련은 삶의 의욕과 용기를 깎아내립니다. 이래 저래 시르죽어 지내다 보면 영문을 알 수 없는 원한 감정이 우리를 사로 잡기도 합니다. '어떤 처지에서든 스스로 만족하는 법'을 배웠다는 바울 사도의 말이 실감나지 않습니다. 그 확고하고도 담백한 고백 속에서 한 자유인의 초상을 봅니다. 그런 흔쾌한 자유를 누리고 싶습니다. 욕망의 활 화산 위에 인생의 집을 짓는 어리석은 자들이 아니라 우리 자신을 누군가 에게 선물로 내주며 살도록 이끌어 주십시오. 아멘.

우주적 찬양

10월 6일

> 나는 또 하늘과 땅 위와 땅 아래와 바다에 있는 모든 피조물과,
> 또 그들 가운데 있는 만물이, 이런 말로 외치는 소리를 들었습니
> 다. "보좌에 앉으신 분과 어린 양께서는 찬양과 존귀와 영광과
> 권능을 영원무궁 하도록 받으십시오." 그러자 네 생물은 "아멘!"
> 하고, 장로들은 엎드려서 경배하였습니다(요한계시록 5:13-14).

어린 양이 두루마리를 받아 들었을 때에 네 생물과 스물네
장로가 거문고와 향이 가득 담긴 금 대접을 가지고 어린 양
앞에 엎드렸다. 요한은 그 향이 성도들의 기도라고 설명한
다. 히브리의 한 시인은 일찍이 "내 기도를 주님께 드리는
분향으로 받아 주시고, 손을 위로 들고서 드리는 기도는 저
녁 제물로 받아주십시오"(시편 141:2)라고 간구했다. 요한은
바로 이 대목을 염두에 두고 있었을 것이다. 땅에서 하늘로
올라가는 기도는 엄혹한 시기를 살아가는 이들의 탄식, 박

깨어나라,
너 잠자는 자여

해받는 이들의 신음소리, 그리고 '당신의 나라가 임하게 하소서'라는 간구였을 것이다.

어림짐작이 아니다. 네 생물과 스물네 장로가 부른 새로운 노래를 유념해보면 알 수 있다. 그 노래는 죽음을 당하신 주님께서 당신의 피로 모든 종족과 언어와 백성과 민족 가운데서 사람들을 구원하여 하나님께 드렸다고 말한다. 노래는 주님께서 그들을 하나님 앞에서 나라가 되게 하시고, 제사장으로 삼으셨다고 고백한다. '나라'와 '제사장'이라는 표현은 출애굽에 나오는 시내 산 계약의 핵심어이다. 계시록은 지금 출애굽의 언어로 하나님의 구원 계획을 밝히고 있는 것이다. 네 생물과 스물네 장로가 노래에서 언급하고 있는 이들은 하나님의 꿈을 가슴에 품고 그 꿈을 이루기 위해 애쓰는 사람들이다.

요한은 그들이 부르는 노래를 '새로운 노래'라고 명명한다. '새로움'은 요한계시록에서 매우 중요한 단어이다. 계시록은 옛 세계가 끝나고 새로운 세계가 열리는 격변기를 배경으로 한다. 격변기는 고통의 때이다. 특히 새로운 세계를 꿈꾸는 이들이 많은 박해를 받는 때이다. 옛 세계는 새로운 세계가 유입되는 것을 용납하려 하지 않으니 말이다. 새로운 세상을 지향하는 이들에게 인내와 믿음이 필요한 것은 그 때문이다(요한계시록 14:12). 믿음으로 사는 이들은 '새 하늘과 새 땅'을 내다보며 이 땅의 인력에 저항해야 한다. 폭력과 지배를 넘어 사랑과 섬김을 선택해야 한다.

하늘에서 또 다른 노래가 들려왔다. 수많은 천사들이 "죽임을 당하신 어린 양은 권세와 부와 지혜와 힘과 존귀와 영광과 찬양을 받으시기에 합당하십니다"(요한계시록 5:12)라고 노래했다. 마치 물결이 기슭을 향해 번져가듯 어린 양을 향한 찬양이 천사들의 합창으로 확장되고 있다. 천사들은 그 어린 양이 권세, 부, 지혜, 힘, 존귀, 영광, 찬양을 받기에 합당하다고 노래한다. 천사들의 노래의 여운이 채 가시기도 전에 피조물의 노래가 울려 퍼진다. 하늘과 땅 위와 땅 아래와 바다에 있는 모든 피조물들이 "보좌에 앉으신 분과 어린 양께서는 찬양과 존귀와 영광과 권능을 영원무궁 하도록 받으십시오"(요한계시록 5:13b) 하고 노래한다. 우주의 중심에서부터 터져 나오는 구원과 해방의 노래가 온 땅을 가득 채우고 있음을 보는 이들은 절망에 빠지지 않는다.

깨어나라,
너 잠자는 자여

하나님, 마음이 울적해질 때마다 이 아름다운 광경을 머릿속에 그려봅니다. 하늘 보좌에서 시작된 노래가 땅 끝까지 울려 퍼지는 광경을 떠올릴 때면 잗다란 근심과 걱정은 어느 결에 스러지고 맙니다. 사람들을 죽음으로 유인하는 세이렌의 노래에 현혹되지 않게 해주십시오. 하늘 찬양대에 합류하여 생명의 노래, 평화의 노래, 희망의 노래를 수굿이 부르게 해주십시오. 우리 마음 속 혼돈을 질서로 바꾸어주는 하늘의 노래를 잊지 않게 해주십시오. 아멘.

보내신 분의 뜻을 따라

명절이 중간에 접어들었을 즈음에, 예수께서 성전에 올라가서 가르치셨다. 유대 사람들이 놀라서 말하였다. "이 사람은 배우지도 않았는데, 어떻게 저런 학식을 갖추었을까?" 예수께서 그들에게 대답하셨다. "나의 가르침은 내 것이 아니라, 나를 보내신 분의 것이다. 하나님의 뜻을 따르려는 사람은 누구든지, 이 가르침이 하나님에게서 난 것인지, 내가 내 마음대로 말하는 것인지를 알 것이다. 자기 마음대로 말하는 사람은 자기의 영광을 구하지만, 자기를 보내신 분의 영광을 구하는 사람은 진실하며, 그 사람 속에는 불의가 없다"(요한복음 7:14-18).

명절이 중간에 접어들었을 때 예수님은 성전에 올라가서 가르치셨다. 유대 사람들은 놀라서 말한다. "이 사람은 배우지도 않았는데, 어떻게 저런 학식을 갖추었을까?" 낯설지 않은 반응이다. 체계적인 학교 교육을 받지도 않은 사람이 뭔

깨어나라,

너 잠자는 자여

가 본질을 꿰뚫는 말을 할 때 사람들의 대체적인 반응은 놀람이다. 그것은 세상의 모든 지식은 배움을 통해 계승된다고 생각하기 때문이다. 소위 학식이 있다고 하는 이들이 온갖 개념과 범주를 가지고 복잡하게 설명하는 일을, 어떤 사람은 그냥 말 한 마디로 꿰뚫어버리는 경우가 종종 있다. 그것을 일러 지혜라 한다.

예수님의 말씀은 매우 직관적이고 사용하신 언어는 간결하다. 종교적인 언어를 하나도 사용하지 않으면서도 거룩의 세계를 열어 보이신다. 때로는 물이 흐르듯 유장하고, 때로는 폭포처럼 힘차게 쏟아지는 말씀에 사람들은 놀랐던 것 같다. 개념과 논리로 오염되지 않은 말, 본질을 향해 곧장 돌진하는 그 말씀은 낯설지만 거역할 수 없는 매혹이었을 것이다. 말씀의 그런 힘은 어디에서 비롯된 것일까?

예수께서 하신 말씀 속에 답이 있다. "나의 가르침은 내 것이 아니라, 나를 보내신 분의 것이다." 자기 부정에 이르지 못한 사람이라면 차마 할 수 없는 말이다. 요한복음은 예수님을 '보냄을 받은 분'으로 소개한다. 주님은 당신이 이 세상에 온 것은 자기 뜻이 아니라 보내신 분의 뜻을 행하기 위해서라고 말씀하셨다(요한복음 6:38). 보내신 분의 뜻은 명백하다. 생명을 살리는 것, 혹은 풍성하게 하는 것이다.

예수님은 하나님의 뜻을 따르려는 진실한 마음이 있는

사람이라면 당신의 가르침이 하나님에게서 난 것인지 아니면 마음대로 하는 말인지를 알 것이라고 말씀하신다. 그러면서도 예수님은 사람들에 의해 발설된 말이 하늘에서 온 것인지 아닌지를 분별할 수 있는 시금석 하나를 우리에게 제시해주셨다. 자기 영광을 구하는 이들의 말은 믿을 게 못 된다. 보내신 분의 영광을 구하는 사람의 말은 믿어도 좋다.

그러나 그 둘 사이의 구분이 좀 모호할 때가 많다는 게 문제이다. 교묘한 말로 사람들을 호리려는 이들이 많다. 모든 게 불확실한 세상에 살다가 지친 이들은 뭔가 확고하게 말하는 사람들에게 끌리는 법이다. 스스로 사유하는 주체가 되기보다는 누군가가 이끌어주기를 소망한다. 그래서 거짓 종교인들에게 이용당한다. 불확실함을 견디면서 지향을 바로 해야 하는 까닭이 여기에 있다.

깨어나라,
너 잠자는 자여

하나님, 선과 악이 착종된 세상에 사느라 우리는 지쳤습니다. 저마다의 편견을 진리인양 외치는 이들의 소리가 세상을 혼돈으로 몰아넣고 있습니다. 분주하게 살고 있지만 정작 우리가 정말 원하는 것이 무엇인지를 분별하지 못합니다. 주님은 당신의 삶을 '보내신 분의 뜻을 행하기 위해 왔다'고 요약했습니다. 생각해보면 우리의 생명도 소명임을 깨닫습니다. 주님이 우리를 통해 하고자 하시는 일을 방기하는 일이 없도록 우리를 지켜주십시오. 주님이 앞서 걸어가신 그 길을 걸으며 진정한 자유를 맛보게 해주십시오. 아멘.

편리함과 안락함에 중독된 이들은 돈이 지배하는 세상에 이미 길들여진 사람들이다. 히브리서 기자는 믿음의 사람들을 가리켜 '길손과 나그네'라고 말했다. 그들은 하늘의 고향을 찾는 이들이다. 하늘 고향을 찾는 이들은 자기 욕망 위에 집을 짓지 않는다. 자기 삶을 누군가를 위한 선물로 기꺼이 내준다.

Monday 〰〰〰

Tuesday 〰〰〰

Wednesday 〰〰〰

깨어나라,
너 잠자는 자여

Thursday ～～～～

Friday ～～～～

Saturday ～～～～

Sunday ～～～～

변방에서 시작되는 하늘 나라

> 예수께서, 요한이 잡혔다고 하는 말을 들으시고, 갈릴리로 돌아
> 가셨다. 그리고 그는 나사렛을 떠나, 스불론과 납달리 지역 바
> 닷가에 있는 가버나움으로 가서 사셨다. 이것은 예언자 이사야
> 를 시켜서 하신 말씀을 이루시려는 것이었다. "스불론과 납달
> 리 땅, 요단 강 건너편, 바다로 가는 길목, 이방 사람들의 갈릴
> 리, 어둠에 앉아 있는 백성이 큰 빛을 보았고, 그늘진 죽음의 땅
> 에 앉은 사람들에게 빛이 비치었다." 그 때부터 예수께서는 "회
> 개하여라. 하늘 나라가 가까이 왔다" 하고 선포하기 시작하셨
> 다(마태복음 4:12-17).

세례자 요한은 출애굽의 완성과 연관된 요단강을 중심으로
새로운 역사를 시도했다면, 예수님은 갈릴리라는 변방에서
부터 새로운 역사를 시작하신다. 예수님은 고향인 나사렛을
떠나 스불론과 납달리 지역 바닷가에 있는 가버나움으로 가

서 사셨다. 가버나움은 갈릴리의 북서쪽에 있는 도시로 어부들의 마을이었다. 그곳은 다마스커스에서 가이사랴를 거쳐 애굽에 이르는 해변 무역 도로 via maris 가 지나는 곳이기도 했다. 그렇기에 세관도 있었고, 로마군의 수비대도 주둔해 있었다. 예수님이 어부 제자들과 세리 마태를 부르신 곳이 바로 그곳이고, "나는 지금까지 이스라엘 사람 가운데서 아무에게서도 이런 믿음을 본 일이 없다"(마태복음 8:10)는 칭찬을 받았던 백부장이 주재하고 있던 곳도 이곳이었다.

마태는 이사야가 "스불론과 납달리 땅, 요단 강 건너편, 바다로 가는 길목, 이방 사람들의 갈릴리, 어둠에 앉아 있는 백성이 큰 빛을 보았고, 그늘진 죽음의 땅에 앉은 사람들에게 빛이 비치었다"(마태복음 4:15-16)고 했던 지역이 바로 가버나움이라고 말한다. 가버나움은 어둠의 땅이요, 그늘진 죽음의 땅이었다. 그런데 바로 그곳이야말로 빛으로 오신 주님의 새로운 역사가 시작되기에 적합한 곳이었다. 예수님의 선포는 명료했다. "회개하여라. 하늘 나라가 가까이 왔다"(마태복음 4:17).

회개란 돌이킴이다. 하나님을 등지고 살던 삶에서 하나님을 마주보며 사는 삶으로의 전환, 자기를 세상의 중심에 놓고 다른 이들을 다 주변화시키던 삶에서 벗어나 하나님의 마음 안에서 다른 이들의 아픈 사정을 헤아리는 삶으로 나아가는 것, 자기 좋을 대로 살지 않고 남 좋을 대로 사는 것이 참된 회개이다.

회개하라는 명령에 이어 '하늘 나라가 가까이 왔다'는 문장이 이어진다. 마태는 하나님의 거룩한 이름을 사용하기를 꺼렸기에 '하나님 나라'라는 표현 대신 '하늘 나라'라는 표현을 쓰고 있다. '하늘 나라'는 하늘 저 위 어딘가에 있는 나라가 아니라 하나님의 뜻이 성취 되는 곳, 하나님의 뜻이 지배하는 관계 혹은 삶을 가리킨다. 하늘 나라는 그러니까 지배자와 피지배자가 사라진 세계, 곧 모든 이들이 형제자매의 사랑을 나누며 사는 우애 깊은 장소의 은유 혹은 실재라는 말이다. 어느 날 바리새파 사람들이 "하나님의 나라가 언제 오느냐"고 묻자 예수님은 이렇게 대답하셨다. "하나님의 나라는 눈으로 볼 수 있는 모습으로 오지 않는다. 또 '보아라, 여기에 있다' 또는 '저기에 있다' 하고 말할 수도 없다. 보아라, 하나님의 나라는 너희 가운데에 있다"(누가복음 17:21). 하나님의 나라는 우리의 일상적 만남 속에서 시작된다. 우리는 모두 그 나라의 씨앗이다.

깨어나라,
너 잠자는 자여

하나님. 희망은 언제나 변방으로부터 시작됩니다. 지금 누릴 것을 다 누리고 사는 사람들. 자기만족에 겨운 사람들은 그렇지 못한 사람들의 아픔과 눈물을 헤아리지 못합니다. 어둠 속에 유폐된 사람만이 빛을 갈망합니다. 절망의 심연으로 끌려 들어가는 사람만이 절박하게 하나님의 도우심을 구합니다. 하늘은 저 위에 있는 것이 아니라 이 낮은 땅에 있습니다. 아픔의 현장. 눈물이 흐르는 자리야말로 하늘을 향해 열린 문임을 잊지 않게 해주십시오. 아멘.

하늘 그물은 성기어도

10월 9일

> 내가 너를 지명하여 부른 것은, 나의 종 야곱, 내가 택한 이스라
> 엘을 도우려고 함이었다. 네가 비록 나를 알지 못하였으나, 내가
> 너에게 영예로운 이름을 준 까닭이 바로 여기에 있다. 나는 주
> 다. 나 밖에 다른 이가 없다. 나 밖에 다른 신은 없다. 네가 비록
> 나를 알지 못하였으나, 나는 너에게 필요한 능력을 주겠다. 그렇
> 게 해서, 해가 뜨는 곳에서나, 해가 지는 곳에서나, 나 밖에 다른
> 신이 없음을 사람들이 알게 하겠다. 나는 주다. 나 밖에는 다른
> 이가 없다. 나는 빛도 만들고 어둠도 창조하며, 평안도 주고 재
> 앙도 일으킨다. 나 주가 이 모든 일을 한다. 너 하늘아, 위에서부
> 터 의를 내리되, 비처럼 쏟아지게 하여라. 너 창공아, 의를 부어
> 내려라. 땅아, 너는 열려서, 구원이 싹 나게 하고, 공의가 움돋게
> 하여라. 나 주가 이 모든 것을 창조하였다(이사야 45:4-8).

이사야는 온 우주의 주권자이신 하나님이 고레스를 지명하

깨어나라,
너 잠자는 자여

여 부른 것은 결국 하나님의 백성들을 돕기 위한 것이었다고 말한다. 고레스도 그렇게 생각했을까? 그렇지는 않았을 것이다. 야심만만한 경세가였던 페르시아 왕 고레스는 식민 통치를 원활히 하기 위해 포로민들의 귀환을 허용했다. 앞선 제국 바빌론의 통치 방식이 낡았다고 생각했기 때문이다. 하지만 이사야는 그것이 하나님의 섭리 가운데 벌어진 사건이라고 말한다. 동일한 사건을 두고 해석이 엇갈릴 수 있다. 역사는 누가 해석하느냐에 따라 그 의미와 무게가 달라진다.

그런데 이사야가 고레스를 통한 해방 이야기로 드러내려는 것은 고레스의 위대함이 아니었다. 고레스는 이스라엘의 입장에서 고마운 존재이지만 궁극적인 구원자는 아니었다. 그는 다만 역사를 주관하시는 분은 야훼 하나님이라는 사실을 드러내기 위한 수단일 뿐이었다. "나는 주다. 나 밖에 다른 이가 없다. 나 밖에 다른 신은 없다. 네가 비록 나를 알지 못하였으나, 나는 너에게 필요한 능력을 주겠다"(이사야 45:5). '나'라는 단어의 반복적 사용을 통해 하나님은 당신의 주권을 강력하게 천명하신다. 세상을 지배하는 것은 야심가, 경세가, 정복자인 고레스가 아니라, 억압과 착취와 천대에 시달리는 이들을 불쌍히 여기시고 그들을 구원의 길로 인도하시는 하나님이시다.

그렇다면 세상에는 왜 악이 존재할까? 무고한 이들이 고통을 당하는 데도 왜 하나님은 즉각 개입하시지 않는 것일까? 누구도 대답하기 어려운 질문이다. 대답을 찾을 수 없을 때 회의가 찾아온다. 하나님의 사랑 그리고 전능함을 의심하는 이들이 많다. 우리가 보기에 하나님이 하시는 일은 허점투성이인 것처럼 보인다. 정말 그런 것일까?

노자의 『도덕경』 73장에는 '천망회회 소이불실天網恢恢 疎而不失'이라는 구절이 나온다. 하늘 그물은 성기어서 다 빠져나갈 것 같지만 실은 하나도 빠뜨리지 않는다는 말이다. 사람이 교묘하게 법망을 피할 수 있을지 몰라도 하나님의 눈조차 속일 수는 없다. 세상 현실에 대해 무심한 듯 보이고 그래서 악인들이 판을 치며 사는 것처럼 보여도 하나님은 그 모든 일들을 보고 계신다. "나는 빛도 만들고 어둠도 창조하며, 평안도 주고 재앙도 일으킨다. 나 주가 이 모든 일을 한다"(이사야 45:7). 빛과 어둠, 평안과 고통이 갈마드는 것이 인생이다. 그런데 그 모든 일들 속에 하나님이 함께 하신다. 일이 잘 되어 간다고 지나치게 의기양양할 것도 없고, 일이 잘 안 된다고 낙심할 것도 없다. 다만 자기에게 주어진 인생의 때를 잘 분별하여 그 때에 맞는 삶을 선택하면 된다.

하나님, 인간의 모든 지식을 다 동원해도 하나님이 하시는 일의 결국을 알 수 없습니다. 희망과 절망, 빛과 어둠, 기쁨과 슬픔, 평안과 고통 사이에 걸린 줄 위에서 균형을 유지한다는 것은 여간 어려운 일이 아닙니다. 이제는 우리 삶의 주도권을 하나님께 넘겨드리고 싶습니다. 살든지 죽든지 나는 주의 것이라고 말했던 사도의 그 홀가분하고 담담한 고백을 이어받고 싶습니다. 누구에게나 영원히 적용되는 정답이 없는 인생이라지만 그리스도께서 앞서 가신 그 길에서 떠나지 않도록 우리를 든든히 지켜주십시오. 아멘.

요셉의 유골을
모시고 가다

바로는 마침내 이스라엘 백성을 내보냈다. 그러나 그들이 블레셋 사람의 땅을 거쳐서 가는 것이 가장 가까운데도, 하나님은 백성을 그 길로 인도하지 않으셨다. 그것은 하나님이, 이 백성이 전쟁을 하게 되면 마음을 바꾸어서 이집트로 되돌아가지나 않을까, 하고 염려하셨기 때문이다. 그래서 하나님은 이 백성을 홍해로 가는 광야 길로 돌아가게 하셨다. 이스라엘 자손은 대열을 지어 이집트 땅에서 올라왔다. 모세는 요셉의 유골을 가지고 나왔다. 요셉이 이스라엘 자손에게 엄숙히 맹세까지 하게 하며 "하나님이 틀림없이 너희를 찾아오실 터이니, 그 때에 너희는 여기에서 나의 유골을 가지고 나가거라" 하고 말하였기 때문이다. 그들은 숙곳을 떠나 광야 끝에 있는 에담에 장막을 쳤다. 주님께서는, 그들이 밤낮으로 행군할 수 있도록, 낮에는 구름기둥으로 앞서 가시며 길을 인도하시고, 밤에는 불기둥으로 앞 길을 비추어 주셨다. 낮에는 구름기둥 밤에는 불기

깨어나라,
너 잠자는 자여

열 가지 재앙을 겪고 나서야 바로는 이스라엘 백성들의 출애굽을 허락했다. 마침내 자유를 향한 긴 행군이 시작되었다. 그런데 하나님은 그들을 해변 길로 인도하지 않고 광야 길로 인도하셨다. 지름길이 아닌 에움길이었다. 게다가 그 에움길은 시련의 길이었다. 변변한 나무 한 그루 만나기 어려운 광야, 낮에는 햇빛을 가려줄 그늘 하나 없고, 밤이면 혹독한 추위와 맞서야 했던 곳, 독사와 전갈이 우글거리는 땅을 걷고 또 걸어야 한다는 것, 그야말로 고난의 행군이었다. 출애굽기 기자는 하나님이 그들을 해변 길로 인도하신 것은 이미 그 길목에 터 잡고 살던 이들과 전쟁이라도 벌어지면 마음을 바꿔 애굽으로 돌아갈까 염려했기 때문이라고 친절하게 설명하고 있다.

백성들은 출애굽의 그 급박한 상황 속에서도 요셉의 유골을 수습하여 모시고 떠났다. 요셉의 유언에 따른 것이었지만, 유골을 모시고 가는 행위는 의미심장하다. 요셉의 유골은 출애굽 공동체를 상징적으로 이어주는 정체성의 근거이기 때문이다. 사람은 누구나 소속에의 욕구를 지니고 산다. 소속이 없는 삶처럼 불안정한 삶이 또 있을까? 세상 도처를 떠돌고 있는 난민들을 생각해 보자. 그들은 뿌리 뽑힌 나무와 다를 바 없다. 든든한 울타리 구실을 해주었던 나라가 전쟁터로 변하면서 그들은 미래를 기약할 수 없는 세계로 탈출을 감행했다. 그들은 어떤 유골함을 안고 세계를 떠돌게 될까?

유대인들은 순례의 절기 때마다 자기 조상들이 걸어온 고난의 여정을 상기하곤 했다. 구질구질한 기억은 자기 인생의 페이지에서 지워버리고 싶어 하는 게 사람이지만 그것을 망각의 강물에 띄워 보내는 순간 우리의 뿌리 또한 잘려 나가게 마련이다. 자랑스러운 기억이든 부끄러운 기억이든 자기 삶의 한 부분으로 받아들일 수 있어야 한다. 바로 그것이 존재에의 용기이다. 우리 인생의 이야기는 나 홀로 써가는 것이 아니라 하나님과 함께 쓰는 이야기이다.

우리의 지향이 우리를 두고 세우신 주님의 뜻과 일치한다면 현실이 어렵다고 하여 낙심할 것 없다. 출애굽 공동체를 구름기둥과 불기둥으로 인도하셨던 것처럼 하나님은 우리를 선한 길로 인도하실 것이다. 그 길이 지름길이 아니라 하여 투덜거리지 말고 에움길을 걷는 동안 주어지는 은총을 기대하라. 우리를 인도하고, 비추어주고, 떠나지 않으시는 하나님을 신뢰할 때 삶은 든든해진다. 분열을 획책함으로 이득을 보는 이들이 많지만, 믿는 이들은 끈질기게 화해와 평화를 추구해야 한다. 우리는 그 길을 걸으라고 초대받

깨어나라,
너 잠자는 자여

은 이들이다. 그 길은 참된 자유와 맞닿아 있다.

하나님, 마음이 분주해지면 잊지 말아야 할 것을 잊곤 합니다. 잊지 말아야 할 것은 잘 잊고, 정작 잊어야 할 것은 잊지 못해서 우리 삶이 누추합니다. 출애굽의 그 급박한 상황 속에서도 요셉의 유골을 수습한 이스라엘 백성들이 놀랍기만 합니다. 자기가 누구인지를 잊지 않으려는 그 피나는 노력이 아름답습니다. 세상의 단맛에 취해 우리가 순례자임을 잊지 않게 해주십시오. 하나님의 마음이라는 영원한 중심에 도달하기 위해 늘 안락한 자리를 떠나 길 위에 설 수 있는 용기를 허락하여 주십시오. 아멘.

인생의 가뭄을 겪으며

10월 11일

주님, 비록 우리의 죄악이 우리를 고발하더라도, 주님의 이름을 생각하셔서 선처해 주십시오. 우리는 수없이 반역해서, 주님께 죄를 지었습니다. 주님은 이스라엘의 희망이십니다. 이스라엘이 환난을 당할 때에 구하여 주시는 분이십니다. 그런데 어찌하여 이 땅에서 나그네처럼 행하시고, 하룻밤을 묵으러 들른 행인처럼 행하십니까? 어찌하여, 놀라서 어쩔 줄을 모르는 사람처럼 되시고, 구해 줄 힘을 잃은 용사처럼 되셨습니까? 주님, 그래도 주님은 우리들 한가운데에 계시고, 우리는 주님의 이름으로 불리는 백성이 아닙니까? 우리를 그냥 버려 두지 마십시오(예레미야 14:7-9).

하나님은 당신의 말씀을 경청하지 않고 제 고집대로 살던 백성, 죄악에 익숙해져서 선을 행할 줄 모르는 백성들에게 경고의 의미로 극심한 가뭄을 내리셨다. 백성들은 기력

180

깨어나라,
너 잠자는 자여

을 잃은 채 땅바닥에 쓰러져 탄식하고, 땅은 거북이 등처럼 갈라지고, 땅에서는 풀조차 돋아나지 않았다. 사람들은 그동안 못할 일이 없는 것처럼 도도하게 살아왔지만, 하나님이 잠시 은총을 거두시면 아무 것도 할 수 없는 무력한 자들임을 절감했던 것이다. 그렇기에 그들은 하나님 앞에 엎드려 기도했다.

"주님, 비록 우리의 죄악이 우리를 고발하더라도, 주님의 이름을 생각하셔서 선처해 주십시오. 우리는 수없이 반역해서, 주님께 죄를 지었습니다"(예레미야 14:7).

절실한 기도이다. 하지만 이 기도가 진실한 것이 되기 위해서는 삶이 먼저 갱신되어야 한다. 사회적 약자들의 살 권리를 마구 짓밟았던 죄를 회개해야 한다. 마음이 찢어지는 고통을 겪고 있는 이들의 마음을 헤아리지 못한 채 함부로 말했던 죄를 눈물로 씻어야 한다. 남의 골수를 마르게 했던 죄에서 돌이켜야 한다.

때때로 고통은 사람을 본래의 자리로 되돌려 놓는 계기가 된다. 버티기 힘든 고통을 겪고 보니 백성들은 비로소 하나님의 은총이 아니고는 살 수 없는 자기의 한계를 직시하지 않을 수 없었다. 그리고 민족사의 어려운 고비마다 지키시고 건져주신 은혜를 떠올리게 되었다. 하지만 하나님은 그들의 처지에 아랑곳하지 않으시는 것 같다. "우리를 그냥 버려두지 마십시오."

80년대에 곤경에 처한 사람들이 절박하게 불렀던 노래가 있다.

"우리들에게 응답하소서 혀 짤린 하나님/우리 기도 들으소서/귀 먹은 하나님."

불경하게 들릴 수도 있다. 그러나 이 가사 속에는 절박한 상황 속에 처한 이들의 절규가 담겨 있다. "그래도 당신은 하나 뿐인 늙으신 아버지." 실낱같은 희망조차 버릴 수 없다. 희망은 하나님에게서 올 수밖에 없다.

그 희망을 품기 위해 우리가 할 일이 있다. 우리 속에 하나님이 머무시는 공간을 마련하는 일이다. 우리의 마음속에, 우리가 맺는 관계 속에, 우리가 섞여 살고 있는 사회 속에 하나님의 자리를 마련해 드려야 한다. 하나님을 소외시킨 죄를 참회하고, 하나님을 우리 삶의 중심에 모셔야 한다. 하나님의 눈으로 이웃을 보면 우리가 마땅히 해야 할 일이 보인다. 불화와 분쟁을 만드는 호전적인 말들을 그쳐야 한다. 누군가를 없앰으로 평화를 만들 수 있다는 망상을 떨쳐버려야 한다. 그때 비로소 인생의 가뭄이 그칠 것이다.

하나님, 전도자는 '바람 그치기를 기다리다가는, 씨를 뿌리지 못한다. 구름이 걷히기를 기다리다가는, 거두어들이지 못한다'고 말했습니다. 이 막연한 기다림, 불모의 기다림이 우리 삶을 황폐하게 만듭니다. 인생의 가뭄이 찾아왔을 때, 삶의 방향을 하나님께로 돌이킬 수 있도록 우리에게 힘을 더하여 주십시오. 우리 마음의 지성소를 차지하고 있는 헛된 것들을 내쫓고 그 자리에 하나님을 모시게 해주십시오. 일상의 모든 순간, 하나님을 소외시키는 일이 없도록 우리를 인도해주십시오. 아멘.

주인이 부재하는 시간에

너희는 허리에 띠를 띠고 등불을 켜놓고 있어라. 마치 주인이 혼인 잔치에서 돌아와서 문을 두드릴 때에, 곧 열어 주려고 대기하고 있는 사람들과 같이 되어라. 주인이 와서 종들이 깨어 있는 것을 보면, 그 종들은 복이 있다. 내가 진정으로 너희에게 말한다. 그 주인이 허리를 동이고, 그들을 식탁에 앉히고, 곁에 와서 시중들 것이다. 주인이 밤중에나 새벽에 오더라도, 종들이 깨어 있는 것을 보면, 그 종들은 복이 있다. 너희는 이것을 알아라. 집주인이 언제 도둑이 들지 알았더라면, 그는 도둑이 그 집을 뚫고 들어오도록 내버려두지 않았을 것이다. 그러므로 너희도 준비하고 있어라. 생각하지도 않은 때에 인자가 올 것이기 때문이다(누가복음 12:35-40).

옛 사람은 군자란 홀로 있는 데서도 삼가는 사람이라 가르쳤다. 신독愼獨이 그것이다. 남이 보거나 보지 않거나 한결같

깨어나라,
너 잠자는 자여

아야 참 사람이라 할 수 있다. 주인의 신뢰를 받던 종이 있었다. 주인이 혼인 잔치에 참여하기 위해 오랫동안 집을 지운 사이, 그는 집안을 잘 건사하라며 자기에게 위임된 권한을 남용했다. 남녀종들을 때리고, 먹고 마시고 취했다. 호가호위狐假虎威, 제 분수를 모르고 권력의 단맛을 누렸던 것이다. 그러나 그가 예상하지 않은 날 주인이 돌아오며 그의 단꿈은 끝장나고 말았다.

주인이 있을 때와 주인 부재시의 행동이 달라진다면 그는 진실한 사람이라고 말할 수 없다. 진실한 사람이 되기 위해서는 어떤 훈련을 해야 할까? 유학에서는 두 가지를 제안한다. 존천리存天理와 거인욕去人欲이 그것이다. 존천리는 하나님의 뜻 안에 머무는 것이고, 거인욕은 자기를 내려놓는 것 즉, 부정하는 것이라 할 수 있다. 이런 태도가 내면화되어 자연스러워질 때 우리는 비로소 참의 길에 접어들었다 할 수 있다.

삶이란 자기에게 위임된 일들을 성실히 수행함으로 아름다워진다. 주인은 예기치 않은 시간에 돌아온다. 기다리는 사람은 조바심에 사로잡히거나 황량한 시간을 견딘다. 믿음의 사람들은 그리스도의 강림을 기다린다. 어떻게 기다려야 할까? 미국의 작가이면서 목사인 프레드릭 비크너는 그리스도를 기다린다는 말의 의미를 이렇게 설명한다.

"그러므로 그리스도가 온전하게 임하시기를 기다리는 것은 수동적인 일, 경건하게 기도하면서 교회에서나 하는 일을 의미하지 않습니다. 오히려 이와 반대로, 우리가 아는 방법대로 최대한 그리스도 대신 행하는 것을 의미합니다. 그리스도를 기다리는 것은 우리가 그리스도가 되어주어야 할 사람들에게 최선을 다해 그리스도가 되고, 우리가 가진 그리스도의 치유와 소망의 최대치를 그들에게 전해주는 것입니다. 우리가 전하지 않으면 그것은 결코 전해지지 않을 수도 있습니다"(프레드릭 비크너, 『어둠 속의 비밀』, 484쪽).

그리스도를 기다린다는 것은 우리가 누군가에게 그리스도의 분신이 되어 다가가는 것이다. 치유와 소망의 최대치를 전해주는 것이다. "주인이 와서 종들이 깨어 있는 것을 보면, 그 종들은 복이 있다." 깨어 있다는 것은 자기의 본분을 잊지 않았다는 말일 것이다. 누가 깨어 있는 사람인가? 하나님의 현존 안에서 사는 사람이다. 그들은 자기를 귀히 여기고 다른 이들을 존중하며 자연을 아낀다. 다른 이들을 깊이 이해하려고 노력하고, 그들 안에 있는 깊은 갈망을 알아차리고 그 필요에 응답하려 애쓴다. 이때 기다림은 고역이 아니라 기쁨이 된다.

깨어나라,
너 잠자는 자여

하나님, 우리는 수없이 많은 가면을 쓰고 살아갑니다. 만나는 사람에 따라, 변화하는 상황에 따라 가면을 바꿔 쓰기도 합니다. 이런 분열된 태도가 부끄럽습니다. 하지만 어떤 경우에도 우리에게 주어진 권한을 제 이익을 위해 사용하지 않는 담백함을 허락하여 주십시오. 마땅히 해야 할 일을 수행하면서도 남의 칭찬을 구하지 않게 해주십시오. 남의 칭찬과 인정에 관심을 두는 순간 우리는 부자유함 속에 끌려들어갈 수밖에 없습니다. 주님이 언제 오시든 반갑게 맞이할 수 있도록 우리 삶을 가지런히 이끌어 주십시오. 아멘.

사서 고생하는 사람들

세상이 너희를 미워하거든, 세상이 너희보다 먼저 나를 미워하였다는 것을 알아라. 너희가 세상에 속하여 있다면, 세상이 너희를 자기 것으로 여겨 사랑할 것이다. 그러나 너희는 세상에 속하지 않았고 오히려 내가 너희를 세상에서 가려 뽑아냈으므로, 세상이 너희를 미워하는 것이다. … 내가 다른 아무도 하지 못한 일을 그들 가운데서 하지 않았더라면, 그들에게 죄가 없었을 것이다. 그러나 이제는 그들이 내가 한 일을 보고 나서도, 나와 내 아버지를 미워하였다(요한복음 15:18-19, 24).

"사람들이 나를 박해했으면 너희도 박해할 것이다." 평안함과 복이 아니라 미움과 박해가 제자들에게 주어지는 보상이라는 것이다. 예수를 따른다는 것은 사서 고생하는 길이다. 어둠과 온몸으로 부딪쳐 파란 불꽃을 만들어내는 과정이다. 기득권을 누리고 있는 이들은 자기들의 체제에 틈을 만들려

깨어나라,
너 잠자는 자여

하는 이들을 가만히 버려두지 않는다. 박해는 참되게 믿는 자들이 늘 직면할 수밖에 없는 현실이다. 그런데 오늘의 우리 현실은 어떠한가? 믿지 않는 이들은 그리스도인들을 조롱하지만 박해를 가하지는 않는다. 자기들의 삶에 큰 위협이 되지 않는다고 판단했기 때문일 것이다. 공의와 정의를 요구하지 않고, 불의에 눈을 감은 채 자기 몸집을 불려가는 일에 여념이 없는 이들을 누가 두려워하겠는가?

"내가 다른 아무도 하지 못한 일을 그들 가운데서 하지 않았더라면, 그들에게 죄가 없었을 것이다. 그러나 이제는 그들이 내가 한 일을 보고 나서도, 나와 내 아버지를 미워하였다"(요한복음 15:24).

주님이 하신 일은 무엇인가? 주님은 병든 사람과 귀신 들린 사람을 회복시키셨고, 온통 자기에게 사로잡혀 다른 이들에게 반응할 줄 모르는 이들을 고쳐주심으로 피가 돌고 따뜻한 온기가 넘치는 새 사람이 되게 하셨다. 사람과 사람 사이를 가르는 담들을 무너뜨려 서로의 얼굴을 보게 하셨고, 만날 수 없었던 사람들이 만나게 하셨다. 바로 그것이 하나님 나라의 확장이다. 주님이 하신 일을 보았으면 주님을 따르는 우리도 그 일을 해야 한다.

뭔가 속으로 무너져 허수한 느낌에 사로잡힌 사람 곁에 머물면서 그의 빈 잔을 채워주고, 먼 행로에 지쳐 맥이 빠진 사람에게는 잠시 기댔다가 갈 수 있게 어깨를 내주고, 무너진 관계의 다리를 이어주기 위해 애쓰는 것, 그리고 불의와 타협하지 않는 것, 이전보다 조금이라도 더 나은 세상을 만들기 위해 땀 흘리는 것, 바로 이런 것들이 우리가 일상 가운데서 할 수 있는 하나님 나라 운동이 아닐까? 돈이 최고의 가치로 인정받는 세상에서 돈으로 환산되지 않는 일에 보람과 기쁨을 느끼는 이들이 있음을 세상 앞에 보여주어야 한다.

일산에 있는 명지병원에서는 일 년에 250번 이상의 로비 음악회가 열린다. 전문적인 연주자들이 환자들을 위해 자원봉사로 하는 일이다. 'bed-side concert'라 해서 로비로 내려올 수 없는 환자들의 침상을 찾아가 연주해주기도 한다. 연주를 듣는 이들도 감동하지만 연주하는 이들도 감동한다고 한다. 세상은 일시에 변하지 않는다. 변화는 새로운 세상을 꿈꾸는 이들의 끈질긴 노력을 통해 서서히 다가온다. 하나님 나라는 그런 노력을 통해 보이지 않는 보폭으로 확장되고 있다.

깨어나라,
너 잠자는 자여

하나님. 참 빛이신 주님이 세상에 오셨지만, 사람들은 그를 맞아들이지 않았습니다. 어둠은 빛을 미워합니다. 하지만 어둠은 빛을 이길 수 없습니다. 주님은 제자들에게 편안하고 안락한 삶을 약속하지 않으셨습니다. 주님을 따르는 이들에게 확고하게 약속된 것은 고통과 시련이었습니다. 고통을 좋아하는 사람은 아무도 없습니다. 그러나 진리를 따라 살다가 겪는 고통은 우리를 하나님께 비끌어매는 줄이 됩니다. 주님. 비록 고통이 찾아온다 해도 우리 마음에 깃든 기쁨은 빼앗기지 않도록 우리를 지켜주십시오. 아멘.

몸을 굽히시는 하나님

> 백성아, 우리의 하나님을 찬양하여라. 그분을 찬양하는 노랫소리, 크게 울려 퍼지게 하여라. 우리의 생명을 붙들어 주셔서, 우리가 실족하여 넘어지지 않게 살펴 주신다. 하나님, 주님께서 우리를 시험하셔서, 은을 달구어 정련하듯 우리를 연단하셨습니다. 우리를 그물에 걸리게 하시고, 우리의 등에 무거운 짐을 지우시고, 사람들을 시켜서 우리의 머리를 짓밟게 하시니, 우리가 불 속으로, 우리가 물속으로 뛰어들었습니다. 그러나 주님께서 우리를 마침내 건지셔서, 모든 것이 풍족한 곳으로 이끌어 주셨습니다(시편 66:8-12).

사탄이 우리를 지배하려 할 때 제일 먼저 하는 일은 우리 삶에서 감사를 제거하는 것이다. 우리 마음에 불평과 불만이 많아질 때 사탄은 어둠 속에서 미소를 짓는다. 삶이 아무리 고달파도 하나님의 통치를 신뢰하며 살아가는 이들은 찬양

깨어나라,
너 잠자는 자여

을 그치지 않는다. 얼굴이 웃으면 마음도 따라 웃는다는 말이 있다. 하나님을 찬양하면 하나님의 힘과 위로와 기쁨이 우리 속에 유입된다. 우리 마음을 뒤흔들어놓던 혼돈의 바람은 잠잠해지고 평화가 찾아온다. 하나님이 우리의 실족함을 허락지 않으신다는 확신이 있다면 우리는 어떠한 시련도 이겨낼 수 있다. 프란체스코 교종은 자비가 뭐냐는 질문에 대해 어원으로 보자면 '불행한 사람에게 마음을 여는 것'이라고 대답한 후, 즉시 신앙적 의미의 자비를 이렇게 설명한다.

"자비는 끌어안는 신적인 태도요, 환대하시는 하느님, 용서하시려고 몸을 굽히시는 하느님께서 당신 자신을 내 주시는 것입니다"(안드레아 토르니엘리 대담, 프란치스코 교황과의 대화 『신의 이름은 자비입니다』, 37쪽).

하나님은 끌어안는 분이요, 몸을 굽히시는 분이요, 당신 자신을 내주시는 분이시다. 그 하나님을 믿기에 우리는 시련을 겪어도 낙심하지 않는다. 그렇기에 시인은 지금 겪고 있는 시련조차 무의미한 고통이 아니라고 고백한다. 사람을 황폐하게 만드는 것은 무의미성이다. 자기가 하고 있는 일이 혹은 겪고 있는 일이 아무런 의미도 없다고 생각될 때 우리는 내적으로 무너질 수밖에 없다. 그러나 시인은 백성들이 겪고 있는 현실의 고통을 하나님의 연단으로 이해하고 있다. 모든 고통이 하나님께로부터 온 것이냐 아니냐를 따지는 것은 무의미하다. 그것은 누구도 답할 수 없는 문제이다. 다만 우리가 해야 할 일은 그 시련을 통해 좀 더 나은 사람이 되는 것이다.

하나님은 시련을 통해 우리의 속마음을 드러내시고, 우리 속에 있는 불순물들을 걸러내신다. 때로는 그물에 사로잡힌 물고기나 새처럼 암담한 일을 겪기도 하고, 무거운 짐이 어깨를 짓누르는 것처럼 느껴지기도 하고, 사람들에게 짓밟히는 것 같은 치욕을 감내해야 할 때도 있다. 어디에서도 도움을 기대하기 어려운 시간, 위로부터의 도우심이 다가온다. 하나님의 도우심은 언제나 인간의 생각을 뛰어넘어 다가온다. 절망의 심연 속에 빨려 들어가는 것 같은 상황에서도 우리가 생을 포기하지 않는 것은 어떠한 경우에도 하나님이 우리를 포기하지 않으신다는 확신이 있기 때문이다.

깨어나라,
너 잠자는 자여

하나님. 해안을 향해 쉼 없이 밀려오는 파도처럼 이런저런 염려와 근심이 끊일 사이 없이 찾아오는 나날입니다. "우리의 생명을 붙들어 주셔서, 우리가 실족하여 넘어지지 않게 살펴 주신다"는 시인의 고백을 꼭 붙들고 싶습니다. 어려움을 통과하는 동안 우리 마음이 흐물흐물 녹아내리지 않게 해주십시오. 은을 달구어 정련하듯이 우리 마음을 연단하여 주십시오. 주님의 한결같은 사랑 안에서 뚜벅뚜벅 거룩한 삶을 향해 나아가게 해주십시오. 아멘.

하늘 그물은 성기어서 다 빠져나갈 것 같지만 실은 하나도 빠뜨리지 않는다. 사람이 교묘하게 법망을 피할 수 있을지 몰라도 하나님의 눈조차 속일 수는 없다. 세상 현실에 대해 무심한 듯 보이고 그래서 악인들이 판을 치며 사는 것처럼 보여도 하나님은 그 모든 일들을 보고 계신다.

Monday ~~~~~

Tuesday ~~~~~

Wednesday ~~~~~

깨어나라,
너 잠자는 자여

Thursday ~~~~~

Friday ~~~~~

Saturday ~~~~~

Sunday ~~~~~

누구를 모시고 사나?

> 악한 귀신이 어떤 사람에게서 나온다고 하면, 그 귀신은 쉴 곳을 찾느라고 물 없는 곳을 헤맨다. 그러나 그 귀신은 찾지 못하고 말하기를 '내가 나온 집으로 되돌아가겠다' 한다. 그런데 와서 보니, 집은 말끔히 치워져 있고, 잘 정돈되어 있었다. 그래서 그 귀신은 가서, 자기보다 더 악한 딴 귀신 일곱을 데리고 와서, 그 집에 들어가 자리를 잡고 산다. 그러면 그 사람의 나중 형편이 처음보다 더 비참하게 된다(누가복음 11:24-26).

어떤 사람 속에 머물던 악한 귀신unclean spirit이 그에게서 나왔다. 쫓겨난 것이 아니라 제 발로 나간 것이다. 이유는 알 수 없다. 조금 더 나은 거처를 구했던 것일까? 귀신은 쉴 곳을 찾느라고 물 없는 곳을 헤맨다. 귀신이 머무는 곳은 아마도 '물 없는 곳'인 모양이다. 물 없는 곳은 생명이 살 수 없는 곳, 인간이 꺼리는 곳, 불모의 땅, 하나님의 은총이 느껴

깨어나라,
너 잠자는 자여

지지 않는 곳이다. 생명의 기운이 왕성한 곳은 귀신의 거처로 적절치 않다. 오래 헤맸지만 적당한 거처를 찾지 못한 귀신이 옛날 살던 곳으로 돌아와 보니 그 집은 말끔하게 비워져 있었다. 그런데 아무도 거기에 산 기색이 없었다. 귀신은 자기보다 더 악한 벗들을 데리고 그 사람 속으로 들어갔다.

슬라보예 지젝은 '혁명보다 더 중요한 것은 혁명 그 다음 날'이라고 말했다. 그는 대부분의 혁명이 실패했다고 말한다. 혁명이란 현실의 체제를 뒤집는 것인데, 뒤집은 다음에도 옛 삶의 방식을 고수하려 하기 때문에 새로운 세계가 도래하지 않는다는 것이다. 그래서 혁명 그 다음 날이 중요하다. 혁명의 열기가 식어진 후 일상의 자리로 돌아가 지금까지와는 다른 방식으로 살기 시작할 때 새로운 세상이 열린다. 예수님이 가르쳐준 하나님 나라가 바로 그런 것이다. 나 자신을 중심에 두려는 욕구, 나의 안전과 풍요로운 삶을 최우선의 가치로 두는 삶을 계속하는 한 새로운 세상은 열리지 않는다. 많은 사람들이 예수를 믿는다고 하면서도 삶의 변화가 일어나지 않는다. 그것은 마치 악한 귀신이 나간 후에 말끔히 정리된 집에 새로운 주인을 모시지 않는 것과 같다. 그러면 더 악한 것이 우리 속에 들어오기 쉽다.

우리 삶에 자꾸만 하나님을 모셔 들여야 한다. '모시다'라는 단어에는 '존귀한 대상을 어느 곳에 자리잡게 하여 받들다'라는 뜻이 내포되어 있다.

함석헌 선생님은 〈님이 오신다〉라는 시에서 님을 모시는 마음을 노래했다. 님이 오신다는 전갈을 받은 시의 화자는 날 보러 오시는 님을 그저 어찌 맞겠느냐면서 "높은 것 낮추고/우므러진 것 돋우고/굽은 길을 곧게 하고/지저분한 것을 다 치워/님이 바로 오시도록 하자"고 다짐한다.

그러나 그만 늦잠을 자고 말았다. 마음이 급하다. "쓸자, 닦자, 고치자/물을 뿌리자/묵고 묵고 앉고 앉고/이 먼지를 다 어찌하노?/언제 이것을 아름다이 하노."

그런데 이미 님이 오셨다는 소식이 들려온다. 허둥거리고 있는 데 님이 말씀하신다. "이 애 이 애 걱정 마라/나도 같이 쓸어주마/나 위해 쓸자는 그 방/내가 쓸어 너를 주고/닦다가 달아질 네 맘 내 닦아주마."

이게 바로 은총이다. 중요한 것은 주님을 모시려는 마음의 열망이다. 열망이 진실하다면 주님은 더러워진 우리 마음을 닦아주신 후에 우리 속에 들어오실 것이다. 정말 주님을 모시고 살 생각인가? 그 마음은 진실한가?

깨어나라,
너 잠자는 자여

하나님. 정결한 마음으로 살고 싶지만 세상사에 시달리는 우리 마음은 온통 상처투성이입니다. 그 마음을 치유할 연고는 어디에서도 찾을 길 없습니다. 찢기고 갈라진 마음은 딱딱하게 굳어가고, 굳어진 마음은 생명을 잉태하지 못합니다. 주님, 우리 마음에 들어와 주십시오. 거칠고 굳어진 마음은 도려내주시고, 부드럽고 겸손한 마음을 심어주십시오. 주님의 뜻 가슴에 품은 봄바람과 같은 사람이 되게 해주십시오. 아멘.

다리를 놓는 사람

> 예수께서 육신으로 세상에 계실 때에, 자기를 죽음에서 구원하실 수 있는 분께 큰 부르짖음과 많은 눈물로써 기도와 탄원을 올리셨습니다. 하나님께서는 예수의 경외심을 보시어서, 그 간구를 들어주셨습니다. 그는 아드님이시지만, 고난을 당하심으로써 순종을 배우셨습니다. 그리고 완전하게 되신 뒤에, 자기에게 순종하는 모든 사람에게 영원한 구원의 근원이 되시고, 하나님에게서 멜기세덱의 계통을 따라 대제사장으로 임명을 받으셨습니다(히브리서 5:7-10).

고난을 통해 순종을 배우시고 마침내 완전하게 되신 예수님은, 자기에게 순종하는 모든 사람에게 영원한 구원의 근원이 되셨다. 예수님께 순종한다는 말은 주님의 길을 자기 길로 삼는다는 말이다. 그 길은 십자가의 길이다. 사람은 모두 자기중심적이다. 하지만 십자가는 우리를 자기중심성의 덫

깨어나라,
너 잠자는 자여

에서 풀려나 이웃들 곁으로 나아가게 한다. 이익에 발밭은 사람들이 보기에 십자가는 어리석음 그 자체이다. 하지만 오직 그 길만이 세상에 평화와 생명을 가져온다. 자기를 누군가에게 선물로 주는 행위가 아니고는 평화를 만들 수 없다. 사람들은 흔히 불화를 일으키는 이들을 제거하면 평화가 다가오리라 생각하지만 어리석은 생각이다.

숙명여대 김응교 교수는 "어떤 여행이든 그 종착점이 새로운 중심, 곧 설움 '곁으로' 향하는 여행이라면, 그 길은 순례의 길이요, 축복의 길이 될 것"(김응교, 『곁으로』, 48쪽)이라고 말한다. 우리가 오늘 고통 받는 이들 곁으로 다가설 수 있는 것은 우리 곁으로 다가오시는 주님과 만난 감격 때문이다.

히브리서 기자는 예수님을 대제사장이라고 말하기에 주저함이 없다. 레위 가문에 속한 제사장이 아니라, 멜기세덱의 계통을 따르는 대제사장이라는 것이다. 멜기세덱 이야기는 창세기 14장에 나온다. 아브람은 여러 부족들이 벌인 전쟁의 와중에 사로잡혀간 조카 롯을 구하기 위해 집에서 낳아 훈련시킨 사병 318명을 데리고 단까지 올라갔다. 그는 치열한 전투 끝에 적들을 물리쳤고 롯은 물론 빼앗겼던 재물까지 다 되찾아 돌아오고 있었다. 소돔 왕은 사웨 벌판 곧 왕의 벌판까지 나와 아브람을 영접했다. 그때 살렘 왕인 멜기세덱 또한 빵과 포도주를 가지고 나왔다. 그는 가장 높으신 하나님, 곧 엘 엘리욘의 대제사장이었다. 그는 복을 빌어 준 후 아브람에게 원수들을 그의 손에 넘겨주신 가장 높으신 하나님을 찬양하라 요구한다. 아브람은 가지고 있는 모든 것에서 열의 하나를 멜기세덱에게 주었다(창세기 14:17-20).

히브리서 기자는 멜기세덱을 통해 예수의 대제사장직을 설명한다. 멜기세덱은 정의의 왕, 평화의 왕이고, 아버지도 없고, 어머니도 없고, 족보도 없고, 생애의 시작도 생명의 끝도 없는 존재라는 것이다. 무력해진 성전 체제를 대신하기 위해 하나님께서 보내신 예수님이야말로 멜기세덱의 계통을 따르는 대제사장이다. 대제사장을 뜻하는 폰티프pontiff는 로마의 대신관을 가리키는 폰티펙스pontifex에서 유래된 말이다. 폰티펙스는 '다리를 놓는 사람'이라는 뜻이다. 주님은 다리를 놓는 분이다. 이방인과 유대인 사이, 거룩한 것과 속된 것 사이, 남자와 여자 사이에 다리를 놓아 서로 소통하게 하셨다. 믿음으로 산다는 것은 다리가 되는 것과 무관하지 않다.

깨어나라,
너 잠자는 자여

하나님, 세상이 너무 삭막해졌습니다. 서럽고 쓰린 인생길, 서로 긍휼히 여기며 살면 좋으련만 사람들은 사소한 차이에도 과민반응을 하며 삽니다. 피차 물고 뜯는 세상에서는 아무도 평안을 누릴 수 없습니다. 상처투성이인 우리 마음을 주님 앞에 내려놓습니다. 고치시고, 생기를 불어넣어 주실 분은 주님뿐입니다. 우리의 연약함을 아시는 주님, 힘겹더라도 사람과 사람 사이에 다리를 놓는 그 거룩한 소명을 포기하지 않도록 우리를 붙들어 주십시오. 아멘.

그리움으로 이어진 길

우리는 약하더라도, 여러분이 강하면, 그것으로 우리는 기뻐합니다. 우리는 여러분이 완전하게 되기를 기도합니다. 내가 떠나있는 동안에 이렇게 편지를 하는 것은, 내가 가서, 주님께서 주신 권한을 가지고 사건들을 처리할 때에, 너무 엄하게 대할 필요가 없게 하려는 것입니다. 이 권위는 여러분을 넘어뜨리라고 주신 것이 아니라 세우라고 주신 것입니다. 끝으로 말합니다. 형제자매 여러분, 기뻐하십시오. 온전하게 되기를 힘쓰십시오. 서로 격려하십시오. 같은 마음을 품으십시오. 화평하게 지내십시오. 그리하면 사랑과 평화의 하나님께서 여러분과 함께 하실 것입니다(고린도후서 13:9-11).

박해에 직면했던 예루살렘 교회는 위기에 처해 있었다. 그런데 그 위기는 오히려 교회의 공교회성을 정초하는 매우 중요한 계기가 되었다. 바울은 마케도니아 지방과 아가야

깨어나라,
너 잠자는 자여

지방에 있는 교회들에게 예루살렘 교회를 돕기 위한 의연금 마련을 부탁했다. 그 지방 교회들은 기꺼이 그 부탁에 응했다. 왜 우리의 헌금을 낯모르는 이들을 위해 사용해야 되느냐는 저항은 없었다. 복음의 빚을 진 이들로서 모교회의 곤경을 해결하기 위해 협력할 수 있다는 사실을 기꺼워했다. 바울은 마케도니아에 있는 여러 교회의 헌신을 이렇게 칭찬한다.

"그들은 큰 환난의 시련을 겪으면서도 기쁨이 넘치고, 극심한 가난에 쪼들리면서도 넉넉한 마음으로 남에게 베풀었습니다"(고린도후서 8:2).

넉넉하기 때문이 아니라, 편안하기 때문이 아니라 사랑의 연대를 이루기 위해 자신을 선물로 내어주는 것이야말로 새로운 세상의 징표가 아니겠는가? 바울은 이것을 하나님께서 여러 교회에 베풀어주신 은혜라고 말한다. 내가 누군가에게 필요한 존재가 된다는 것, 남을 위해 자기를 기꺼이 내줄 수 있는 존재가 된다는 것 자체가 하나님의 은혜이다. 바울은 그런 사랑의 연대에 동참하려는 이들은, 아까워하면서 내거나 마지못해서 하는 일이 없어야 한다고 말한다. 자발적으로, 또 기꺼이 그 일에 동참할 때 하나님께서 그들에게 필요한 것도 채워주시고, 그들의 삶을 부요하게 만드신다는 것이다. 물론 그가 말하는 부요함은 원하는 모든 것을 할 수 있는 넉넉함이 아니라, 나눌 수 있는 마음의 풍요로움이다.

바울은 성도들이 수행하는 이런 봉사의 일은 성도들의 궁핍함을 채워주는 데서 그치지 않고 많은 사람들로 하여금 하나님께 감사를 넘치게 드리도록 한다고 말한다. 믿음으로 산다는 것은 하나님의 은총의 통로가 되는 것이다. 그러나 잊지 말아야 할 것이 있다. 그 일을 통해 우리가 드러나지 말아야 한다. 헛된 칭찬을 구하거나 사람들 앞에 드러내기 위해 그런 일을 하는 순간 하나님의 영광은 가리워진다. 사랑의 실천은 우리의 일이기도 하지만 하나님께서 우리를 통해 하시는 일임을 한 순간도 잊지 말아야 한다.

계산 없는 사랑의 실천은 다른 이들의 가슴에 감사와 그리움의 씨를 파종하는 일이다. 그리움은 흐르고 흘러 낯선 이들을 하나로 이어준다. 김소월의 시 〈가는 길〉이 떠오른다. "그립다/말을 할까/하니 그리워//그냥 갈까/그래도/다시 더 한번//저 산에는 까마귀, 들에 까마귀/서산에는 해 진다고/지저귑니다//앞 강물 뒷 강물/흐르는 물은/어서 따라오라고 따라가자고/흘러도 연달아 흐릅디다려." 사심 없는 사랑은 흐르는 물이 되어 그리움을 품고 사는 이들의 마음을 하나로 이어준다. 하나님 나라의 단초가 그렇게 마련된다.

깨어나라,
너 잠자는 자여

하나님, 막다른 골목과 끊어진 다리 그리고 높이 쌓아올린 분리의 장벽 앞에 설 때면 영문모를 씁쓸함이 우리 가슴을 짓누릅니다. 마땅히 가야 할 길이 보이지 않는다는 것, 한 걸음 내디딜 자리가 없다는 것, 누군가에게 위험한 사람으로 규정된다는 것처럼 가슴 아린 일이 또 있을까요? 세상은 우리를 그렇게 철저하게 단자화 하려 합니다. 하지만 주님은 우리가 한 호흡에서 나왔음을 잊지 말라 하십니다. 그래서인가요? 우리 속에는 근원을 알 수 없는 그리움이 있습니다. 그 그리움에 응답하는 사람들이 되고 싶습니다. 아멘.

드러냄의 욕망과
결별하라

그러므로 그리스도 안에서 여러분에게 무슨 격려나, 사랑의 무슨 위로나, 성령의 무슨 교제나, 무슨 동정심과 자비가 있거든, 여러분은 같은 생각을 품고, 같은 사랑을 가지고, 뜻을 합하여 한 마음이 되어서, 내 기쁨이 넘치게 해 주십시오. 무슨 일을 하든지, 경쟁심이나 허영으로 하지 말고, 겸손한 마음으로 하고, 자기보다 서로 남을 낫게 여기십시오. 또한 여러분은 자기 일만 돌보지 말고, 서로 다른 사람들의 일도 돌보아 주십시오(빌립보서 2:1-4).

교회는 아름다운 꿈을 가슴에 품은 이들의 모임이지만 다양한 사람들이 모여 이루는 공동체이기에 갈등이 없을 수 없다. 생각하는 바가 각기 다르고 다양한 욕망이 서로 충돌하다 보면 서로에 대해 마음을 닫기 쉽다. 빌립보 교회도 그런 문제로부터 자유로울 수 없었다. 자기를 돋보이게 만들고 싶은 욕구, 자기가 중심이 되고 싶은 욕구가 충돌하는 곳에서 하나님의 영광은 가리워지게 마련이다. 조심스러운 말이기는 하지만 영성이 깊어진다는 것은 자기를 드러내려는 욕망에서 벗어나는 것이 아닌가 싶은 생각이 들 때가 많다. 나는 실내악이나 오케스트라 연주를 들을 때 첼로나 콘트라베이스 소리에 매료되곤 한다. 저음부를 담당하고 있기 때문에 그렇게 도드라지진 않지만 그 소리가 다른 소리들을 품어주고 있기 때문이다.

서울시 오페라단 단장인 이건용 선생이 쓴 '알토들의 존재감'이라는 칼럼을 읽으면서 많은 것을 배울 수 있었다. 합창에서 주선율을 맡으면서 음악을 리드하고, 그 음악의 표정을 두드러지게 나타내는 것은 소프라노이다. 베이스는 저음이지만 음악의 틀을 만들어주는 역할을 하기 때문에 잘 들린다. 테너는 물론 높은 소리이기 때문에 잘 들린다. 그에 비해 알토는 선율을 책임지는 것도 아니고, 화성 진행의 기둥 역할을 하는 것도 아니다. 그래서 알토는 존재감이 좀 적다. 그런데 알토는 전체 합창 소리를 풍부하게 만드는 협력자이다. 소프라노 혹은 테너와 협력하여 화성을 완성시키기 때문이다.

음악이든 공동체든 자기를 도드라지게 드러내고 싶은 이들로 인해 문제가 발생한다. 바울은 그런 위기 가운데 있던 빌립보 교인들에게 신신당부한다. "그러므로 그리스도 안에서 여러분에게 무슨 격려나, 사랑의 무슨 위로나, 성령의 무슨 교제나, 무슨 동정심과 자비가 있거든, 여러분은 같은 생각을 품고, 같은 사랑을 가지고, 뜻을 합하여 한 마음이 되어서, 내 기쁨이 넘치게 해 주십시오"(빌립보서 2:1-2).

성도들을 격려하고 위로하는 것, 성령 안에서 서로 깊이 사귀는 것, 누군가를 돕기 위해 협력하는 것은 좋은 일이다. 그러나 그것이 한 마음에서 나온 것이 아니라 경쟁의식에서 비롯된 것이라면 문제이다.

아름다운 공동체를 이루는 핵심 원리는 '겸손한 마음', '자기보다 남을 낮게 여기는 마음'이다. 이 마음이 없어 교인들이 서로 상처를 입히곤 한다. 교회는 하나님 나라를 미리 맛보는 곳이어야 한다. 하나님 나라는 나와 무관한 이가 없는 곳이다. 누군가에게 자신을 선물로 주려는 마음이 있는 곳이다.

하나님. 경쟁이 심화된 세상에 살다보니 우리는 일쑤 타인들의 시선에 민감하게 반응합니다. 무시당하고 싶지 않다는 마음 때문에 우리는 긴장상태 속에서 살면서, 자신을 근사하게 포장하여 드러내려 합니다. 그럴수록 마음 깊은 곳에 도사리고 있는 공허감은 짙어져만 갑니다. 이제 새롭게 살고 싶습니다. 다른 소리들을 감싸고 풍부하게 만드는 알토 소리처럼 온유와 겸손으로 이웃들을 섬기며 살고 싶습니다. 그런 삶을 능동적으로 선택하면서도 스스로 만족할 수 있는 넉넉한 마음을 허락하여 주십시오. 아멘.

외로움이
가져다주는 복

하나님, 나를 불쌍히 여겨 주십시오. 사람들이 나를 짓밟습니다. 온종일 나를 공격하며 억누릅니다. 나를 비난하는 원수들이 온종일 나를 짓밟고 거칠게 나를 공격하는 자들이, 참으로 많아지고 있습니다. 오, 전능하신 하나님! 두려움이 온통 나를 휩싸는 날에도, 나는 오히려 주님을 의지합니다. 나는 하나님의 말씀만 찬양합니다. 내가 하나님만 의지하니, 나에게는 두려움이 없습니다. 육체를 가진 사람이 나에게 감히 어찌하겠습니까?(시편 56:1-4)

이 시는 '블레셋 사람이 가드에서 다윗을 붙잡았을 때에 다윗이 지은 시'라는 제사가 붙어 있다. 다윗의 망명 시절을 떠올리며 이 시를 노래하라는 뜻이다. 골리앗을 물리침으로 이스라엘을 구한 다윗은 일약 대중들 사이에 스타가 되었다. 하지만 그것은 동시에 다윗의 위기의 시작이었다. '사울

깨어나라,
너 잠자는 자여

은 수천 명을 죽이고, 다윗은 수만 명을 죽였다.' 사람들이 부르는 노래가 사울의 귀에 들려오자 사울은 질투심을 느껴 다윗을 제거하려 했다. 위험을 감지한 다윗은 가드 왕 아기스에게 정치적 망명을 시도한다. 하지만 아기스의 신하들은 다윗이 결국에는 화근이 될 거라며 그를 제거해야 한다고 왕을 설득한다. 다윗은 위기를 모면하기 위해서 미친 척할 수밖에 없었다. 그는 성문 문짝에 아무렇게나 글자를 긁적거리기도 하고, 수염에 침을 질질 흘리기도 했다(사무엘상 21:10-15). 비루해 보이지만 삶은 이렇게라도 계속되어야 한다.

"나의 방황을 주님께서 헤아리시고, 내가 흘린 눈물을 주님의 가죽부대에 담아 두십시오"(시편 56:8). 살다보면 우리도 이런 처지에 빠질 때가 있다. 천애天涯(하늘 끝, 아득히 떨어진 타향)의 고아가 된 것 같은 느낌에 사로잡힐 때가 있다. 사람들의 시선은 가파르고 사방에 올무가 놓인 것 같은 상황 말이다. 이럴 때는 할 수만 있다면 재처럼 스러졌으면 하는 부질없는 생각에 사로잡히기도 한다. 그 깊은 절망을 어떻게 돌파할 수 있을까?

사방이 가로 막힐 때 하늘을 바라보는 것이 초월이다. 현실이 암담할 때면 우리 시야 또한 좁아지게 마련이다. 하지만 눈을 들어 바라보면 어두운 밤하늘 저편에 찬란한 별빛이 아롱대고 있음을 알 수 있다. 저 거대하고 장대한 하늘을 배경으로 하여 바라보면 오늘 이 땅에서 벌어지고 있는 일들이 절대적일 수 없음을 깨닫게 된다. 시인은 세상 천지에 홀로 버려진 것 같은 상황 속에서 문득 자기 삶을 든든하게 감싸고 계신 하나님을 발견한다. 외로움이 가져다 준 복이다. 그래서 그는 말한다. "오, 전능하신 하나님! 두려움이 온통 나를 휩싸는 날에도, 나는 오히려 주님을 의지합니다"(시편 56:3).

'오'라는 감탄사가 감동적이다. 두려움과 공포는 우리 눈을 가려 하나님을 볼 수 없도록 만든다. 처리해야 할 일이 태산처럼 몰려올 때도 우리는 하나님을 보지 못한다. 그런데 몰리고 몰린 자리, 벼랑 끝에서 시인은 저 아득한 심연을 넘어 자기에게 다가오시는 하나님을 본다. 그렇기에 그는 두려움이 온통 휩싸는 날에도 오히려 주님을 의지한다고 말하는 것이다. 하나님을 신뢰하는 것이야말로 우리 생의 흔들리지 않는 터전이다. 4절은 3절의 논리를 확장하고 있다. 3절에서 시인은 두려움 때문에 하나님을 의지한다고 말했다. 그런데 4절에서는 하나님을 의지했더니 두려움이 사라졌다고 말한다. 신앙이란 이런 것이다. 하나님을 신뢰하는 이는 세상의 어둠을 두려워하지 않는다.

깨어나라,
너 잠자는 자여

하나님, 처리해야 할 많은 일들로 인해 정신없이 스스로를 몰아치다가 문득 '이게 뭐지?' 하는 생각이 들 때가 있습니다. 세상이 우리에게 입혀준 몸에 맞지도 않는 옷을 입은 채 살고 있는 것 같다는 생각이 들 때마다 해질녘 서해의 풍경 같은 쓸쓸함이 찾아옵니다. 누구도 대신해 줄 수 없는 생이기에 외로움 속에서도 살아내야 합니다. 하나님, 우리를 고아처럼 버려두지 말아주십시오. 두려움과 쓸쓸함이 마음의 둑을 넘을 때, 의지할 곳 없어 주님을 바라보는 이들을 사랑의 품에 안아주십시오. 아멘.

하나님과의 사귐

> 나의 자녀 여러분, 내가 여러분에게 이렇게 쓰는 것은, 여러분으로 하여금 죄를 짓지 않도록 하려는 것입니다. 누가 죄를 짓더라도, 아버지 앞에서 변호해 주시는 분이 우리에게 계시는데, 곧 의로우신 예수 그리스도이십니다(요한1서 2:1).

믿음으로 산다는 것은 하나님과의 친밀한 사귐 속에 머무는 것이다. 하나님과 사귀기 위해서는 자꾸 주님 앞에 서야 하고, 말씀을 경청해야 한다. 하나님과 사귀는 사람은 어둠 속에서 살 수 없다. 하나님은 빛이시기 때문이다. 어둠의 일을 하면서 하나님과 사귀고 있다고 말하는 것은 거짓이고 협잡挾雜이다. 빛을 향해 걷다가도 자꾸 어둠에 이끌리기도 하는 것이 어쩔 수 없는 인간의 버릇이다. 문제는 익숙해지는 것이다. 잘못을 자꾸 반복하다 보면 처음에는 그렇게도 예리하게 느껴졌던 아픔이 견딜만하게 되고 양심의 가책은 무뎌

깨어나라,
너 잠자는 자여

진다. 더 이상 잘못을 잘못으로 인식하지도 못할 지경에 이르기도 한다. '다 그렇게 사는 것 아닌가?' 하면서 자기 합리화를 시도한다. 무뎌짐이 타락의 전조라면 자기 합리화는 몰락의 시작이다. 타락은 우리로 하여금 죄를 심각하게 여기지 않도록 만든다.

'죄'라는 단어가 점점 불편하게 여겨지고 왠지 고리타분한 교리의 언어처럼 생각되는 순간 우리 영혼의 전락이 시작된다. 자기가 문제임을 자각하는 사람은 다른 이들의 죄를 지적하는 일에 몰두하지 않는다.

이성복 시인은 인류 역사에서 귀한 분들은 모두 자신을 하인이라 생각하며 살았다면서, "하인下人이란 '아랫사람'이라는 뜻도 있지만,/'다른 사람보다 아래 서는 것'"이라고 말한다. 그 다음에 나오는 말이 참 의미심장하다. "'거룩하다'는 것은/다른 사람을 거룩하게 만드는 거예요./그러려면 스스로 낮은 자리에 서야 해요"(이성복, 『불화하는 말들』, 18-19쪽).

시인은 이런 말을 한 후에 글쓰기를 한마디로 요약한다. "글쓰기는 오만한 우리를 전복시키는 거예요." 글쓰기가 이러할진대 하나님을 믿는 이들은 더 그러해야 하지 않을까?

아무리 노력한다 해도 죄로부터 완전히 자유로울 수는 없다. 그러나 여기 희망의 메시지가 있다. "죄를 짓더라도, 아버지 앞에서 변호해 주시는 분이 우리에게 계시는데, 곧 의로우신 예수 그리스도이십니다"(요한일서 2:1b). 죄를 지을까 무서워 아무 것도 하지 않는다면 그건 바보짓이다. 하나님의 처벌이 두려워 아무 일도 하지 않는다면 그것은 태만죄에 해당한다 하겠다. 풍랑을 만날까 무서워 출항하지 않는다면 안전하기는 하겠지만 아무 데도 이를 수 없다. 인생은 실수의 연속이다. 문제는 지향을 잃지 않는 것이다. 정북을 가리키는 나침반처럼 우리의 중심이 하나님을 향하면 된다. 가끔 길을 잃는다 해도 그리스도께서 아버지 앞에서 우리를 변호해주실 것이다. "우리의 대제사장은 우리의 연약함을 동정하지 못하시는 분이 아닙니다"(히브리서 4:15a). 그 믿음이 우리에게 다시 시작할 용기를 준다.

기도

하나님, 빛을 지향한다 하면서도 자신도 모르는 사이에 어둠에 이끌리는 우리를 불쌍히 여겨주십시오. 우리 영혼은 수 천개의 얼굴을 가지고 있는 어둠에 자주 매혹됩니다. 물에 비친 형상이 일렁이며 신비스러운 느낌을 자아내듯, 형체가 불분명한 매력은 우리 영혼의 질서를 해체하고 혼돈 가운데로 끌어들입니다. 의로우신 주님, 죄의 심연에 빠져들지 않도록 우리를 지켜주십시오. 죄짓는 것을 부끄러워하게 해주시고, 하나님과 동행하는 것을 무상의 기쁨으로 여기게 해주십시오. 아멘.

깨어나라,
너 잠자는 자여

의인은 믿음으로 산다

내가 초소 위에 올라가서 서겠다. 망대 위에 올라가서 나의 자리를 지키겠다. 주님께서 나에게 무엇이라고 말씀하실지 기다려 보겠다. 내가 호소한 것에 대하여 주님께서 어떻게 대답하실지를 기다려 보겠다. 주님께서 나에게 대답하셨다. "너는 이 묵시를 기록하여라. 판에 똑똑히 새겨서, 누구든지 달려가면서도 읽을 수 있게 하여라. 이 묵시는, 정한 때가 되어야 이루어진다. 끝이 곧 온다는 것을 말하고 있다. 이것은 공연한 말이 아니니, 비록 더디더라도 그 때를 기다려라. 반드시 오고야 만다. 늦어지지 않을 것이다. 마음이 한껏 부푼 교만한 자를 보아라. 그는 정직하지 못하다. 그러나 의인은 믿음으로 산다(하박국 2:1-4).

주전 605년 경 애굽과 신흥 강대국 바빌로니아가 유프라테스 강 유역의 도시인 갈그미스에서 맞붙었다. 그 전투에서 바빌로니아는 애굽을 몰아내는 데 성공했고, 시리아-팔레스타인 지역까지 자기들의 통제 하에 둘 수 있게 되었다. 갈그미스 전투는 남왕국 유다의 운명을 바꾼 전투이기도 했다. 잃어버렸던 옛 영화를 회복할 왕으로 칭송받으며 민중들의 두터운 지지를 받고 있었던 요시야 임금이, 북상하고 있던 애굽 왕 느고를 저지하기 위해 나갔던 므깃도 전투에서 죽임을 당했던 것이다. 그의 죽음과 더불어 유다의 운명은 풍전등화와 같은 신세가 되었다. 하박국의 활동 시기는 바로 그 무렵이다.

하박국은 하나님이 왜 세상의 불의를 벌하시지 않고 방관하느냐는 물음으로 시작된다. 하박국이 살던 시기의 유대 사회는 철저히 무너져 있었다. 불의, 약탈과 폭력, 다툼과 시비가 그치지 않았고, 율법은 해이해지고 공의는 시행되지 않았다. 악인들이 의인들을 협박하고 정의는 무너졌던 것이다(1:2-4). 하박국은 갈대아 사람들을 채찍 삼아 유다를 심판하실 것이라 말씀하신 하나님을 도무지 납득할 수 없었다. 그래서 불퉁거리며 의문을 제기한다. 그의 백성이 아무리 죄를 지었다기로서니 그들보다 더 악하고 무도한 나라, 자기들의 힘을 신으로 섬기는 나라를 들어 유다를 심판하시는 것이 하나님의 정의에 합당하냐는 것이다. 악을 보시고 참지 못하시는 분이, 힘으로 사람들을 억압하는 이들을 왜 그냥 두시냐는 것이다.

깨어나라,
너 잠자는 자여

하박국은 하나님의 답을 들으려고 초소에 올라간다. 비장한 결단이다. 답을 듣지 못하면 내려오지 않겠다는 결의이다. 그때 하나님의 응답이 임했다. 조급한 마음에는 더디 보이겠지만 하나님의 심판의 시간은 차곡차곡 무르익어 가고 있다는 것이었다. 공의를 굽게 하는 자들, 폭력을 앞세우는 자들, 의인을 억압하는 자들, 마음이 한껏 부푼 교만한 자들, 하나님을 경외하지 않는 자들은 날을 받아놓은 제물 같은 신세에 불과하다. 어려운 때일수록 원칙에 충실해야 한다.

하박국은 이것을 "의인은 믿음으로 산다"는 말로 요약한다. 이 말씀이야말로 우리가 가슴에 새겨야 할 금과옥조이다. 믿음은 히브리어 '에무나'를 번역한 것으로 신실함 혹은 성실함이라고 새길 수도 있다. 의인은 하나님과의 관계에서 벗어나지 않는 사람이다. 그는 현실이 어떠하든지 하나님과 맺은 언약을 저버리지 않는다. 어떤 불이익이 있다 해도 하나님의 백성으로서의 삶을 포기하지 않는다. 도래하는 하나님의 나라를 외면하지 않는다. 죽임의 문화가 번성하는 곳에서 살림의 문화를 시작한다. 모두가 몸을 굽혀 지상의 권력을 섬길 때 하나님의 나라와 그의 의를 이루기 위해 헌신한다. 우리 믿음은 신실한가?

기도

하나님. 인과응보의 논리가 무너지는 현실을 볼 때마다 우리 머리에 쇠항
아리가 씌워지는 느낌입니다. 선한 사람들이 고통을 당하고, 악인들이 평
안을 누리는 이 일을 어떻게 이해해야 할까요? 이런 전도된 현실이 우리
를 지치게 만듭니다. 하오나 주님. 우리는 하나님의 뜻이 역사를 이끌고
계심을 믿습니다. 조급한 마음을 내려놓고 진득하게 하나님의 시간을 기
다릴 수 있게 해주십시오. 우울함이 우리를 지배하지 못하게 해주시고, 명
랑하게 주님의 뜻을 수행하며 살게 해주십시오. 아멘.

깨어나라,

너 잠자는 자여

장엄함에 대한 인식을 잃을 때 영혼은 남루해지고 삶은 왜소해진다. 장엄함 앞에 설 때 인간은 겸손해지고 심성은 확장된다. "주님 앞에는 위엄과 영광이 있고, 그의 처소에는 권능과 즐거움이 있다"(역대상 16:27). 주님 앞에 머물 때 푸석푸석하던 삶이 단단해진다.

Monday ~~~~~

Tuesday ~~~~~

Wednesday ~~~~~

깨어나라,
너 잠자는 자여

Thursday ~~~~~

Friday ~~~~~

Saturday ~~~~~

Sunday ~~~~~

그리스도인의 인식표

> 항상 기뻐하십시오. 끊임없이 기도하십시오. 모든 일에 감사하십시오. 이것이 그리스도 예수 안에서 여러분에게 바라시는 하나님의 뜻입니다(데살로니가전서 5:16-18).

다시 오실 주님을 기다리는 사람들의 삶의 특색은 무엇일까? 그가 그리스도인임을 드러내는 인식표가 무엇이냐는 말이다. 사도 바울은 그것을 '기쁨, 기도, 감사'로 요약한다. 기쁨은 대개 우리가 바라던 것이 이루어질 때 느끼는 감정이다. 그렇다면 기쁨은 늘 외부의 영향을 받게 마련이다. 하는 일의 결과에 따라서, 혹은 만나는 사람의 태도에 따라서 기쁠 수도 있고 기분이 나쁠 수도 있다. 이렇게 기쁨은 조건적이다. 그런데 바울은 우리에게 "항상 기뻐하라"고 권한다. 기쁨이 마음먹는다고 누릴 수 있는 게 아니라면 이것은 불가능한 요청처럼 보인다. 하지만 그리스도인들에게 있어서 기쁨의 뿌리

깨어나라,
너 잠자는 자여

는 바깥에 있지 않다. 그 기쁨은 이 세상의 어떤 것도 삶 가운데 계신 주님의 사랑으로부터 우리를 떼어놓을 수 없다는 자각에서 비롯된다. 실패, 배신, 쓰라림, 고통, 외로움, 가난… 그것이 무엇이든 하나님의 사랑으로부터 우리를 멀어지게 할 수 없다는 사실을 자각할 때 우리는 기뻐하지 않을 수 없다. 그 기쁨은 우리의 삶에 조용히 스며드는 기쁨이다.

그리스도인들은 '기도의 사람'이다. 누가 기도할 수 있나? 마음이 가난한 사람이다. 스스로 만족하며 사는 사람들의 기도에는 절실함과 진실함이 부족한 법이다. 진정한 기도란 벌거벗은 우리 마음을 하나님께 드러내는 일이다. 우리가 늘 기도의 마음으로 살아야 하는 까닭은 무엇인가? 기도를 하지 않으면 자기중심성을 극복할 수 없기 때문이다. 세상을 나 중심으로 바라보는 데서 삶의 비극이 발생한다. 사람들은 저마다 가장 중요한 존재가 되고 싶어 한다. 좋은 대접을 받고 칭찬을 받고 싶어 한다. 그런 기대가 깨질 때 상처를 입고, 질투를 하고, 원망에 사로잡힌다. 기도의 마음을 유지하고 살아가는 사람은 그런 마음조차 하나님께 바치기 때문에 자아의 무게로 인해 추락하는 일이 없다.

또 진정한 기도란 나의 문제만 가지고 주님께 가는 것이 아니다. 기도의 사람은 눈물의 골짜기에 살고 있는 사람들의 처지에 눈길을 주고, 그들의 사정을 하나님께 아뢰는 사람이다. 기도를 통해 우리는 세상의 아픔을 이해하고, 그 때문에 가슴 아파하시는 하나님의 아픔을 이해할 수 있다. 기도하지 않는 신앙인은 둥근 네모라는 말처럼 형용모순이다.

그리스도인들의 또 다른 인식표는 감사이다. 현대 세계의 비극은 감사가 줄어든다는 것이다. 감사의 적은 풍요로움이다. 무엇이든 넉넉한 사람들은 감사할 줄 모른다. 배고파 본 사람이라야 밥 한 그릇의 고마움을 안다. 외로운 사람이라야 곁에 머물러주는 이에 대해 고마워한다. 중한 병에 걸려 본 사람이라야 대지 위를 걸을 수 있다는 사실에 감사한다. '범사에 감사하라'는 말은 우리가 경험하는 모든 것을 당연한 것으로 여기지 말고 선물로 여기라는 말이다.

하나님, 하늘 아래서 맑고 천진한 웃음을 터뜨리는 이들을 만나면 마치 선물을 받은 것처럼 행복해집니다. 피곤에 찌든 얼굴, 잔뜩 성이 난 얼굴, 무표정한 얼굴들을 만날 때면 우리 마음도 저절로 어두워집니다. 이제는 정말 기뻐하며 살고 싶습니다. 감사의 렌즈를 끼고 세상을 바라보는 사람이 되고 싶습니다. 인생의 모든 순간을 숨김없이 하나님께 내놓고 치유를 청하는 사람들이 되고 싶습니다. 그런 삶을 통해 우리가 하나님께 속한 사람임을 드러낼 수 있게 하여주십시오. 아멘.

깨어나라,
너 잠자는 자여

사나운 영의 숨소리

> 그들은 바리새파 사람들이 보낸 사람들이었다. 그들이 또 요한에게 물었다. "당신이 그리스도도 아니고, 엘리야도 아니고, 그 예언자도 아니면, 어찌하여 세례를 주시오?" 요한이 대답하였다. "나는 물로 세례를 주오. 그런데 여러분 가운데 여러분이 알지 못하는 이가 한 분 서 계시오. 그는 내 뒤에 오시는 분이지만, [나는] 그분의 신발 끈을 풀 만한 자격도 없소." 이것은 요한이 세례를 주던 요단 강 건너편 베다니에서 일어난 일이다
>
> (요한복음 1:24-28).

유대 사람들이 예루살렘에서 제사장들과 레위 지파 사람들을 요한에게 보내서 물었다. "당신은 누구요?" 요한은 그 질문의 뜻을 알아차렸다. 그대가 메시아냐는 질문이었다. 그는 단호하게 말한다. "나는 그리스도가 아니오." 파견된 이들은 다시 "그러면, 당신은 누구란 말이오? 엘리야요?" "아

니오." "당신은 그 예언자요?" "아니오." '그 예언자'는 모세와 같은 위대한 사람을 뜻하는 말이다. 다급해진 사람들이 자기들을 파견한 이들에게 답할 말을 좀 해달라고 하자 요한은 이사야의 말을 인용하여 "나는 광야에서 외치는 이의 소리"라고 말한다.

함석헌 선생은 〈나는 빈들에 외치는 소리〉라는 시에서 그 소리를 건드리지 않는 것이 없고, 못 들어가는 틈이 없고, 간 데마다 불의와 싸우는 '하늘 땅 사이를 달리는 바람 소리'라고 노래한다. 그 소리는 또 참과 거짓을 적당히 뒤섞는 세상을 미워하기에 종시 큰 소리를 내고야 마는 "허공을 뒤흔드는 사나운 영의 숨소리"이다. 그런 소리는 느른한 우리의 일상을 뒤흔든다. 세례자 요한은 그런 소리였다. 그 소리는 영원을 일깨우는 소리였고, 이웃들의 아픔에 반응할 줄 아는 사람이 되라는 부름이었다. 이런 소리가 잦아들 때 세상은 어두워진다.

바리새파 사람들은 그리스도도, 엘리야도, 그 예언자도 아닌 사람이 왜 세례를 주냐고 묻는다. 자격이 없다는 말이다. 그러자 세례자 요한은 이렇게 대답한다.

"나는 물로 세례를 주오. 그런데 여러분 가운데 여러분이 알지 못하는 이가 한 분 서 계시오. 그는 내 뒤에 오시는 분이지만, [나는] 그분의 신발 끈을 풀 만한 자격도 없소"(요한

깨어나라,
너 잠자는 자여

복음 1:26-27).

물론 이것은 '왜?'라는 질문에 대한 답은 아니다. 들을 생각이 없는 이들에게는 아무 말도 들리지 않는 법이다. '여러분 가운데 여러분이 알지 못하는 이가 한 분 서 계시오'라는 말이 참 강력하다. 우리도 혹시 우리 가운데 계신 주님을 알아보지 못하는 것은 아닐까?

요한은 자기 역할을 '주님의 길을 곧게 하는 것'으로 이해했다. 우리도 이 거룩한 직무에 초대받았다. 어떻게 해야 할까?

몇 해 전 페이스북의 창업자인 마크 저커버그와 그의 아내 프리실라 챈이 딸 맥스의 탄생을 기뻐하며 자기들이 보유하고 있는 페이스북의 지분 99%를 기부한다고 선언했다. 돈으로 환산하면 약 52조원이 된다고 한다. 그는 딸에게 보내는 편지 형식의 글에서 자기 부부가 그런 선택을 할 수 밖에 없는 이유를 밝혔다.

"맥스야, 우리는 너를 사랑하며, 너와 모든 어린이들에게 보다 나은 세상을 남겨주기 위한 엄청난 책임감을 느끼고 있다. …네가 우리에게 줬던 것과 같은 사랑과 희망, 기쁨으로 가득한 삶을 살기 바라며 네가 이 세상에 무엇을 가져다줄지 어서 보고 싶구나."

지금 우리는 이 세상에 무엇을 가져다주고 있나 돌아보

자. 하나님의 영에 붙들려 골짜기는 메우고, 산과 언덕은 평평하게 하고, 굽은 것은 곧게 하고, 험한 길을 평탄하게 하는 삶을 살아갈 때 우리는 비로소 예수의 제자라 할 수 있지 않을까?

기도

하나님. 자기의 한계를 분명하게 자각하고, 자기보다 큰 정신 앞에 엎드릴 줄 아는 세례자 요한의 겸손함을 배우고 싶습니다. 다른 사람이 자기보다 낫다는 사실을 허심탄회하게 인정하기란 여간 어려운 일이 아닙니다. 마지못해 인정을 한다 해도 마음 속 깊은 곳에 깃드는 비애감을 감추지 못하는 우리들의 용렬함을 불쌍히 여겨주십시오. 우리를 허망한 열정에서 벗어나게 해주시고 하나님의 숨을 불어넣으시어 주님의 일을 기쁨으로 감당하게 해주십시오. 아멘.

깨어나라,
너 잠자는 자여

변방에서 시작되는 희망

"그러나 너 베들레헴 에브라다야, 너는 유다의 여러 족속 가운데서 작은 족속이지만, 이스라엘을 다스릴 자가 네게서 내게로 나올 것이다. 그의 기원은 아득한 옛날, 태초에까지 거슬러 올라간다." 그러므로 주님께서는 해산하는 여인이 아이를 낳을 때까지, 당신의 백성을 원수들에게 그대로 맡겨 두실 것이다. 그 뒤에 그의 동포, 사로잡혀 가 있던 남은 백성이, 이스라엘 자손에게로 돌아올 것이다. 그가 주님께서 주신 능력을 가지고, 그의 하나님이신 주님의 이름이 지닌 그 위엄을 의지하고 서서 그의 떼를 먹일 것이다. 그러면 그의 위대함이 땅 끝까지 이를 것이므로, 그들은 안전하게 살아갈 수 있을 것이다. 그리고 그는 그들에게 '평화'를 가져다 줄 것이다(미가 5:2-5a).

미가는 베들레헴 에브라다에서 새로운 세상이 시작될 것이라고 말한다. 베들레헴은 물론 다윗의 고향이다. 베들레헴이라는 단어만 썼더라면 사람들은 자연스럽게 다윗 가문에서 태어날 위대한 왕을 떠올렸을 것이다. 하지만 미가는 '베들레헴'에 '에브라다'라는 말을 겹쳐서 쓰고 있다. '에브라다'는 '에브랏 사람들의 땅'이다. 에브랏은 야곱의 아내인 라헬이 묻힌 곳이기도 하다. 그곳은 위대한 비전과 아픔이 공존하는 곳이다. 그런데 그 도시를 일컫는 다른 표현이 등장한다. '유다의 여러 족속 가운데서 작은 족속'이 그것이다. 도시의 규모 혹은 인구가 적다는 말일까? 그럴 수도 있겠다. 하지만 그렇다면 굳이 그런 표현을 써야 할 필요가 있었을까? '작다'는 말은 '보잘 것 없다'는 말로 받아들여야 한다. 그곳은 보잘 것 없는 곳, 사람들이 주목하지 않는 곳, 변방이다. 새로운 역사는 늘 변방에서 시작되는 법이다. 세상의 모순이 집결되는 곳, 그래서 세상이 왜 이 모양이냐며 새로운 세상에 대한 꿈이 잉태되는 곳이기에 그렇다.

신영복 선생은 '중심부'는 '변방'의 자유로움과 창조성이 없기 때문에 역사적으로 반드시 무너지게 되어 있다고 말한다. 물론 그 과정은 더디고 완만하다. 그렇기에 너무 결과에 연연하지 말고 과정 자체를 즐길 수 있어야 한다. 큰 아픔은 함께 짊어지고, 소소한 기쁨을 같이 나눌 이웃을 만드는 것이 절망에 빠지지 않는 비결이다. 신영복 선생은 그것을 '더불어 숲 정신'이라 칭한다. 홀로는 숲을 이룰 수 없다.

깨어나라,
너 잠자는 자여

미가는 자기들이 직면하고 있는 현실을 해산을 앞둔 여인의 처지에 빗댄다. 백성들의 처지는 위태롭고 적들의 압박 또한 여전하다. 하지만 새로운 날은 기어코 올 것이고, 그의 기원이 태초에까지 거슬러 올라가는 분이 주님의 능력을 가지고 통치하실 것이다. 그 조화로운 통치로 인해 사람들은 '평화'를 누리게 될 것이다. 그분을 기다리는 이들은 막연히 기다리면 안 된다. 하나님을 등지고 살던 삶에서 벗어나 하나님을 향하여 나아가야 한다. 하나님께 나아가는 이들에게 요구되는 것은 무엇인가? 미가는 세 가지로 요약한다. 공의를 실천하는 것, 인자를 사랑하는 것, 겸손히 하나님과 함께 행하는 것(미가 6:8)이 그것이다.

공의가 무너진 세상에서 공의를 실천한다는 것은 위험한 일이다. 하지만 그런 위험을 무릅쓰는 이들이 있어 세상은 조금씩 정의의 길로 나아간다. 제 한 몸 간수하기도 어려운 세상에서 사람들을 자비로 대하고 감싸 안는다는 것은 참 힘겨운 일이다. 하지만 그 일을 소홀히 하면 우리가 참 사람이 될 가능성이 점점 줄어들게 된다. 이 냉혹한 세상에서 하나님과 함께 행하는 것은 어리석은 일처럼 보일 수도 있다. 그럼에도 불구하고 믿음이란 기꺼이 그런 어리석음을 받아들이는 것이다. 어둠이 깊을수록 등불 하나를 밝히는 이들이 필요한 법이 아니던가.

하나님, 사람들은 누구나 중심을 꿈꿉니다. 중심이 매력적으로 보이기 때문입니다. 중심의 자리를 차지하려는 이들이 많기에 그곳은 늘 사람으로 들끓습니다. 그곳을 탐하는 이들은 성찰의 여유를 누리지도 못합니다. 세상의 모든 아름다운 변화가 변방에서 시작되었다는 사실이 참 크게 다가옵니다. 이제 공의를 실천하고, 인자를 사랑하고, 겸손히 하나님과 동행하는 삶을 시작하겠습니다. 작은 시작을 부끄러워하지 않겠습니다. 주님, 우리를 통해 세상을 변화시켜 주십시오. 아멘.

깨어나라,
너 잠자는 자여

뜻을 굳게 세운 사람

기도에 힘을 쓰십시오. 감사하는 마음으로 기도하면서, 깨어 있으십시오. 또 하나님께서 전도의 문을 우리에게 열어 주셔서, 우리가 그리스도의 비밀을 말할 수 있도록, 우리를 위해서도 기도하여 주십시오. 나는 이 비밀을 전하는 일로 매여 있습니다. 그러니 내가 마땅히 해야 할 말로 이 비밀을 나타낼 수 있도록 기도해 주십시오. 외부 사람들에게는 지혜롭게 대하고, 기회를 선용하십시오. 여러분의 말은 소금으로 맛을 내어 언제나 은혜가 넘쳐야 합니다. 여러분은 각 사람에게 어떻게 대답해야 마땅한지를 알아야 합니다(골로새서 4:2-6).

불의한 권력자들이 제일 무서워하는 사람은 험한 말을 하는 사람이나 완력으로 누군가를 누르는 이들이 아니다. 세상의 힘 앞에 굴종하지 않는 사람이다. 소수의 사람들만 행복하고 다수의 사람들은 불행으로 밀어 넣는 세상의 허구성을 통찰하고 사람들에게 일깨우는 사람이다. 불의한 권력과 두려움 없이 맞서는 이들은 늘 위협에 시달린다. 고난을 피하기 어렵다. 그러나 뜻을 굳게 세운 사람을 침묵시킬 수는 없다. 영화 〈마하트마 간디〉의 한 장면이 떠오른다. 영국의 식민지배에 항거하는 비폭력 저항을 주도했다 하여 관헌에게 체포되어 감옥으로 끌려가면서 간디는 웃음 띤 얼굴로 말한다. "많이 가본 길입니다." 그는 동료들에게 감옥을 가득 채우자고 말하기도 한다. 이런 이들을 누가 당해낼 수 있을까?

그러나 그 길을 걷는 것은 결코 쉽지 않다. 그렇기에 바울은 성도들에게 권한다.

"기도에 힘을 쓰십시오. 감사하는 마음으로 기도하면서, 깨어 있으십시오"(골로새서 4:2).

기도는 우리 마음을 하나님의 마음과 접속하는 것이다. 기도를 통해 우리는 상황에 따라 일희일비하지 않고 영원의 빛 속을 거닐게 된다. 기도는 마음 내킬 때 하는 것이 아니라 어떤 상황에서라도 해야 하는 것이다. 기도하지 않는 한 깨어 있는 존재가 될 수 없다. 기도는 이미 우리 속에 현존해 계시는 하나님께 마음을 기울이면서 주님의 마음과 일치되기를 소망하는 것이다.

바울은 또한 주님의 일을 하다가 어려움을 겪고 있는 자신을 위해서 기도 해달라고 부탁하고 있다. 속히 풀려나기

깨어나라,
너 잠자는 자여

를 바라서가 아니다. 그리스도의 비밀을 전할 수 있는 기회의 문이 열리기를 바라기 때문이다. 그리스도의 비밀이란 무엇일까? 그것은 "그리스도는 모든 통치와 권세의 머리"(골로새서 2:10)라는 사실이다. 그리스도는 우리의 모든 빚문서를 지워버리시고 그것을 십자가에 못박으셨다. 세상의 통치자들과 권력자들을 무장 해제시키셨다. 이런 그리스도의 비밀을 안 이들은 더 이상 옛 세계의 인력에 속절없이 끌려다니지 않는다. 주님은 그 존재 자체로 세계를 지배하는 이들의 민낯을 드러내셨다. 십자가의 피로 평화를 이루셨고 세상에 있는 모든 것들을 당신과 화해시키셨다.

우리 믿음은 어떠한가? 겨우 내 삶의 안전을 확보하기 위한 방편으로 이해하고 있는 것은 아닌가? 우리의 영적 목표는 분명하다. "새 사람을 입으십시오. 이 새 사람은 자기를 창조하신 분의 형상을 따라 끊임없이 새로워져서, 참 지식에 이르게 됩니다"(골로새서 3:10).

하나님의 형상을 따라 끊임없이 새로워지는 것이 우리의 과제이다. 어제의 나와 오늘의 나는 달라야 한다. 어제보다 오늘 조금 더 남을 배려하고, 다른 이들을 따뜻하게 대하고, 다른 이들 속에 생명의 기운을 북돋기 위해 자기를 조금 더 낮출 수 있어야 한다. 이러한 지향을 잃는 순간 삶이 비루해진다.

기도

하나님. 마음에 기둥 하나 곧게 서면 어지간한 무게가 실려도 우리는 주
저앉지 않습니다. 하나님을 경외하고, 예수님을 사랑하고, 죄 짓는 것만
두려워하는 사람이 되고 싶습니다. 어지간한 세상의 바람 앞에서도 크게
일렁이지 않는 든든함을 누리고 싶습니다. 하나님의 뜻을 분별할 수 있는
지혜를 허락하여 주시고, 하나님을 신뢰하는 습관을 들이게 해주십시오.
구원의 신비와 기쁨을 맛보며 살게 해주시고, 주님의 은총 안에서 참 쉼
을 얻게 해주십시오. 아멘.

깨어나라,
너 잠자는 자여

사울의 시간은 기울고

> 도대체 누가 자기의 원수를 붙잡고서도 무사히 제 길을 가도록
> 놓아 보내겠느냐? 네가 오늘 내게 이렇게 잘 해주었으니, 주님
> 께서 너에게 선으로 갚아 주시기 바란다. 나도 분명히 안다. 너
> 는 틀림없이 왕이 될 것이고, 이스라엘 나라가 네 손에서 굳게
> 설 것이다. 그러므로 너는 이제 주님의 이름으로 내게 맹세하
> 여라. 너는 내 자손을 멸절시키지도 않고, 내 이름을 내 아버지
> 의 집안에서 지워 버리지도 않겠다고, 내게 맹세하여라. 다윗이
> 사울에게 그대로 맹세하였다. 사울은 자기의 왕궁으로 돌아갔
> 고, 다윗과 그의 부하들은 산성으로 올라갔다(사무엘상 24:19-22).

권력의 단맛을 본 사람들은 그 권력을 내려놓는 것을 죽음
보다 두렵게 생각한다. 그들은 권력의 상실을 존재의 상실
로 받아들인다. 다른 이들로 하여금 자기 의지대로 움직이
게 할 수 있을 때 사람들은 전능자가 된 듯 느낀다. 세상 모

든 유혹의 바탕에는 '네가 신처럼 될 것이다' 했던 뱀의 속삭임이 깔려 있다.

다윗이 블레셋과의 전투를 중단하고 엔게디 광야로 돌아왔을 때 사울의 부하들은 다윗을 처치할 좋은 기회라고 왕을 부추긴다. 사울은 직접 정병들을 이끌고 다윗을 추격했다. 자기 권력의 토대를 흔들고 있는 다윗을 일찌감치 제거하는 것이 나라를 바로 세우는 일이라고 스스로 명분을 세웠을 것이다. 다윗 일행이 동굴 속에 숨어 있을 때, 사울은 용변을 보기 위해 홀로 그 동굴에 들어왔다. 다윗을 따르는 이들은 사울을 제거할 절호의 기회라면서 다윗의 결단을 촉구한다. 하지만 다윗은 하나님이 기름 부어 세우신 왕을 함부로 죽일 수 없다며 부하들을 꾸짖는다. 그리고 가만히 사울의 겉옷 자락을 베어낸다.

다윗의 그런 처신은 부하들에게 깊은 인상을 주었을 것이다. 하나님으로부터 위임된 권력을 함부로 대해서는 안 된다는 사실을 다윗은 그렇게 가르쳤던 것이다. 다윗의 영적 권위는 그렇게 세워지고 있었다. 사울이 추격꾼들과 함께 건너편 골짜기로 넘어가자 다윗은 사울을 불러 세운 후, 잘라낸 겉옷 자락을 보여준다. 마음만 먹으면 임금을 죽일 수도 있었지만 자기는 그럴 생각이 추호도 없었다고 말한다.

깨어나라,
너 잠자는 자여

사태를 직감한 사울은 두려운 마음으로 현실을 직시하며 다윗의 존재를 인정한다.

"나는 너를 괴롭혔는데, 너는 내게 이렇게 잘 해주었으니, 네가 나보다 의로운 사람이다"(사무엘상 24:17).

사울은 때가 이르면 하나님께서 그를 이스라엘의 왕으로 삼으실 것임을 자기도 안다고 말한다. 꿈에서라도 떨치고 싶던 생각을 그는 자기 입으로 발설한 것이다. 사울은 그런 일이 벌어질 때 자기 가문 사람들을 해치지 말아 달라고 부탁한다. 다윗은 그러겠다고 대답한다. 그리고 각자의 자리로 돌아갔다.

사울의 축복도, 다윗의 약속도 조금의 거짓도 없는 진심이었을 것이다. 그러나 절체절명의 위기에 대한 인식이 흐릿해지는 순간 상황은 사뭇 달라지는 법이다. 사울도 어렴풋하게 역사의 흐름을 짐작하고 있지만, 그 흐름을 순하게 받아들일 수 없었다. 사울은 여전히 다윗을 곁에 두려 하지 않았다. 요순시대라면 모를까 권력의 이양은 평화롭게 이루어지기 어렵다. 자기 때를 알아 물러날 줄 아는 사람이 아름답다.

하나님, 때를 분별하며 사는 것이 지혜임을 잘 알지만, 우리는 때를 앞당기거나 뒤로 늦추려고 발버둥을 치며 삽니다. 나아갈 때와 물러날 때를 분별하지 못하기에 무리수를 두다가 파멸에 이르는 이들도 있습니다. 하나님의 때를 알아차리는 예민한 영적 자각을 허락하시고, 그 때에 맞는 삶을 살도록 우리를 이끌어 주십시오. 비록 더디더라도 하나님의 뜻이 기어코 이루어지리라는 믿음을 가슴에 품고 절망의 시간을 넘어 희망을 잉태하는 이들이 되게 해주십시오. 아멘.

깨어나라,
너 잠자는 자여

삶의 등뼈를 곧추 세우라

10월 27일

> 이 세상에는 주 우리의 하나님이 숨기시기 때문에 알 수 없는 일도 많습니다. 그것은 주님의 것입니다. 그러나 하나님은 그의 뜻이 담긴 율법을 밝히 나타내 주셨으니, 이것은 우리의 것입니다. 우리와 우리의 자손은 길이길이 이 율법의 모든 말씀에 순종해야 합니다(신명기 29:29).

출애굽 공동체가 모압 땅에 이르렀을 때 모세는 백성들에게 하나님의 말씀을 전한다. 이른바 호렙산에서 맺었던 언약에 덧붙여서 주어진 모압 언약이 그것이다. 모세는 출애굽의 긴 여정 가운데서 이스라엘이 경험한 하나님의 구원행위를 간략하게 언급한다. 애굽 땅에서 베푸신 이적, 광야에서의 이적은 그들의 생각을 뛰어넘는 권능의 행위였다. 백성들은 그런 놀라운 일을 보고 겪었지만 여전히 수동적 객체일 뿐 역사의 주체로 서지 못했다. 모세는 그런 현실을 이렇게 요약한다. "그러나 바로 오늘까지, 주님께서는 당신들에게 깨닫는 마음과 보는 눈과 듣는 귀를 주지 않으셨습니다"(신명기 29:4).

'깨닫는 마음', '보는 눈', '듣는 귀'가 열리지 않으면 사람은 누구나 독립적 주체로 서지 못한다. 자기 삶의 주인이 되지 못한다는 말이다. 다른 이들의 눈으로 세상을 보고, 다른 이들의 언어를 자기 말로 여기며 산다. 광야는 사람의 마음을 시험한다. 척박한 그곳에서 살아남기 위해서는 강인해져야 한다. 하지만 광야는 중첩되는 어려움으로 인해 마음이 물크러질 수도 있는 공간이다. 광야에서 이스라엘은 넉넉하진 않았지만 필요한 것들을 다 얻을 수 있었고, 위기 때마다 구원을 경험했다. 모세는 그 놀라운 일들을 기억하라고 말하며 그들을 새로운 언약관계 속으로 초대한다.

그들은 다른 민족들의 신을 섬겨서는 안 된다. 힘 있는 이들의 편익을 위해 동원되는 우상 앞에 머리를 숙이는 순간 평등공동체의 꿈이 훼손되기 때문이다. 삶은 누구에게나 쉽지 않다. 빛과 어둠, 선과 악, 아름다움과 추함, 기쁨과 슬픔이 확연하게 구별되지 않는 경우가 많지 않던가. 모호함을 견디며 살아야 하는 것이 인간의 운명이다. 모호하다고 하여 모든 판단을 유보한 채 되는 대로 살자는 말이 아니다. "이 세상에는 주 우리의 하나님이 숨기시기 때문에 알 수

248

깨어나라,
너 잠자는 자여

없는 일도 많습니다. 그것은 주님의 것입니다"(신명기 29:29a).

알 수 없는 것은 알 수 없는 것으로 남겨두고 이미 알고 있는 것을 지도 삼아 시간 여행을 하면 된다. 하나님의 뜻이 담긴 율법 혹은 말씀은 우리를 하나님께로 인도하는 안내인이다. 그 말씀이 설사 우리 이익에 부합하지 않더라도 말씀을 척도로 삼아 우리 삶을 조율할 때 삶이 가지런해진다. 말씀을 따라 사는 일에 익숙해질 때 우리 삶의 등뼈가 곧게 세워진다. 광야를 헤매는 것처럼 삶이 고달프고, 도무지 방향을 알 수 없어 어지러울 때면 말씀 한 자락을 붙들고 그 미로를 헤쳐가야 한다.

하나님, 삶이 순탄치 않다고 느낄 때마다 우리는 버릇처럼 누군가를 원망합니다. 경제적으로 무능한 부모를 원망하기도 하고, 우리가 누려야 할 몫까지 독점한 것 같은 이들을 미워합니다. 강자들의 편을 드는 것 같은 사회 시스템을 원망하기도 합니다. 그러나 원망한다고 하여 세상이 달라지지 않습니다. 이제는 원망하는 버릇을 내려놓고 성실하게 주어진 시간을 살아내고 싶습니다. 하나님의 말씀을 붙들고 미로와 같은 세상을 통과하겠습니다. 우리의 동행이 되어 주십시오. 아멘.

직립한 사람의
아름다움

> 할렐루야. 내가 온 마음을 다 기울여, 정직한 사람의 모임과 회
> 중 가운데서 주님께 감사를 드리겠다. 주님께서 하시는 일들은
> 참으로 훌륭하시니, 그 일을 보고 기뻐하는 사람들이 모두 깊
> 이 연구하는구나. 주님이 하신 일은 장엄하고 영광스러우며, 주
> 님의 의로우심은 영원하다. 그 하신 기이한 일들을 사람들에게
> 기억하게 하셨으니, 주님은 은혜로우시며 긍휼이 많으시다(시
> 편 111:1-4).

적대감에 가득 찬 세상에서 산다는 것은 참 고달픈 일이다.
한 순간도 긴장을 늦출 수 없다. 넋을 놓고 걷다가 느닷없는
크랙슨 소리에 놀라 질겁을 하듯이 언제 봉변을 당할지 몰
라 우리는 전전긍긍하며 산다. 얼굴빛 환한 사람 만나기 어
려운 것은 당연지사다. 함석헌 선생은 거리를 걷는 사람들
의 얼굴을 보며 탄식하듯 말한다.

"영웅심에 들뜬 청년/욕심에 잔주름이 잡힌 노인,/실망한 얼굴,/병에 눌린 얼굴,/학대받아 쭈그러진 얼굴,/학대하고 독살이 박힌 얼굴,/얼굴, 얼굴, 그 많은 얼굴들 속에/참 아름다운 얼굴은 하나도 없구나"(〈얼굴〉 중에서).

참 아름다운 얼굴을 만나야 삶이 바로 선다. 히브리의 시인은 "정직한 사람의 모임과 회중 가운데" 있는 즐거움을 노래한다. '정직하다'는 뜻의 히브리어 '야샤르yashar'는 '곧다', '옳다', '똑바로 서다'라는 뜻으로 두루 쓰인다. 정직한 이들은 바로 선 이들이다. 내면에 기둥 하나가 들어선 이들이라는 말이다. 기둥이 바로 서면 그 위에 어지간한 무게가 얹혀도 무너지지 않는다. 하나님을 마음에 모신 이들이 그러하다. 김흥호 목사님이 '믿음'을 '밑힘'이라 해석한 것도 그런 의미일 것이다.

스위스의 조각가인 알베르토 자코메티는 아주 길쭉하고 홀쭉한 인물상을 많이 만들었다. 불안과 고독과 취약함을 안고 살아가야 하는 현대인들의 궁핍한 상태를 드러내기 위해서였을 것이다. 하지만 그의 인물들의 눈빛은 형형하다. 마치 자기 운명을 직시하는 것처럼 보인다. 그리고 그 인물들은 대개 직립한 모습으로 등장한다. 성큼성큼 걷는 그 인물들은 무게가 없는 것처럼 보인다. 우리는 그의 작품에서 외롭고 고달프지만 불멸을 지향하는 사람의 존엄함을 본다.

직립한 사람은 아름답다.

시인은 하나님을 마음에 모신 이들의 모임에 속한 즐거움이 크다고 고백한다. 그 모임 가운데 있을 때 우리는 고립된 존재가 아니라는 사실을 확인한다. 같은 꿈을 간직한 채사는 이들이 많다는 사실이 주는 안도감이 크다. 하나님이 베푸시는 구원의 은총은 실로 다양하기 이를 데 없다. 그런 경험을 함께 나눌 때 하나님에 대한 인식이 깊어진다.

"주님이 하신 일은 장엄하고 영광스러우며, 주님의 의로우심은 영원하다"(시편 111:3).

장엄함에 대한 인식을 잃을 때 영혼은 남루해지고 삶은 왜소해진다. 장엄함 앞에 설 때 인간은 겸손해지고 심성은 확장된다.

"주님 앞에는 위엄과 영광이 있고, 그의 처소에는 권능과 즐거움이 있다"(역대상 16:27).

주님 앞에 머물 때 푸석푸석하던 삶이 단단해진다.

깨어나라,
너 잠자는 자여

하나님, 하루하루 처리해야 하는 일들이 왜 이리도 많은지 모르겠습니다. 숨돌릴 사이도 없이 밀려드는 일들 때문에 정신을 차리기 어렵습니다. 어디로 가고 있는지조차 가늠하지 못한 채 우리는 떠밀려 가듯 시간 속에서 표류하고 있습니다. 차갑고 냉랭한 시선, 적대적인 시선을 만날 때마다 우리 가슴에는 퍼런 멍이 들곤 합니다. 이제 정신을 가다듬고 하나님의 장엄한 위엄 앞에 서겠습니다. 내면에 흔들리지 않는 기둥 하나 세우고 살겠습니다. 우리에게 그런 삶의 꿈을 나눌 벗들을 허락하여 주십시오. 아멘.

하나님의 말씀을 따라 살 생각이 없다면 번다한 예배가 무슨 소용인가? 예배에 참여하고, 헌금을 드리고, 더러 봉사활동을 하는 것이 오히려 하나님께 가증하게 보일 수도 있다. 다 잊어도 잊지 말아야 할 것, 우리 삶의 주인이 하나님이라는 사실을 두렵고 떨림으로 기억할 때 죄의 유혹에 속절없이 넘어가지 않는다.

Monday 〰〰〰

Tuesday 〰〰〰

Wednesday 〰〰〰

깨어나라,
너 잠자는 자여

Thursday ~~~~~

Friday ~~~~~

Saturday ~~~~~

Sunday ~~~~~

늘어난 제단에서
죄가 늘어난다

에브라임이 죄를 용서받으려고 제단을 만들면 만들수록, 늘어
난 제단에서 더욱더 죄가 늘어난다. 수만 가지 율법을 써 주었
으나, 자기들과는 아무런 관계도 없는 것처럼 여겼다. 희생제
물을 좋아하여 짐승을 잡아서 제물로 바치지만, 그들이 참으로
좋아하는 것은 먹는 고기일 따름이다. 그러니 나 주가 어찌 그
들과 더불어 기뻐하겠느냐? 이제 그들의 죄악을 기억하고, 그
들의 허물을 벌하여서, 그들을 이집트로 다시 돌려보내겠다. 이
스라엘이 궁궐들을 지었지만, 자기들을 지은 창조주를 잊었다.
유다 백성이 견고한 성읍들을 많이 세웠으나, 내가 불을 지르
겠다. 궁궐들과 성읍들이 모두 불에 탈 것이다(호세아 8:11-14).

예언자들의 말은 거칠다. 사람들의 안온한 일상을 뒤흔드는
폭풍이다. 느른한 행복을 구하는 이들의 일상을 괴롭히는
소음처럼 들린다. 누릴 것을 다 누리고 사는 이들에게는 특

깨어나라,
너 잠자는 자여

히 그러하다. 그렇기에 예언자들은 환영받지 못한다. 환영은커녕 박해를 받기 일쑤이다. 예언자가 된다는 것은 그러니까 인간적으로 보면 불행한 일이다. 가까운 이들조차 그들에게 등을 돌릴 때가 많으니 말이다. 예레미야는 "주님의 말씀 때문에, 나는 날마다 치욕과 모욕거리가 됩니다"(예레미야 20:8b)라고 탄식했다. 탄식하면서도 그 일로부터 달아날 수도 없다. 그들은 하나님의 억센 힘에 사로잡힌 자들이기 때문이다.

호세아는 욕망을 하나님처럼 섬기는 이들이 만든 세상에 분노했다. 이웃을 사랑하라는 정언명령은 기각되었다. 사람들은 제 욕심을 채우기 위해 이웃을 도구로 사용하는 일을 서슴지 않았다. 예언자들이 아무리 외쳐도 욕망에 사로잡힌 이들은 그 소리에 귀를 기울이지 않았다. 예언자는 그들에게 엄중한 주님의 말씀을 전한다.

"이스라엘이 바람을 심었으니, 광풍을 거둘 것이다. 곡식 줄기가 자라지 못하니, 알곡이 생길 리 없다. 여문다고 하여도, 남의 나라 사람들이 거두어 먹을 것이다"(호세아 8:7).

사람들은 하나님이 함께 계신 데 그럴 리 없다고 믿는다. 신실한 듯 보이지만 그것은 참된 믿음이 아니다. 자의적 신앙일 뿐이다. 믿음이란 자기의 소원을 이루기 위해 하나님을 동원하는 것이 아니다. 오히려 하나님의 뜻을 이루기 위해 자기를 바치는 일이다. 스스로 신앙생활을 잘 한다고 생각하는 이들 가운데 오히려 하나님의 뜻을 등지는 이들이 많다. 이 전도된 현실이 한국교회의 자화상이다.

예언자의 말은 가차 없다. "에브라임이 죄를 용서받으려고 제단을 만들면 만들수록, 늘어난 제단에서 더욱더 죄가 늘어난다"(호세아 8:11).

두려운 말씀이다. 교회가 늘어날수록 죄가 늘어난다는 것 아닌가? 하나님의 말씀을 따라 살 생각이 없다면 번다한 예배가 무슨 소용인가? 예배에 참여하고, 헌금을 드리고, 더러 봉사활동을 하는 것이 오히려 하나님께 가증하게 보일 수도 있다. 어쩌다 이 지경이 된 것일까?

"이스라엘이 궁궐들을 지었지만, 자기들을 지은 창조주를 잊었다"(호세아 8:14a).

잊지 말아야 할 것을 잊는 것이 죄가 아니던가. 다 잊어도 잊지 말아야 할 것, 우리 삶의 주인이 하나님이라는 사실을 드려움과 떨림으로 기억할 때 죄의 유혹에 속절없이 넘어가지 않는다.

하나님, 도심의 밤거리 어디에서나 붉은색 십자가를 볼 수 있습니다. 어떤 이들은 그 십자가를 보며 평안과 위로를 얻기도 하지만, 어떤 이들은 공동묘지를 떠올리게 된다고 말합니다. 교회가 마땅히 해야 할 역할을 하지 못하기 때문일 것입니다. 제단이 늘어날수록 죄도 늘어난다는 말씀이 예리한 통증이 되어 우리를 찌릅니다. 욕망의 종살이에서 벗어나 하나님의 꿈을 품은 사람이 되고 싶습니다. 온 마음과 뜻과 정성과 힘을 다해 하나님의 말씀을 따르는 사람이 되도록 우리를 이끌어주십시오. 아멘.

거룩한 손길

예수께서 어떤 동네에 계실 때에, 온 몸에 나병이 든 사람이 찾아 왔다. 그는 예수를 보고서, 얼굴을 땅에 대고 엎드려 간청하였다. "주님, 하고자 하시면, 나를 깨끗하게 해주실 수 있습니다." 예수께서 손을 내밀어서, 그에게 대시고 "그렇게 해주마. 깨끗하게 되어라" 하고 말씀하시니, 곧 나병이 그에게서 떠나갔다. 예수께서 그 사람에게 아무에게도 말하지 말라고 명하시고, 이렇게 말씀하셨다. "가서, 제사장에게 네 몸을 보이고, 네가 깨끗하게 된 것에 대하여 모세가 명한 대로 예물을 드려서 사람들에게 증거로 삼아라." 그러나 예수의 소문이 더욱더 퍼지니, 큰 무리가 그의 말씀도 듣고, 또 자기들의 병도 고치고자 하여 모여들었다. 그러나 예수께서는 외딴 데로 물러가서 기도하셨다(누가복음 5:12-16).

어린 시절, 어른들이 다 들일을 나가시면 집에 남겨진 아이

깨어나라,
너 잠자는 자여

들은 무료함을 달래기 위해 마을 곳곳을 뛰어다니며 놀았다. 손에 막대기를 들고 개구리를 잡으러 다니기도 하고, 풀을 뽑아 마당에 구멍을 파고 숨어 있는 벌레를 잡아 올리기도 했다. 그러다가 저만치에서 낯선 사람들이 등장하면 아이들은 마치 솔개에 놀란 병아리들처럼 집안으로 뛰어들곤 했다. 나환자들의 등장은 공포 그 자체였다. 문을 걸어 잠그고 인기척을 내지 않으려고 숨을 죽이곤 했다.

시인 한하운은 〈나는 문둥이가 아니올시다〉라는 시에서 자기 운명을 담담하게 노래했다.

"호적도 없이/되씹고 되씹어도 알 수는 없어/성한 사람이 되려고 애써도 될 수는 없어/어처구니 없는 사람이올시다."

'어처구니 없는 사람'이라는 것, 스스로 선택하지 않았지만 그런 운명 속으로 굴러 떨어졌다는 것, 그 막막함이 아리게 다가온다. 한하운은 그래서 나병을 '천형'이라 일컬었다. 어디 시대든 사람들은 나환자들과 마주치는 것을 꺼렸다. 성 프란체스코는 늘 역겹게 여기고 피해 다녔던 나환자를 부둥켜안은 경험을 통해 그리스도의 마음과 접속되었다고 고백한 바 있다.

그러나 나환자는 어느 곳에서나 기휘의 대상이다. 유대사회에서도 나환자는 저주받은 자로 여겨졌고, 격리된 장소에 머물던 그들이 어쩌다 마을 가까이 갈 때면 얼굴을 가리고 '불결'이라고 외쳐야 했다. 정결법에 의해 불결한 존재로 낙인 찍혔기 때문이었다. 자기 존재를 불결로 인식해야 했던 아픔이 얼마나 컸을까?

나병이 든 사람이 예수님을 찾아와 얼굴을 땅에 대고 엎드려 간청했다.

"주님, 하고자 하시면, 나를 깨끗하게 해주실 수 있습니다"(누가복음 5:12b).

절박함 때문이었을 것이다. 사람들의 배타적인 시선 따위는 중요하지 않았다. 예수님이라면 자기를 치유해주실 것이라는 확신이 있었기에 그는 사회적 금기의 장벽을 뛰어넘어 모습을 드러냈다.

예수님은 그를 외면하지 않으셨다. 손을 내밀어서 그에게 대시며 "깨끗하게 되어라" 말씀하셨다. 그 순간 나병이 그에게서 떠나갔다. 굳이 그렇게 해야 했을까? 나환자와의 접촉은 스스로를 불결하게 만드는 일이었다. 말씀만으로는 고치실 수 없었던 것일까? 예수님께 중요한 것은 나병의 물리적 치유만이 아니라, 그의 존재를 소중하게 받아들인다는 메시지였다. '나는 그대를 소중한 하나님의 형상으로 여깁니다.' 예수님의 손이 그의 몸을 만졌을 때 나병이 든 사람의 마음에 한줌 햇살이 내려앉았을 것이다. 그리고 그 기억은 그가 살아가는 내내 삶을 밝히는 등불이 되었을 것이다.

기도

하나님, 우리는 마음에 많은 금기를 품고 살아갑니다. 어떤 이들은 흔쾌히 맞아들이지만 또 어떤 이들에게는 싸늘하게 등을 돌리기도 합니다. 하지만 우리가 누구이길래 사람들을 이렇게 차별하는 것이랍니까? 주님, 우리는 누군가를 외면함으로 가장 작은 자의 모습으로 다가오시는 주님을 거절하곤 합니다. 불결한 존재로 여겨졌던 나환자의 몸에 손을 대셨던 그 거룩한 손길로 우리 마음속에 있는 더러움과 위선을 닦아 주십시오. 그래서 깨끗해진 마음으로 이웃들을 사랑하며 살게 해주십시오. 아멘.

10월 31일

말씀을 분별하는 지혜

> 그런데 어찌하여 어른께서는, 하나님께 불평을 하면서 대드시
> 는 겁니까? 어른께서 하시는 모든 불평에 일일이 대답을 하지
> 않으신다고 해서, 하나님께 원망을 할 수 있습니까? 사실은 하
> 나님이 말씀을 하시고 또 하신다고 하더라도, 사람이 그 말씀
> 에 주의를 기울이지 못할 뿐입니다(욥기 33:13-14).

욥기에 등장하는 엘리후는 수수께끼의 인물이다. 세 친구
와 욥이 논쟁을 벌일 때 그는 어디에 있었던 것일까? 또 그
는 어떤 사람인가? 성경은 그를 "람 족속에 속하는 부스 사
람 바라겔의 아들"(욥기 32:2)이라고 소개한다. 종족과 가문
에 대한 정보를 들었지만 실상 우리가 아는 것은 아무 것도
없다. 성경은 그가 욥이 자기가 옳다고 주장하면서 모든 잘
못을 하나님께 돌리는 것을 보고 화가 나서 논쟁에 뛰어들
었다고 소개한다.

깨어나라,
너 잠자는 자여

그의 말은 정중한듯하지만 오만한 자부심으로 가득 차 있다. 그는 나이가 많다고 하여 지혜로운 것은 아님을 알았다면서, 나이는 비록 연소하지만 하나님이 주신 지혜를 가지고 욥이 하나님께 제기했던 질문에 자기가 대답을 하겠다고 말한다. 그는 하나님의 변호인을 자처한다. 듣기 좋은 소리로 누군가에게 아첨을 할 생각도 없다고 말함으로 자신이 진리의 수호자임을 은근히 드러낸다.

"자기가 절대 진리를 소유했다고 생각하는 사람이 어떻게 형제애를 지닐 수 있겠는가?" 마하트마 간디의 말이다. 근본주의자들일수록 자기 확신이 강하다. 스스로 진리를 알고 있다고 생각하기에 생각이 다르거나 입장이 다른 사람을 '거짓'으로 규정하는 일에 꺼림이 없다. 그는 하나님께서 자기의 흠을 찾으시고, 또 원수처럼 여긴다고 불퉁거리는 욥의 오만과 무지를 가차 없이 지적한다. 하나님의 뜻은 다 알 수도 없지만, 사람이 하는 불평에 일일이 대답하지 않는다 하여 하나님을 원망해서도 안 된다는 것이다.

"사실은 하나님이 말씀을 하시고 또 하신다고 하더라도, 사람이 그 말씀에 주의를 기울이지 못할 뿐입니다"(욥기 33:14).

누가 이 말을 부정할 수 있겠는가? 유한한 인간은 하나님의 뜻을 부분적으로 밖에는 이해할 수 없다. 하나님이 말씀하시는 방법은 실로 다양하다. 자연을 통해서도 말씀하시고, 사건을 통해서도 말씀하시고, 이웃들을 통해서도 말씀하시고, 꿈과 비전을 통해서도 말씀하시고, 기록된 말씀과 선포되는 말씀을 통해서도 말씀하신다. 예수 그리스도는 말씀이 화육하신 분 곧 말씀이신 분이다. 인간은 오감을 통해 전달되는 그 말씀을 알아차리기 위해 노력한다. 주의를 기울인다고 하여 하나님의 말씀을 다 알아듣는 것은 아니다. 어쩔 수 없는 인간의 한계이다. 다 알아들을 수는 없지만 우리는 그 말씀이 우리를 이끌어가려는 세계는 가늠할 수 있다.

하나님의 말씀은 우리를 고립된 삶에서 벗어나 다른 이들과 어울려 살도록 이끄신다. 평화와 생명의 세상을 열기 위해 헌신할 것을 요구한다. 하나님을 경외하는 동시에 이웃들을 마음을 다해 사랑하라고 말한다. 이런 지향을 잃어버리는 순간 말씀은 오용되기 쉽다. 권력으로 변한 말 속에는 하나님의 마음이 담겨 있지 않다.

깨어나라,
너 잠자는 자여

하나님, 하나님의 뜻은 미묘하여 알아차리기 어렵습니다. 삶은 모호하기 이를 데 없고, 참과 거짓이 얽혀 있는 세상사 가운데서 우리는 길을 잃기 일쑤입니다. 하나님이 말씀하셔도 저마다의 생각에 사로잡힌 인간은 그 말씀에 주의를 기울이지 않는다는 엘리후의 말은 아프지만 사실입니다. 하나님 우리가 마땅히 해야 할 일을 명하여 주십시오. 그리고 그 명령을 알아차릴 수 있는 예민한 감각을 허락하여 주십시오. 그 뜻을 수행할 수 있는 능력을 덧입혀 주십시오. 아멘.

하나님, 절망의 먹구름이 영혼을 가릴 때 우리는 빛을 향하여 고개를 들 생각조차 하지 못할 때가 많습니다. 원망과 미움이 저녁 어스름처럼 우리 속에 스며들 때 우리는 미래에 대한 전망을 잃은 채 불평의 바다를 떠돕니다. 그러나 하나님은 그런 우리를 못났다 꾸짖지 않으시고 너그러운 두 팔로 감싸 안으십니다. 그 사랑 안에 머물 때 우리 속의 어둠은 스러집니다. 우리 속에 있는 엘닷과 메닷을 긍휼히 여기시는 주님, 하나님의 뜻에 따라 살도록 우리를 고치시고 사용하여 주십시오. 아멘.

。

11월

엘닷과 메닷도
품고 가라

그런데 두 남자가 진 안에 남아 있었다. 하나의 이름은 엘닷이고, 다른 하나의 이름은 메닷이었다. 그들은 명단에 올라 있던 이들이지만, 장막으로 가지 않았다. 그런데 영이 그들 위로 내려와 머물자, 그들도 진에서 예언하였다. 한 소년이 모세에게 달려와서, 엘닷과 메닷이 진에서 예언하였다고 알렸다. 그러자 젊었을 때부터 모세를 곁에서 모셔온 눈의 아들 여호수아가 나서서, 모세에게 말하였다. "어른께서는 이 일을 말리셔야 합니다." 그러자 모세가 그에게 말하였다. "네가 나를 두고 질투하느냐? 나는 오히려 주님께서 주님의 백성 모두에게 그의 영을 주셔서, 그들 모두가 예언자가 되었으면 좋겠다." 모세와 이스라엘 장로들은 함께 진으로 돌아왔다(민수기 11:26-30).

젖과 꿀이 흐르는 땅에 대한 꿈이 사람들을 일으켜 세웠지만, 황량한 광야에서 겪어야 했던 시련은 그들을 주저앉혔

깨어나라,
너 잠자는 자여

다. 모래 바람은 꿈의 빛깔을 퇴색시켰고, 배고픔은 그들 속에 잠복해 있던 불안감을 깨웠다. 백성들은 고통을 못 이겨 울거나 불퉁거렸다. 모세는 맥이 빠졌다. 그래서 하나님께 항의한다.

"이 모든 백성을 제가 배기라도 했습니까? 제가 그들을 낳기라도 했습니까? 어찌하여 저더러, 주님께서 그들의 조상에게 맹세하신 땅으로, 마치 유모가 젖먹이를 품듯이, 그들을 품에 품고 가라고 하십니까?"(민수기 11:12)

더 이상 견디기 어렵다는 것이다.

하나님은 지도자들을 불러 모으라 이르신다. 그들에게도 하나님의 영을 나눠 주셔서 그들로 하여금 백성 돌보는 짐을 나누게 하시겠다는 것이었다. 모세는 지도자들을 하나님의 전에 불러 모아 장막에 둘러 세웠다. 주님께서 모세와 더불어 말씀하시고, 그에게 내린 영을 장로들 일흔 명에게도 내리시자 그들은 예언을 하였다. 예언을 했다는 말은 하나님의 마음과 깊은 접속이 이루어졌다는 말일 것이다. 그 영의 체험을 통해 그들은 '일어선 사람', 곧 구원사의 수동적 객체가 아니라 능동적 주체가 되었다.

엘닷과 메닷은 백성의 대표였음에도 불구하고 진 안에 남아 있었다. '엘닷'은 '하나님이 사랑하셨다'는 뜻이고 메닷은 '사랑, 우정'이라는 뜻이다. 그들은 왜 회막에 가지 않

앗을까? 절망이 깊었던 것일까? 불만이 컸던 것일까? 그들
은 회막으로 나가기를 거부함으로써 모세의 지도력에 대
한 깊은 반감을 드러낸 것인지도 모르겠다. 그들은 자기들
의 이름값을 하지 못했다. 그런데도 하나님의 영이 그들에
게 내려와 머물자 그들은 예언을 하였다. 하나님의 영은 인
간들의 생각을 뛰어넘는다. 하나님의 영을 어지럽히는 일이
아니라면 반대자들까지 품고 가야 한다. 그것이 하나님의
뜻이었다.

그들에게도 영이 내려 예언을 하는 것을 보고 여호수아
는 모세에게 자초지종을 고하면서 그들이 예언하는 것을 말
려야 한다고 말한다. 그는 모세의 지도력이 훼손될까 염려
했던 것이다. 하지만 모세의 반응은 뜻밖이었다.

"네가 나를 두고 질투하느냐? 나는 오히려 주님께서 주님
의 백성 모두에게 그의 영을 주셔서, 그들 모두가 예언자가
되었으면 좋겠다"(민수기 11:29).

모세는 하나님의 영을 체험한 엘닷과 메닷이 공동체를
위하여 기여할 여지를 열어주었다. 누군가를 배제함으로 자
기 권위를 세우려는 이들이 있다. 정신의 그릇이 작기 때문
이다. 하나님의 영은 나뉜 이들을 일치의 길로 인도하신다.

깨어나라,
너 잠자는 자여

하나님. 절망의 먹구름이 영혼을 가릴 때 우리는 빛을 향하여 고개를 들 생각조차 하지 못할 때가 많습니다. 원망과 미움이 저녁 어스름처럼 우리 속에 스며들 때 우리는 미래에 대한 전망을 잃은 채 불평의 바다를 떠돕니다. 그러나 하나님은 그런 우리를 못났다 꾸짖지 않으시고 너그러운 두 팔로 감싸 안으십니다. 그 사랑 안에 머물 때 우리 속의 어둠은 스러집니다. 우리 속에 있는 엘닷과 메닷을 긍휼히 여기시는 주님. 하나님의 뜻에 따라 살도록 우리를 고치시고 사용하여 주십시오. 아멘.

계명들이 가리키는 길

내가, 주님의 계명들이 가리키는 길을 걷게 하여 주십시오. 내가 기쁨을 누릴 길은 이 길뿐입니다. 내 마음이 주님의 증거에만 몰두하게 하시고, 내 마음이 탐욕으로 치닫지 않게 해주십시오. 내 눈이 헛된 것을 보지 않게 해주시고, 주님의 길을 활기차게 걷게 해주십시오(시편 119:35-37).

"화살표는 선동적이다/진행을 부추긴다." 함민복 시인의 〈화살표〉에 나오는 한 대목이다. 우리는 사는 동안 수많은 화살표와 만난다. 화살표가 가리키는 방향에 따라 살기도 하고 그 길에서 벗어나기도 한다. 다른 화살표를 보기 때문이다. 화살표가 너무 날카로워 보여서일까? 사람들은 화살표를 부드럽게 변형시키기도 한다. 산티아고 순례길에 오른 사람들은 가리비조개를 이정표 삼아 길을 찾는다. 이런저런 화살표를 따라 살아온 시간이 누적되어 우리도 하나의 화살표

깨어나라,
너 잠자는 자여

가 되었다. 지금 우리는 어디를 혹은 누구를 가리켜 보이고 있는가? 의도하지 않았다 해도 사람들은 우리에게서 화살표를 본다. 우리의 존재 자체가 화살표이다.

살라는 명령은 받았지만 어떻게 살라는 명령은 받은 바 없기에 우리는 방황한다. 삶이 외길이라면 방황할 일도 없을 것이다. 하지만 삶의 길은 갈래가 많다. 양자는 갈림길 앞에서 울었다 한다. 로버트 프로스트도 두 갈래 길 앞에 섰을 때의 망설임을 노래했다. 가지 않은 길은 언제나 아련한 그리움이 되어 우리를 부른다. '도상途上의 실존'은 늘 불안할 수밖에 없다. 그래서 많은 이들이 가야 할 목표를 버린 채 길 위에 집을 짓고 산다. 그들은 더 이상 떠날 생각을 하지 않는다. 영혼의 전락이다.

"내가, 주님의 계명들이 가리키는 길을 걷게 하여 주십시오. 내가 기쁨을 누릴 길은 이 길뿐입니다"(시편 119:35).

계명들이 가리키는 길을 걷는 것이 하나님의 백성들의 의무이다. 그러나 그 길은 썩 마음이 내키는 길은 아니다. 우리 욕망을 거스를 것을 요구하기 때문이다. 욕망은 독점을 지향하지만 계명은 다른 이를 복되게 하라 명한다. 마땅히 가야 할 길을 알지만, 마음은 그 길을 싫어한다. 그러기에 하나님께 청원하는 것이다. 그 길을 포기할 수 없는 것은 그 길을 걷는 이만이 누릴 기쁨을 알기 때문이다.

그 길에서 벗어나지 않으려면 헛된 것에 마음을 빼앗기지 말아야 한다. 세상이 우리에게 보여주는 달콤한 것들에 눈길을 주고 '너는 참 매력적이구나'라고 말하는 순간 영혼의 퇴락이 시작된다. 그렇기에 시인은 "내 마음이 주님의 증거에만 몰두하게" 해달라고 청한다. 탐욕으로 쉽게 치닫는 마음을 다스리는 방법은 그것 밖에 없기 때문이다. 욕망의 벌판을 비틀걸음으로 걷는 이들의 모습이 추레하지 않던가. 그러나 뜻을 정하고 한 길을 걷는 이들이 있다. 예수의 길을 자기의 길로 삼고 활기차게 걷는 이들이 있다. 그들이야말로 늙어버린 문명을 새롭게 하는 사람들이다. 믿음의 길은 오래된 새 길이다.

기도

하나님, 거리를 활기차게 걷는 이들을 보면 기분이 좋아집니다. 사랑하는 사람을 만나러 가는 길일까요? 잔뜩 웅크린 채 느릿느릿 걷는 이들을 보면 왠지 맥이 빠집니다. 머뭇거리거나 쭈뼛대는 이들은 길을 잃은 것일까요? 이 황량한 세상에서 우리에게 예수라는 길을 따라 걷도록 초대해주셔서 감사합니다. 그 길에서 벗어나지 않도록 우리를 지켜주십시오. 그 길을 활기차게 걸으며 그 길 위에서 만나는 모든 이들에게 복을 전하며 살게 해주십시오. 아멘.

깨어나라,
너 잠자는 자여

하나님의 날개가 되어

보아스가 룻에게 대답하였다. "남편을 잃은 뒤에 댁이 시어머니에게 어떻게 하였는지를, 자세히 들어서 다 알고 있소. 댁은 친정 아버지와 어머니를 떠나고, 태어난 땅을 떠나서, 엊그제까지만 해도 알지 못하던 다른 백성에게로 오지 않았소? 댁이 한 일은 주님께서 갚아 주실 것이오. 이제 댁이 주 이스라엘의 하나님의 날개 밑으로 보호를 받으러 왔으니, 그분께서 댁에게 넉넉히 갚아 주실 것이오." 룻이 대답하였다. "어른께서 이토록 잘 보살펴 주시니, 몸 둘 바를 모르겠습니다. 어른께서 거느리고 계신 여종들 축에도 끼지 못할 이 종을 이처럼 위로하여 주시니, 보잘것없는 이 몸이 큰 용기를 얻습니다"(룻기 2:11-13).

기근을 피해 모압 지방으로 이주하여 살던 일가족에게 불행은 연속적으로 닥쳐왔다. 나오미는 그 모든 불행을 겪어낸 여인이다. 남편인 엘리멜렉은 타향에서 죽었고, 정착생활을 위해 이방 여인들과 결혼했던 두 아들 말론과 기룐도 일찌감치 세상을 떠났다. 고향인 베들레헴에 기근이 그쳤다는 소문을 듣고 나오미는 고향으로의 귀환을 결심한다. 며느리 오르바는 눈물을 흘리며 그 땅에 머물렀지만, 룻은 불행에 빠진 시어머니를 차마 홀로 버려둘 수 없어 낯선 곳으로 이주를 결심한다. 룻에게 베들레헴은 낯선 땅이다. 그곳에서의 삶 또한 녹록치 않았다. 먹고 살 길이 막막했다.

룻은 선량한 사람을 만나면 밭에 떨어진 이삭을 주울 수 있을 거라면서 밭에 나가보겠다고 나오미에게 말한다. 다른 방도가 없었던지라 나오미는 그렇게 하라고 말한다. 힘겨운 노동을 감당하느라 거친 농지거리 던지며 일하는 남자들 틈에서 여성들은 참 취약한 존재이다. 게다가 남의 밭에 떨어진 이삭을 주워 시어머니와 더불어 연명하려는 이방 출신의 여인은 가장 연약한 존재라 할 수 있다. 자칫하면 시선의 폭력과 언어폭력, 더 나아가서는 성적 폭력에 노출될 수도 있었다.

그런데 마침 룻이 이삭을 줍던 밭은 엘리멜렉의 친척인 보아스의 밭이었다. 추수를 독려하기 위해서 밭에 나왔던 보아스는 낯선 여인을 발견하고는 일꾼들을 감독하는 젊은 이에게 그가 누구인지를 묻는다. 룻의 형편을 전해들은 보아스는 룻을 불러 이삭을 주우려고 다른 밭으로 가지 말고,

일하는 여자들을 바싹 따라다니며 이삭을 주우라고 이른다. 젊은 남자 일꾼들에게는 추근거리지 말라고 엄히 일렀다면서, 목이 마르거든 서슴지 말고 일꾼들이 길어다 놓은 물을 마시라고도 말한다. 감동한 룻은 이방 여인에 불과한 자기를 왜 이리도 살뜰하게 보살펴 주냐면서 이마를 땅에 대고 절했다. 그러자 보아스는 남편을 잃은 후에 룻이 그 시어머니를 위해 한 모든 일을 알고 있었노라면서 "이제 댁이 주 이스라엘의 하나님의 날개 밑으로 보호를 받으러 왔으니, 그분께서 댁에게 넉넉히 갚아 주실 것"(룻기 2:12)이라고 축복했다. 그가 이렇게 친절을 베푸는 까닭이 무엇일까? 일가붙이였기 때문일까? 아니면 룻이 아름다워서였을까?

영연방 최고 랍비인 조너선 색스는 "세상에는 많은 문화와 문명과 종교가 있지만, 하나님은 우리에게 함께 살아갈 하나의 세상만 주었다"(조너선 색스, 『차이의 존중』, 52쪽)고 말한다. 그 하나의 세상을 구성하는 핵심 가치는 연민이다. 보아스는 연민의 시선으로 룻을 바라보았다. 새로운 질서는 바로 여기에서 시작된다. 스스로 하나님의 날개가 되어 취약해진 사람을 돌보는 것이야말로 거룩한 삶 아닌가 하나님, 세상에는 홀로 설 수 없는 형편에 처한 이들이 너무나 많습니다. 아무리 노력해 보아도 도무지 곤경에서 벗어나지 못하는 이들을 세상은 차갑게 바라봅니다. 천더기 신세를 면치 못하는 사람들 편에 서는 이들은 많지 않습니다. 그러나 주님은 그들을 귀히 여기십니다. 그들의 생명도 하나님께 속했기 때문입니다. 그들을 외면하지 않도록 우리 마음을 넓혀주십시오. 뜨거운 햇볕을 가려주는 그늘처럼, 폭우를 피해가는 쉼터처럼 우리도 고통 받는 이웃의 피난처가 되게 해주십시오. 아멘.

깨어나라,
너 잠자는 자여

물은 목마름 쪽으로
흐른다

의인이 바라는 것은 좋은 일뿐이지만, 악인이 기대할 것은 진노뿐이다. 남에게 나누어 주는데도 더욱 부유해지는 사람이 있는가 하면, 마땅히 쓸 것까지 아끼는데도 가난해지는 사람이 있다. 남에게 베풀기를 좋아하는 사람이 부유해 지고, 남에게 마실 물을 주면, 자신도 갈증을 면한다. 곡식을 저장하여 두기만 하는 사람은 백성에게 저주를 받고, 그것을 내어 파는 사람에게는 복이 돌아온다. 좋은 일을 애써 찾으면 은총을 받지만, 나쁜 일을 애써 추구하면 나쁜 것을 되받는다(잠언 11:23-27).

"의인이 바라는 것은 좋은 일뿐이지만, 악인이 기대할 것은 진노뿐이다." 의인은 자기 분수를 알고 사는 사람이다. 남을 배려하기에 다른 이의 몫을 대신 차지하려 하지 않는다. 억지가 없기에 자유롭고, 자유롭기에 명랑하다. 그는 남에게 주는 것을 좋아한다. 필요한 이에게 계산하지 않고 준다. 사람은 아끼지만 재물은 아끼지 않는다. 남에게 주는데도 그는 더욱 부유해진다. 그런데 마땅히 쓸 것까지 아끼는데도 가난해지는 사람도 있다. 움켜쥐지만 손아귀를 빠져나가는 모래처럼 슬금슬금 줄어들기 때문이다.

광야에서 이스라엘 백성들은 만나를 먹었다. 하나님은 식구 수대로, 식구 한 명에 한 오멜씩 거두라고 명하셨다. 이스라엘 사람들이 그대로 하자 "많이 거두는 사람도 있고, 적게 거두는 사람도 있었으나, 오멜로 되어 보면, 많이 거둔 사람도 남지 않고, 적게 거둔 사람도 모자라지 않았다. 그들은 제각기 먹을 만큼씩 거두어들인 것이다"(출애굽기 16:17-18). 그 지시를 어기고 많이 거두어들인 사람들도 있었다. 불확실한 미래를 대비하기 위해서였을 것이다. 그러나 결과는 어땠나? 남겨둔 것에서 벌레가 생기고 악취가 풍겼다.

이스라엘의 지혜자는 남에게 베풀기를 좋아하는 사람이 부유해 지고, 남에게 마실 물을 주면, 자신도 갈증을 면한다고 말한다. 베풀기를 좋아하는 사람은 '축복의 사람'(네페쉬 베라카)이다. 다른 이를 복되게 하는 이들을 하나님은 귀히 여기신다. 하나님은 아브람을 구원사의 일부가 되라고 부르시면서 "땅에 사는 모든 민족이 너로 말미암아 복을 받을 것"(창세기 12:3b)이라고 약속하셨다. 바울 사도도 성도들에게 힘써 일해서 약한 사람을 도와주는 것이 마땅하다고

깨어나라,
너 잠자는 자여

가르치면서 "주 예수께서 친히 '주는 것이 받는 것보다 더 복이 있다' 하신 말씀을 반드시 명심해야 합니다"(사도행전 20:35)라고 말했다. 꽃밭에 넉넉히 물을 주는 사람은 향기를 되돌려 받게 마련이다. 내 갈증이 해소되지 않았다 하여 목마른 이들을 외면할 때 또 다른 목마름이 찾아온다. 어느 시인의 말대로 물은 목마름 쪽으로 흘러야 하는 법이다. "좋은 일을 애써 찾으면 은총을 받지만, 나쁜 일을 애써 추구하면 나쁜 것을 되받는다"(잠언 11:27). 사람은 누구든지 심은 대로 거둔다. 땀 흘려 수고한 일에 결실이 없다고 낙심할 것 없다. 때가 이르면 결과는 나타나게 마련이다. 정의를 뿌리고 사랑의 열매를 거두는 것이 우리의 소명이다.

기도

하나님, 많은 이들이 선하게 살고 싶다는 바람을 품고 삽니다. 그러나 착한 사람들이 어려움을 겪고 꾀 많은 사람들이 자기들의 욕망을 이루어가는 모습을 우리는 너무나 자주 목격합니다. 착하게 사는 것이 부질없다는 생각이 들 때도 있습니다. 그러나 이제 흔들리는 마음을 다잡겠습니다. 우리 눈에는 보이지 않아도 누룩이 반죽을 부풀게 하는 것처럼 우리가 심는 사랑과 평화와 생명의 씨가 세상을 밝히는 꽃으로 피어날 날이 올 것임을 믿습니다. 이런 우리 믿음이 흔들리지 않도록 우리를 지켜주십시오. 아멘.

그리움의 실핏줄

11월 5일

나는 여러분을 생각할 때마다, 나의 하나님께 감사를 드립니다. 내가 기도할 때마다, 여러분 모두를 위하여 늘 기쁜 마음으로 간구합니다. 여러분이 첫 날부터 지금까지, 복음을 전하는 일에 동참하고 있기 때문입니다. 선한 일을 여러분 가운데서 시작하신 분께서 그리스도 예수의 날까지 그 일을 완성하시리라고, 나는 확신합니다(빌립보서 1:3-6).

개울을 건너기 위해 징검다리가 필요한 것처럼 시간의 여울을 건너기 위해서는 딛고 설 징검돌들이 필요하다. 삶이 고단하고 막막할 때, 그래서 외로움이 사무칠 때 문득 우리에게 단단한 반석이 되어주는 이들이 있다. 구체적으로 어떤 행동을 하지 않는다 해도 그가 그 자리에 있다는 것만으로도 살아갈 용기를 주는 사람 말이다. 꼭 사람이 아니어도 괜찮다. 한용운의 '님'은 우리 마음을 현실 속에서 난파하지

깨어나라,
너 잠자는 자여

않도록 붙들어주는 일체의 존재를 의미한다.

우리가 누군가를 그리워한다는 것은 그가 지금 곁에 없음을 암시하지만, 그가 어떤 형태로든 우리 삶에 영향을 미치고 있다는 뜻이다. 그리움의 대상과 만나리라는 기대가 추운 골목에서의 긴 기다림을 가능케 하는 힘이 아니던가. 강물조차 바다가 그리워 아래로 아래로 흐르지 않던가.

바울은 빌립보 교인들을 생각할 때마다 하나님께 감사를 드린다고 말한다. 모든 진실한 만남은 사건이다. 우리 속에 변화를 일으키니 말이다. 지금 옥중에 있는 바울은 임의로 사람들을 만날 수 없기에 회상을 통해 사람들과 만나 속 깊은 이야기를 나누고 있었다. 비두니아로 가는 길이 막혀 의기소침해졌을 때 마케도니아 사람 하나가 환상 중에 나타나 "마케도니아로 건너와서, 우리를 도와주십시오"(사도행전 16:9) 하고 간청하자 바울은 즉각 그것을 하나님의 부름으로 이해했다. 사모드라게와 네압볼리를 거쳐 도착한 빌립보, 번화하지만 낯선 그곳에서 그는 자색 옷감 장수인 루디아 가족과 만나 복음을 전할 수 있었다. 하나님이 예비해 놓으신 만남이었다. 귀신에 들려 점치는 여종을 고쳐주었다가 돈벌이의 희망이 끊어진 그 주인의 모함으로 옥에 갇혀 내일을 기약할 수 없었지만 하나님의 간섭으로 풀려난 일, 아직 성숙한 믿음의 자리에 서지 못한 이들을 남겨두고 부득이 그 도시를 떠나야 했던 일들이 주마등처럼 스쳤을 것이다.

그러나 빌립보 교회가 흔들리지 않고 든든히 섰다는 소식을 들었을 때 그는 큰 용기를 얻을 수 있었다. 그의 마음 깊은 곳에 감사와 기쁨이 스며들었다. 유대인들의 질시와 박해 속에서도 복음을 따라 살려는 성도들의 결의가 굳건하다는 사실에 바울은 깊이 감동했다.

"선한 일을 여러분 가운데서 시작하신 분께서 그리스도 예수의 날까지 그 일을 완성하시리라고, 나는 확신합니다"(빌립보서 1:6).

이 확신은 빌립보 교인들을 격려하기 위한 말이었지만 동시에 자기 자신을 향한 것이기도 했다. 지금은 비록 외로운 처지이지만 '어이' 하고 부르면 '어이' 하고 응답하는 사람이 저만치 있다는 사실은 얼마나 든든한가. 그리움은 시간과 공간을 뛰어넘어 사람들을 하나로 이어준다. 하나님 나라는 그런 그리움의 실핏줄을 타고 확장된다.

깨어나라,
너 잠자는 자여

하나님, 가끔 외로움이 물결처럼 가슴에 사무칠 때가 있습니다. 많은 이들과 다양한 관계를 맺고 살지만 영혼 가장 깊은 곳에 도사린 쓸쓸함은 좀처럼 스러지지 않습니다. 그러나 저만치 어딘가에 같은 곳을 바라보며 더 나은 세상을 이루기 위해 고투하고 있는 이들이 있다는데 생각이 미치면 어느덧 마음의 어둠과 외로움이 잦아들곤 합니다. 그들은 징검돌과 같은 사람들입니다. 바울은 선한 일을 시작하신 분께서 기어코 그 일을 완수하리라는 확신이 있었기에 현실의 어려움을 이길 수 있었습니다. 이 믿음을 우리에게도 허락하여 주십시오. 아멘.

생명을 살리는 지혜

다니엘은 다음과 같이 찬송하였다. "지혜와 권능이 하나님의 것이니, 영원부터 영원까지 하나님의 이름을 찬송하여라. 때와 계절을 바뀌게 하시고 왕들을 폐하기도 하시고, 세우기도 하신다. 지혜자들에게 지혜를 주시고, 총명한 사람들에게 지식을 주신다. 심오한 것과 비밀을 드러내시고, 어둠 속에 감추어진 것도 아신다. 그분은 빛으로 둘러싸인 분이시다. 나의 조상을 돌보신 하나님, 나에게 지혜와 힘을 주시며 주님께 간구한 것을 들어주시며 왕이 명령한 것을 알게 해주셨으니, 주님께 감사하며 찬양을 드립니다"(다니엘 2:20-23).

느부갓네살은 불길한 꿈을 꾸었지만 그 꿈을 좀처럼 기억해 낼 수 없었다. 찜찜했기에 그는 마술사와 주술가와 점쟁이와 점성가들을 불러들여 그들에게 자기가 꾼 꿈의 내용과 그 해석을 내놓으라고 다그쳤다. 저마다 당대의 지식인으로

깨어나라,
너 잠자는 자여

비범한 사람으로 존중받았던 이들이지만 남이 꾼 꿈을 어찌 알 수 있단 말인가? 그러나 절대 권력자인 느부갓네살에게 그런 상식은 통하지 않았다. 그 꿈과 해석을 제시하지 못하면 죽이겠다고 위협했다. 다니엘서는 무도한 권력의 본질을 그렇게 은연중에 드러내고 있다. 당혹감에 빠진 점성가들은 왕이 불가능한 것을 요구한다면서 이렇게 말한다.

"임금님께서 물으신 것은 너무 어려워서, 육체를 가진 사람과 함께 살지 않는 신들이라면 몰라도, 아무도 그 일을 임금님께 알려 드릴 수 없습니다"(다니엘 2:11).

당연한 말이지만 이 구절은 이후에 등장하는 다니엘의 등장을 극적으로 예비하기 위한 장치이다. 왕은 성이 나서, 바빌론의 모든 지혜자를 죽이라는 명령을 내렸다. 진시황의 분서갱유를 연상시킨다. 한 사람에게 권력이 독점될 때 그 권력자는 자신을 전능자로 착각하게 마련이다. 바빌론 제국 지식인들의 운명이 경각에 달렸다. 왕의 시위대 장관인 아리옥을 통해 그 소식을 접한 다니엘은 자청하여 왕 앞으로 나아가 시간을 조금 주면 왕의 꿈을 해몽해 드리겠다고 약속한다. 스스로 위험 속으로 들어선 것이다. 사르트르에 따르면 지식인이란 지배 계급의 하수인이 되기를 거부하고 인류의 보편적 이익에 봉사하기 위해 위험을 무릅쓰는 존재이다. 이런 의미에서 다니엘은 참 지식인이다.

그러나 그의 지식의 뿌리는 하나님 경외이다. 오직 하나님께만 지혜와 권능이 있음을 그는 자각하고 있다.

"때와 계절을 바뀌게 하시고 왕들을 폐하기도 하시고, 세우기도 하신다"(다니엘 2:21a).

다니엘은 비록 피식민지 백성에 지나지 않지만, 그래서 왕의 지배에 복무하고 있지만, 느부갓네살의 권력은 유한할 뿐임을 분명히 인식하고 있다. 다니엘은 경외하는 이에게 지혜와 지식을 주시는 하나님께 지혜와 힘을 청한다. 그리고 기도를 들어주신 하나님을 찬양한다.

"나의 조상을 돌보신 하나님, 나에게 지혜와 힘을 주시며 주님께 간구한 것을 들어주시며 왕이 명령한 것을 알게 해주셨으니, 주님께 감사하며 찬양을 드립니다"(다니엘 2:23).

무도한 권력은 생명을 함부로 대하지만, 하나님의 사람은 생명을 살리고 북돋는 일을 마다하지 않는다. 세속 세계 한복판에 흩어져서 살아가는 신앙인들이 해야 할 일은 무엇일까? 생명과 평화라는 포기할 수 없는 가치를 불어넣는 일이 아닐까? 다니엘에게 용기와 지혜를 주신 하나님이 우리와 함께 계신다.

하나님, 우리는 어떤 말을 해도 어려움을 겪지 않으리라는 확신이 있을 때는 목소리를 높이고, 어려움이 예기될 때는 명백한 불의를 보면서도 입을 다물고 맙니다. 비겁한 침묵이 불의에 용기를 불어넣음을 잘 알면서도 소리를 내지 못하는 우리를 불쌍히 여겨주십시오. 무도한 권력의 질주를 멈춰 세우기 위해 겸손하지만 단호하게 개입했던 다니엘의 용기를 우리에게도 허락하여 주십시오. 모든 사람이 자기 몫의 삶을 온전히 누리는 세상을 열기 위해 헌신하게 해주십시오. 아멘.

떠날 때와 머물 때

11월 7일

나는 당신들이 잘 되도록 기도할 것입니다. 내가 기도하는 일을 그친다면, 그것은 내가 하나님께 죄를 짓는 것입니다. 그런 일은 없을 것입니다. 오히려 나는, 당신들이 가장 선하고 가장 바른길로 가도록 가르치겠습니다. 당신들은 주님만을 두려워하며, 마음을 다 바쳐서 진실하게 그분만을 섬기십시오. 주님께서 당신들을 생각하시고 얼마나 놀라운 일들을 하셨는가를 기억하십시오. 만일 당신들이 여전히 악한 행동을 한다면, 당신들도 망하고 왕도 망할 것입니다(사무엘상 12:23-25).

세상 모든 일에는 시작과 마침이 있는데, 그 때를 분별하며 때에 맞게 사는 것이 지혜로운 삶일 것이다. 두려움 때문에 혹은 나태함 때문에 해야 할 일을 시작하지 못하는 것도 병통이지만, 물러가야 할 때 미련을 버리지 못하고 쭈뼛거리면 추해지게 마련이다. 이형기 시인은 〈낙화^{落花}〉에서 "가야

깨어나라,
너 잠자는 자여

할 때가 언제인가를/분명히 알고 가는 이의/뒷모습은 얼마나 아름다운가"라고 노래했다. 꽃이 지는 때를 시인은 '결별이 이룩하는 축복'의 시간이라고 말한다.

떠나지 못하는 까닭은 미련 때문이기도 하지만 자기가 이룩한 성과에 기대어 살고 싶기 때문이다. 자기를 지우는 연습을 하지 못한 채 앞만 보고 달려온 이들은 그 성취의 자리를 떠나는 순간 자기 삶이 무너지는 것 같은 위기감에 사로잡힌다. 때가 되면 홀가분하게 떨어지는 낙엽으로부터 삶을 배울 일이다.

태어나기 전부터 하나님께 봉헌되었던 사무엘, 그의 시간이 서서히 저물어가고 있었다. 사사 시대를 거쳐 왕정시대로 이행해가던 시기에 그는 정말 귀한 역할을 감당했다. 무질서한 세태를 바로잡고 또 새로운 질서를 태동시키는 책임은 막중한 것이었다. 사울에게 기름을 부어 왕으로 세운 후 그는 이스라엘 온 백성들에게 고별사를 한다. 먼저 자기가 백성들에게 폐를 끼친 것이 있다면 지적해 달라고 청한다. 백성들은 사무엘이 아무도 속이거나 억압한 적이 없고 강제로 빼앗은 적도 없다고 말한다. 깨끗한 삶이었다. 사무엘은 이스라엘 가운데서 나타난 하나님의 구원 역사를 간략하게 요약한다. 아쉬움이 없는 것은 아니었다. 왕을 세움으로 평등 공동체의 이상이 훼손될지도 모른다고 여겼기 때문이다.

그러기에 더욱 주님의 뜻에서 떠나선 안 된다고 당부했다.

그리고 다짐하듯 말한다. "나는 당신들이 잘 되도록 기도할 것입니다. 내가 기도하는 일을 그친다면, 그것은 내가 하나님께 죄를 짓는 것입니다. 그런 일은 없을 것입니다. 오히려 나는, 당신들이 가장 선하고 가장 바른길을 가도록 가르치겠습니다"(사무엘상 12:23).

현직에서 물러나 백성들을 위해 기도하겠지만, 선하고 바른길을 가르치는 직무는 포기하지 않겠다는 것이다. 권력에 대한 미련 때문이 아니다. 국가의 원로로서 그는 해야 할 일을 방기하지 않으려는 것이다. 사사건건 간섭하면서 자기 영향력을 확대하려는 게 아니라 역사가 지향해야 할 방향을 가리키는 표지판이 되겠다는 것이다. 표지판은 오지랖 넓게 이곳저곳 돌아다니면서 간섭하지 않는다. 길을 찾는 이들에게 바른 길을 가리켜 보일 뿐이다. 원로가 원로의 역할을 제대로 감당할 때 공동체는 든든히 세워진다.

하나님. 무대 위에 서는 많은 이들이 주연배우가 되고 싶어합니다. 중요한 역할을 맡고 싶다는 생각을 나무랄 수는 없습니다. 하지만 조연이나 보조 출연자들이 없다면 무대 위의 이야기는 온전할 수 없습니다. 또 무대 뒤에서 보이지 않는 수고를 하는 이들이 많습니다. 그들은 눈에 보이진 않지만 소중한 사람들입니다. 하나님의 역사 무대에서 우리에게 주어진 역할이 무엇이든 성심껏 감당할 수 있게 해주십시오. 나아가야 할 때와 물러서야 할 때를 분별하는 지혜를 주시고, 떠나야 할 때 홀가분하게 떠날 수 있는 자유를 허락하여 주십시오. 아멘.

사람은 누구든지 심은 대로 거둔다. 땀 흘려 수고한 일에 결실이 없다고 낙심할 것 없다. 때가 이르면 결과는 나타나게 마련이다. 우리 눈에는 보이지 않아도 누룩이 반죽을 부풀게 하는 것처럼 우리가 심는 사랑과 평화와 생명의 씨가 세상을 밝히는 꽃으로 피어날 날이 올 것임을 믿는다.

Monday 〜〜〜〜〜

Tuesday 〜〜〜〜〜

Wednesday 〜〜〜〜〜

깨어나라,
너 잠자는 자여

Thursday ~~~~~~

Friday ~~~~~~

Saturday ~~~~~~

Sunday ~~~~~~

신앙은 일어섬이다

> 그러므로 여러분은 나른한 손과 힘 빠진 무릎을 일으켜 세우
> 고, 똑바로 걸으십시오. 그래서 절름거리는 다리로 하여금 삐지
> 않게 하고, 오히려 낫게 하십시오(히브리서 12:12-13).

신앙은 일어섬이다. 절망을 딛고 일어서는 힘이다. 무의미
의 잡아당김을 떨치고 일어나 의미를 창조하는 것이다. 죽
음의 위협에서 벗어나 생명의 찬가를 부르는 것이다. 열여
덟 해 동안이나 허리가 굽어 펼 수가 없었던 여인은 예수님
이 "여자야, 너는 병에서 풀려났다"(누가복음 13:12)라고 선언
하시자 곧 허리를 펴고 일어나 하나님을 찬양하였다. 성전
의 아름다운 문 앞에 앉아 있던, 나면서부터 못 걷던 사람은
베드로와 요한이 "나사렛 예수 그리스도의 이름으로 일어
나 걸으시오"(사도행전 3:6)라고 명하자 즉시 일어나 하나님
을 찬양했다. 예수가 들어가자 그는 수평의 사람에서 수직

깨어나라,
너 잠자는 자여

의 사람으로 변했다. 누워 있던 뼈가 일어선 뼈가 되었다.

넘어진 자리에서 일어날 생각이 없는 이들이 있다. 그들은 다시 넘어질까 두려워한다. 두려움이 커지면 숙명이 된다. 숙명의 잡아당기는 힘 앞에서 그들은 속수무책이다. 원망과 시기심이 그들을 확고히 사로잡는다. 믿음의 반대말은 불신이 아니라 숙명론이다. 바꿀 수 없는 것은 받아들여야겠지만 바꿀 수 있는 것은 바꿀 용기를 내야 한다. 부활은 일어서는 힘이다. 새싹은 굳은 지각을 뚫고 솟아오른다. 새싹은 여리지만 장엄하다. 억압을 운명처럼 여기며 살던 이들도 어떤 임계점에 이르면 떨쳐 일어나 역사를 뒤바꾼다. 일어섬은 그렇기에 생명의 축제이고, 역사를 갱신하는 힘이다.

김수영 시인은 풀은 바람보다 빨리 눕지만 바람보다 빨리 일어선다고 노래했다. 버틸 수 없어 누울 순 있다. 그러나 우리 속에는 다시 일어설 힘도 있다. 길섶에 떨어져 꽃을 피운 민들레는 사람들의 발에 밟히고 마차 바퀴에 짓눌려도 잠시 호흡을 고른 후 다시 일어선다. 바울의 고백은 장엄하다.

"우리는 사방으로 죄어들어도 움츠러들지 않으며, 답답한 일을 당해도 낙심하지 않으며, 박해를 당해도 버림받지 않으며, 거꾸러뜨림을 당해도 망하지 않습니다"(고린도후서 4:8-9).

이 오연한 고백을 품고 사는 사람은 어떠한 경우에도 낙망하지 않는다.

우리가 정녕 예수를 길로 삼은 사람이라면 나른한 손과 힘 빠진 무릎을 일으켜 세우고, 똑바로 걸어야 한다. 그때 다리가 오히려 건강해진다. 공동번역은 13절을 이렇게 번역했다. "그리고 바른 길을 걸어가십시오. 그러면 절름거리는 다리도 뒤틀리지 않고 오히려 낫게 될 것입니다." 다리가 아프다고 걷기를 포기하면 더욱 무기력에 빠질 뿐이다. 두려움과 무기력이 우리를 사로잡더라도 떨치고 일어나 믿음의 싸움을 계속해야 한다. 바른 길을 걸을 때 비로소 다리도 낫게 된다는 이 놀라운 이치를 가슴에 새길 필요가 있다.

기도

하나님, 세상은 우리가 꿈틀거릴 때마다 가만히 있으라고 윽박지릅니다. 사람들은 앞을 보지 못하는 바디매오가 소리를 높이자 '조용히 해, 바디매오'라고 꾸짖었습니다. 기존 질서에 이의를 제기하는 이들에게는 늘 불온의 찌지가 붙습니다. 선한 사람들의 침묵은 불의에게 용기를 주는 일임을 압니다. 주님, 우리 속에 숨을 불어넣으시어 일어선 사람이 되게 해주십시오. 곧게 일어서서 주님이 앞서 걸으신 그 길로 성큼성큼 걸어가게 해주십시오. 우리가 걷는 발걸음마다 정의와 평화가 깃들게 해주십시오. 아멘.

깨어나라,
너 잠자는 자여

새로움을
맞아들일 용기

11월 9일

생베 조각을 낡은 옷에 대고 깁는 사람은 없다. 그렇게 하면 새
로 댄 조각이 낡은 데를 당겨서, 더욱더 심하게 찢어진다. 또,
새 포도주를 낡은 가죽 부대에 담는 사람은 없다. 그렇게 하면
포도주가 가죽 부대를 터뜨려서, 포도주도 가죽 부대도 다 버
리게 된다. 새 포도주는 새 가죽 부대에 담아야 한다(마가복음
2:21-22).

갈증을 면하려면 전통의 샘물을 새로운 두레박으로 길어 올
릴 필요가 있다. 많은 이들이 익숙한 종교적 언어 속에 머물
면서 스스로 잘 믿고 있다고 자부한다. 그러나 죄, 용서, 중
생, 칭의, 화해, 구원, 영생, 종말, 심판, 천국, 재림에 대한 이
해의 차이 때문에 사람들이 갈라서고, 서로를 정죄하기도
하는 것이 현실이다. 지금 우리에게 필요한 것은 그런 교리
적이고 종교적인 언어를 버리는 것이 아니라, 그것을 우리

의 맥락에 맞게 새롭게 해석하고, 가장 일상적인 언어로 재맥락화하는 것이다. 디트리히 본회퍼는 비종교적인 언어로 기독교의 진리를 표현할 수 있는지를 탐구했다. 그래서 그 유명한 명제를 내놓았다. '신 없이 신 앞에^{ohne Gott vor Gott}.' 그가 말하는 '신 없이'란 신이 없다거나 죽었다는 말이 아니다. '신'이라는 낡아빠진 기표에서 벗어나자는 말이다. 인간이 만든 신에 대한 표상에서 벗어날 때 사람은 벌거벗은 존재로 실체이신 하나님 앞에 설 수 있다. 하나님이라는 말을 굳이 동원하지 않더라도 마치 하나님 앞에 선 듯 살아가는 것이 성숙한 믿음이다.

예수님은 전통주의자가 아니었다. 전통을 존중했지만 전통적인 언어 속에 갇히지 않았다는 말이다. 생베 조각을 낡은 옷에다 대고 깁는 사람은 없다. 새 포도주를 낡은 가죽 부대에 담으면 안 된다. 생베 조각이나 새 포도주는 복음의 새로움 혹은 예수 안에서 구현된 복음을 상징한다. 도래하는 하나님 나라의 기쁨 속에서 살아가는 이들은 613개에 달하는 율법의 속박 속에 갇혀 있을 수 없다. 예수님은 유대인의 정결의식이 부정한 자로 규정한 사람들과 기꺼이 접촉하셨고, 율법이 세워놓은 장벽 너머의 사람들과 즐겁게 만났다. 바리새파를 비롯한 유대인들은 그런 예수의 모습을 불경건으로 낙인찍었다. 자기들이 금과옥조처럼 붙들고 있는 행동의 준칙을 과감히 위반했기 때문이다. 하지만 예수님은 그런 굴레에 갇혀 계실 수 없었다. 병자들을 고치고, 귀신을 내쫓고, 소외된 이들의 벗이 되는 일이 율법정신의 핵심이었기 때문이다. 시절이 변했는데도, 옛 법도나 관습만 지키려는 태도는 고루할 뿐이다. 물론 새것이 다 좋다는 말은 아니다. 그리스도인들은 자기 시대의 과제에 신앙적으로 응답해야 한다. 지난 시절에는 민주주의를 정초하는 일이 중요했다면, 이제는 돈이 주인이 되어 버린 세상에서 사람들이 어떻게 중심을 잃지 않고 살아야 하는지, 그렇게 사는 이들이 얼마나 아름다운지 삶으로 입증해야 한다.

기도

하나님, 습관의 폭력은 정말 무섭습니다. 우리는 늘 바라보던 방식으로 세상과 이웃을 바라봅니다. 새로운 것을 갈망하지만 낯선 세상 혹은 이질적인 것과 만나는 것을 두려워합니다. 그래서 우리는 새로운 역사를 창조하시는 하나님의 뜻을 거스르기도 합니다. 새 포도주는 새 가죽부대에 담아야 하는 것을 잘 알면서도 우리는 익숙한 세상에서 벗어나지 못합니다. 애굽에 살던 이스라엘을 이끌어 내셨던 것처럼 우리를 새로운 세상으로 이끌어 주십시오. 두려움을 떨치고 일어나 진리의 광대한 세상으로 나아갈 수 있게 해주십시오. 아멘.

우울에 빠진 시대

> 제사장들아, 이제 너희가 하나님께 '우리에게 은혜를 베풀어
> 주십시오' 하고 간구하여 보아라. 이것이 너희가 으레 하는 일
> 이지만, 하나님이 너희를 좋게 보시겠느냐? 나 만군의 주가 말
> 한다. 너희 가운데서라도 누가 성전 문을 닫아걸어서, 너희들이
> 내 제단에 헛된 불을 피우지 못하게 하면 좋겠다! 나는 너희들
> 이 싫다. 나 만군의 주가 말한다. 너희가 바치는 제물도 이제 나
> 는 받지 않겠다(말라기 1:9-10).

말라기가 활동한 시대를 특정하기는 어렵지만 학자들은 대
체로 제2성전 시기를 배경으로 한다고 본다. 페르시아에서
귀환한 후의 상황을 염두에 두고 읽어야 한다는 말이다. 말
라기는 '나의 사자'라는 뜻인데 예언자 일반을 가리키는 말
인지, 특정한 개인의 이름인지는 분명치 않다. 말라기서에
서 우리는 암울하고 무질서한 분위기를 쉽게 감지할 수 있

깨어나라,
너 잠자는 자여

다. 역사와 삶에 대한 비전을 잃어버린 이들을 사로잡고 있는 권태와 환멸, 그리고 형식적으로 수행되는 종교 의례가 그 시대를 더욱 암담하게 채색하고 있었다.

하나님을 노골적으로 부정하지는 않았지만 사람들은 하나님의 선의에 대해서는 회의를 품고 있었다. 말라기는 백성들에게 거룩한 삶을 가르치고 스스로 모범이 되어야 할 제사장들이 하나님을 멸시하고 있다고 꾸짖었다. 그들은 하나님을 공경하지도 않고, 두려워하지도 않는다는 것이었다. 더러운 떡, 눈 먼 희생제물, 병든 것을 바치면서도 가책조차 느끼지 않았다. 그들은 제사장의 의복은 갖춰 입었지만, 삶으로는 하나님을 부인하는 자들이었다.

교회 전통이 가르쳐온 '일곱 가지 대죄' 가운데 하나가 나태이다. 나태ªᶜᵉⁱᵈᵃ는 우울에 빠진 영혼의 상태이다. 부정을 나타내는 'ㅇ'와 관심이라는 뜻의 '케도스ᵏᵉᵈᵒˢ'가 결합된 단어로 아무 것에도 관심을 보이지 않는 상태를 가리킨다. 나태에 빠진 수도자들은 반복되는 일상에 지쳐 의욕과 삶의 활력을 잃어버린 채 영적 태만에서 헤어나오지 못하는 경우가 많았다. 나태한 영혼은 기도와 노동, 독서조차 게을리 하게 마련이다. 말라기 시대의 제사장들이 바로 그런 상태에 빠져 있었다.

말라기는 제사장들이 "우리에게 은혜를 베풀어 주십시

오"라고 빌지만 그 말은 으레 하는 말일 뿐 어떤 간절함도 절박함도 없다고 말한다. 중심을 보시는 하나님은 상투어로 변한 제사장들의 말을 역겹게 여기신다. 타락한 종교, 형식만 남은 종교처럼 추한 것이 없다. 하나님은 특정한 종교에 포박된 분이 아니다. 성전이 성전 구실을 못할 때 성전은 더 이상 성전이 아니다.

"너희 가운데서라도 누가 성전 문을 닫아걸어서, 너희들이 내 제단에 헛된 불을 피우지 못하게 하면 좋겠다! 나는 너희들이 싫다. 나 만군의 주가 말한다. 너희가 바치는 제물도 이제 나는 받지 않겠다"(말라기 1:10).

무서운 선언이다. 오늘의 교회를 향해 하나님은 뭐라 하실까? 이제는 정말 시간이 없다. 하나님의 현존 앞에서 두렵고 떨림으로 우리를 돌아보아야 한다. 상투어로 변해 더 이상 작동하지 않는 종교적 언어에 새로운 숨결을 불어넣어야 한다. 나태에 빠진 교회 또한 새로운 활력을 되찾아야 한다.

깨어나라,
너 잠자는 자여

하나님, 주님의 이름으로 모이는 교회가 주님의 영광을 가리고 있습니다. 주님을 믿노라 하는 신자들이 주님의 이름을 욕되게 하고 있습니다. 고백과 삶 사이의 거리가 너무 멀어졌습니다. 하나님의 정원인 구체적인 삶의 자리를 아름답게 가꾸지 못하고 있습니다. 누가 성전 문을 닫아 걸었으면 좋겠다는 말씀이 천둥소리처럼 우리 가슴을 울립니다. 이제는 달라지고 싶습니다. 하나님의 마음에 시원함을 드리는 이들이 되고 싶습니다. 우리를 버리지 마시고, 우리를 주님의 일꾼으로 삼아주십시오. 아멘.

뒤주 속의 여인

내게 말하는 천사가 앞으로 나와서, 나에게 고개를 들고서, 가까이 오는 물체를 주의해 보라고 말하였다. 그것이 무엇이냐고 내가 물으니, 그는, 가까이 오는 그것이 곡식을 넣는 뒤주라고 일러주면서, 그것은 온 땅에 가득한 죄악을 나타내는 것이라고 하였다. 그 뒤주에는 납으로 된 뚜껑이 덮여 있었다. 내가 보니, 뚜껑이 들리고, 그 안에 여인이 앉아 있는 것이 보였다. 천사는 나에게, 그 여인이 죄악의 상징이라고 말해 주고는, 그 여인을 뒤주 속으로 밀어 넣고, 뒤주 아가리 위에 납뚜껑을 눌러서 덮어버렸다. 내가 또 고개를 들고 보니, 내 앞에 두 여인이 날개로 바람을 일으키면서 나타났다. 그들은 학과 같은 날개를 가지고 있었다. 그들은 그 뒤주를 들고 공중으로 높이 날아갔다. 내가 내게 말하는 천사에게, 저 여인들이 그 뒤주를 어디로 가져가는 것이냐고 물었다. 그가 나에게 대답하였다. "바빌로니아 땅으로 간다. 거기에다가 그 뒤주를 둘 신전을 지을 것이다. 신전이 완

깨어나라,
너 잠자는 자여

스가랴는 '여호와께서 기억하셨다'라는 뜻이다. 이스라엘이 고레스의 칙령에 의해 고국으로 귀환한 후에 활동한 예언 자이다. 출애굽 공동체가 회막 건립을 통해 하나의 '나라'로 세워졌던 것처럼 성전 건립을 통해 무너졌던 나라의 중추 를 다시 세우고자 했다. 그는 공동체의 완전한 회복을 알리 는 여덟 개의 환상을 보고 사람들에게 전했다. 성전을 중시 했기에 제사장들의 지도력을 강조했지만, 스가랴서의 후반 부라 할 수 있는 9장 이후에는 제사장들에 대해 비판적으로 말한다. 현실 종교의 타락을 목도했기 때문이리라.

환상 가운데 그는 한 물체가 가까이 오고 있음을 보았 다. 곡식을 담는 뒤주였다. 천사는 그 뒤주가 "온 땅에 가득 한 죄악을 나타내는 것"이라고 말했다. 뒤주에는 납으로 된 뚜껑이 덮여 있었다. 스가랴가 주목하여 보는 가운데 뚜껑 이 들렸고, 그 안에 한 여인이 앉아 있는 것이 보였다. 천사 는 그 여인은 '죄악의 상징'이라고 말했다. 이 환상의 배경 은 수메르나 바벨론에서 숭상되던 이슈타르 혹은 이난나 이 야기이다. 메소포타미아 문명권에 속했던 사람들은 사랑의 신이자 전쟁의 신인 이 여신들을 숭배했다. 다산과 성적인 사랑을 보장해주고, 전쟁의 승리를 가져다준다는 이 여신은 일쑤 가슴과 둔부가 과장되게 형상화되곤 했다. 이 여신 숭배는 이스라엘 사람들 사이에서도 드물지 않게 시행되었던 것 같다.

예레미야가 전쟁을 피하여 이집트에 머물고 있던 이스라엘 공동체를 찾아가서 만군의 하나님께로 돌아오라고 권고했을 때 그들은 단호히 거절하면서 하늘 여신을 섬길 때는 자기들이 풍요를 누리며 살았다면서 이렇게 말한다.

"우리가 하늘 여신에게 제물을 살라 바치는 일을 그치고 그에게 술 제물 바치는 일을 그친 뒤부터는, 우리에게 모든 것이 부족하게 되었고, 우리는 전쟁과 기근으로 죽게 되었소"(예레미야 44:18).

하늘 여신 숭배는 이스라엘 속에 생각보다 깊게 뿌리 내리고 있었던 것이다.

스가랴는 천사가 그 여인을 뒤주 속에 밀어 넣고, 뒤주 아가리 위에 납 뚜껑을 눌러서 덮자, 학과 같은 날개를 가진 두 여인이 나타나 그 뒤주를 들고 높이 날아 바빌로니아로 가는 것을 본다. 하나님께 속한 땅을 하나님께 돌려드리기 위한 일종의 정화작업이다. '학'을 뜻하는 '해시다'는 하나님의 언약적 사랑을 뜻하는 '헤세드'를 연상시키는 단어이다. 타락한 백성을 여전히 사랑으로 품어 안음이 학으로 형상화된 것이 아닐까? 풍요와 다산, 그리고 승리가 절대 진리처럼 여겨질 때 평등 공동체는 무너진다. 세상의 빛으로 부름 받은 교회는 풍요와 승리를 신성시하는 문명의 폭력성을 고발하고, 사회적 약자들을 귀히 여기는 질서를 세우기 위해 해산의 수고를 다해야 한다.

기도

하나님, 나약한 우리는 삶이 고달플 때마다 실낱같은 희망이라도 붙잡고 싶어 주위를 둘러봅니다. 연이어 닥쳐오는 어려움을 해결하려고 동분서주하다 보니, 우리는 어느덧 하늘을 잃은 사람이 되고 말았습니다. 하늘을 잃자 땅의 인력은 더욱 확고하게 우리를 잡아당깁니다. 우리를 사로잡고 있는 헛된 욕망과 망상을 뒤주 속에 가둬주십시오. 그리고 그것을 우리에게서 멀리 치워주십시오. 삶이 힘들어도 하나님을 경외하는 마음, 이웃을 사랑하는 마음을 잊지 않게 해주십시오. 아멘.

하나님의 씨

하나님에게서 난 사람은 누구나 죄를 짓지 않습니다. 하나님의 씨가 그 사람 속에 있기 때문입니다. 그는 죄를 지을 수 없습니다. 그가 하나님에게서 났기 때문입니다. 하나님의 자녀와 악마의 자녀가 여기에서 환히 드러납니다. 곧 의를 행하지 않는 사람과 자기 형제자매를 사랑하지 않는 사람은 누구나 하나님에게서 난 사람이 아닙니다(요한일서 3:9-10).

죄는 밀어내는 힘이고, 사랑은 잡아당기는 힘이다. 죄는 모든 관계를 버름하게 만들고, 사랑은 관계를 따뜻하게 만든다. 죄는 그래서 그 자체로 벌이고, 사랑은 은총이다. 도스토예프스키의 『죄와 벌』에 나오는 라스콜리니코프는 영웅주의적 사관에 빠져 전당포 노인을 살해하고 만다. 그런 여인은 백해무익한 존재라는 것이 그의 생각이었다. 그러나 노파를 죽인 후 그는 양심의 가책을 느낀다. 가책 그 자체가

깨어나라,
너 잠자는 자여

그가 감당해야 하는 벌이었다. 죄는 사람을 부자유하게 만든다. 죄는 그 자체가 올무가 되어 사람을 얽어맨다. 죄에 대한 기억으로 인해 그는 창조적인 삶을 살 수 없다.

사도 요한은 하나님에게서 난 사람은 누구나 죄를 짓지 않는다고 말한다. 의지적으로 죄를 짓지 않는다는 말인 동시에 죄에 대해 무능한 사람이 된다는 말이기도 하다. 정말 그런가? 이것은 우리의 현실 경험과 일치하지 않는 주장이 아닐까? 신실한 사람도 죄를 짓는다. 무로부터 창조되었기에 인간의 영혼에는 무의 흔적이 남아 있다. 죄와 결별했다고는 해도, 죄의 습성은 남아 있다. 그런데 어쩌자고 요한은 하나님에게서 난 사람은 누구나 죄를 짓지 않는다고 말하는 것일까?

요한은 "하나님의 씨가 그 사람 속에 있기 때문"이라고 아주 간명하게 말한다. '하나님에게서 났다'는 말과 '하나님의 씨가 그 사람 속에 있다'는 말이 조응하고 있다. '하나님의 씨'는 믿는 이들 속에 자리 잡은 신적 삶의 원리를 나타낸다. 물리적 질서 안에서 실제의 씨가 생명을 발생시키는 것처럼, 하나님의 씨는 새롭게 창조된 영적 질서의 원천이 된다. 하나님의 씨를 내면에 간직한 사람들은 죄에 대해 맛을 잃는다. 죄가 그에게서 매력을 잃는다는 말이다.

죄를 뜻하는 헬라어 '하마르티아hamartia'는 원래 과녁을

빗나갔다는 뜻으로 사용되었다. 그러나 요한서신에서는 그 의미가 조금 달라진다. 하나님의 아들 예수의 피가 우리를 모든 죄에서 깨끗하게 해주신다는 사실을 받아들이지 않는 것이 죄이다(요한1서 1:7). 또한 죄는 하나님에 대한 사랑과 이웃에 대한 사랑을 거절하는 것이다. 요한은 하나님의 자녀와 악마의 자녀를 분별하는 기준을 분명하게 밝힌다. '의를 행하지 않는 사람', '자기 형제자매를 사랑하지 않는 사람'은 하나님에게서 난 사람이 아니라는 것이다. 예수님을 통해 우리 속에 심겨진 하나님의 씨는 우리를 예수의 길로 인도한다. 그 삶에 순응할 때 어둠이 빛을 이길 수 없듯이, 죄는 우리에게서 힘을 발휘하지 못한다.

기도

하나님, 뿌리 없는 부평초처럼 욕망의 바람이 부는 대로 이리저리 나부끼는 우리를 불쌍히 여겨주십시오. 은총을 통해 하나님의 씨가 우리 속에 심겨졌음에도 불구하고 우리는 그 씨를 정성을 다해 가꾸지 못했습니다. 세상을 향하고 있는 우리 눈길을 거두어들여 하나님을 바라보며 살게 해주십시오. 죄의 단맛을 끊어버린 사람이 되게 해주십시오. 때로는 쓰고 매운 듯 보이지만, 우리에게 진정한 자유와 평화를 안겨주는 진리를 맛보며 사는 멋진 사람들이 되게 해주십시오. 아멘

깨어나라,
너 잠자는 자여

어리석은 듯 보이나

아비멜렉이 친구 아훗삿과 군사령관 비골을 데리고, 그랄에서 이삭에게로 왔다. 이삭이 그들에게 물었다. "당신들이 나를 미워하여 이렇게 쫓아내고서, 무슨 일로 나에게 왔습니까?" 그들이 대답하였다. "우리는 주님께서 당신과 함께 계심을 똑똑히 보았습니다. 그래서 우리는, 우리와 당신 사이에 평화조약을 맺어야 하겠다고 생각합니다. 이제 우리와 당신 사이에 언약을 맺읍시다. 우리가 당신을 건드리지 않고, 당신을 잘 대하여, 당신을 평안히 가게 한 것처럼, 당신도 우리를 해롭게 하지 마십시오. 당신은 분명히 주님께 복을 받은 사람입니다"(창세기 26:26-29).

아버지 아브라함이나 아들 야곱, 손자 요셉에 비하면 이삭의 삶은 비교적 평탄했다. 어려움이 없었다는 말이 아니라 극적인 삶의 계기가 많지 않았다는 말이다. 아브라함, 야곱,

요셉은 모두 익숙한 세계를 떠나 낯선 세계를 떠돌아야 했다. '떠났다'고 말했지만 사실 야곱은 도망친 것이고, 요셉은 팔려갔다. 순탄치 않은 인생이었다. 물론 이삭도 트라우마적 사건을 겪기는 했다. 모리아에 있는 산에서 그는 손을 묶인 채 제단 위에 올려지지 않았던가. 하나님의 개입으로 그 위기를 넘기긴 했지만, 그 사건은 그의 삶에 두고두고 짙은 그림자를 드리웠을 것이다.

창세기에 등장하는 다른 인물들에 비해 이삭의 성격은 뚜렷하게 드러나지 않는다. 성격과 운명은 떼려야 뗄 수 없이 연관되어 있다. 이삭은 '그가 웃었다'는 뜻이다. 그는 비교적 수동적 인물로 그려진다. 행동의 주도권을 쥔 사람이라기보다는 상황에 따라 반응하는 일에 익숙한 사람이다. 흉년이 들자 이삭은 가족을 솔가하여 블레셋 지경인 그랄 땅으로 내려갔다.

아름다운 아내 리브가 때문에 위기를 겪기도 하지만, 그는 그랄 땅에서 하나님의 약속에 의지하여 열심히 살았다. 농사를 지어 많은 소득을 얻었고, 재산이 점점 늘어나 부자가 되었다. 시기심에 사로잡힌 현지인들은 적대감을 노골적으로 드러냈다. 이삭이 판 우물을 돌로 막았던 것이다. 이삭은 그들과 맞서 싸우기보다는 분쟁의 현장을 떠나 새로운 삶을 개척하는 쪽을 택했다. 그런 일이 여러 차례 반복되었

깨어나라,
너 잠자는 자여

지만 이삭은 그들과 다투지 않았다.

이삭은 밀리고 밀려 브엘세바까지 내려갔다. 분노가 쌓일만한 상황이었다. 하지만 이삭은 경거망동하는 사람이 아니라 듬쑥한 사람이었다. 어느 날 아비멜렉이 친구 아훗삿과 군사령관 비골을 데리고 이삭에게로 왔다. 이삭은 그들을 정중히 맞아주면서 무슨 일로 오셨느냐고 물었다. 그들의 대답이 뜻밖이었다.

"우리는 주님께서 당신과 함께 계심을 똑똑히 보았습니다. 그래서 우리는, 우리와 당신 사이에 평화조약을 맺어야 하겠다고 생각합니다. 이제 우리와 당신 사이에 언약을 맺읍시다"(창세기 26:28). 이삭의 비폭력적인 처신이 오히려 아비멜렉에게 경외심을 불러일으켰다. 아비멜렉은 이삭이 '주님께 복을 받은 사람'임을 알아차렸다.

사람들이 우리를 알아보는 것은 우리의 자기 진술을 통해서가 아니라 우리의 삶을 통해서이다. 이삭은 삶을 통해 약한 자들의 삶에 개입하시고 그들에게 살 권리를 회복시켜 주시는 야훼 하나님을 드러냈다. 이삭은 넌덕스럽게 자기를 드러내는 사람이 아니라 넌지시 하나님의 현존을 보여주는 사람이다. 영악한 이들이 보기에 이삭은 어리석어 보인다. 하지만 그 어리석음이 가장 큰 지혜인지도 모른다. 이삭은 노자가 말한 '대지약우^{大智若愚}'의 모범이다.

하나님, 지금도 이삭처럼 사는 게 가능한지요? 약한 사람을 보듬어 안아 주던 공동체가 무너진 후 세상은 정글처럼 변했습니다. 살아남기 위해 사람들은 자신을 강하게 보이고 싶어합니다. 허세를 부르는 사람들의 이면에 있는 것은 두려움입니다. 어려움을 반복적으로 겪으면서도 내면의 중심이 흐트러지지 않았던 이삭의 평온함과 고요함을 배우고 싶습니다. 하나님은 그런 이삭에게 복을 주셨습니다. 이런 믿음의 확신을 우리에게도 허락하여 주십시오. 비폭력적인 저항이야말로 세상을 변화시키는 힘임을 잊지 않게 해주십시오. 아멘.

깨어나라,
너 잠자는 자여

강인한 삶으로의 초대

거기에서 그들은 드빌 주민을 치러 갔다. 드빌은 일찍이 기럇 세벨이라고 불리던 곳이다. 그때에 갈렙이, 기럇세벨을 쳐서 점령하는 사람은, 그의 딸 악사와 결혼시키겠다고 말하였다. 갈렙의 아우 그나스의 아들인 옷니엘이 그 곳을 점령하였으므로, 갈렙은 그를 자기의 딸 악사와 결혼시켰다. 결혼을 하고 나서, 악사는 자기의 남편 옷니엘에게 아버지에게서 밭을 얻으라고 재촉하였다. 악사가 나귀에서 내리자 갈렙이 딸에게 물었다. "뭐, 더 필요한 것이 있느냐?" 악사가 대답하였다. "제 부탁을 하나 들어주시기 바랍니다. 아버지께서 저에게 이 메마른 땅을 주셨으니, 샘 몇 개만이라도 주시기 바랍니다." 갈렙은 딸에게 윗샘과 아랫샘을 주었다(사사기 1:11-15).

여호수아를 통해 가나안 정착이 이루어졌다고는 하지만 이스라엘 백성들이 머물던 땅은 척박한 곳이었다. 삶의 지평을 넓히기 위해 그들은 전쟁을 계속할 수밖에 없었다. 유다 자손들은 드빌 곧 기럇세벨을 점령하기 위해 출전했다. 오랫동안 그 지역에서 정착생활을 해오면서 지형지물에 익숙한 이들을 물리치기란 여간 어려운 일이 아니었을 것이다. 가나안 진입 이전에 정탐꾼으로 활동했던 갈렙은 의기소침한 군인들에게 기럇세벨을 쳐서 점령하는 자를 자기 딸 악사와 결혼시키겠다고 약속했다. 민담이나 야사에도 자주 등장하는 모티프이다. 다윗도 사울의 딸 미갈을 얻기 위해 출전한 적이 있었다(사무엘상 18:27).

갈렙의 아우 그나스의 아들인 옷니엘이 기럇세벨을 점령했다. 성경은 그 전쟁의 추이를 전혀 들려주지 않는다. 점령했다는 사실만 기록하고 있다. 사사기 기자가 관심을 기울이는 것은 그 싸움의 세세한 경과가 아니라 이후에 벌어진 사건이었기 때문이다. 갈렙은 약속대로 옷니엘과 악사를 맺어주었다. 고대 세계에서 친족 간의 결혼은 일상적인 현실이었다. 부족의 땅이나 재산이 다른 곳으로 이전되지 않도록 하려는 조치였던 것이다. 악사는 옷니엘에게 아버지에게 졸라 밭을 얻어내라고 재촉했다. 악사는 거기에 머물지 않았다. 갈렙이 악사에게 "뭐, 더 필요한 것이 있느냐?"고 물었을 때 악사는 지체치 않고 대답했다.

"제 부탁을 하나 들어주시기 바랍니다. 아버지께서 저에

깨어나라,
너 잠자는 자여

게 이 메마른 땅을 주셨으니, 샘 몇 개만이라도 주시기 바랍니다"(사사기 1:15).

'메마른 땅'은 '네겝Negeb' 광야를 가리킨다. 네겝은 유다의 남쪽 지역으로 이스라엘 국토의 절반에 해당하지만, 그곳은 척박하여 농사를 지을 수 없고 오직 목축만 가능한 곳이었다. 갈렙은 왜 그런 척박한 곳을 딸에게 선물로 주었을까? 갈렙은 여든다섯 살이 되던 해에 여호수아에게 약속대로 산간 지방을 달라고 청했다(여호수아 14:12). 그곳은 여전히 아낙 자손이 살고 있었고 성읍은 크고 견고했다. 그 땅을 차지하기까지는 오랜 시간이 걸릴 수도 있었다. 그럼에도 불구하고 갈렙은 편안하고 안락한 길을 택하지 않고 모험에 뛰어들었다. 그는 여전히 하나님의 약속에 따라 움직이는 청년정신을 품은 사람이었던 것이다.

그랬기에 그는 옷니엘과 악사에게 비옥하고 안전한 땅이 아니라, 위험을 무릅쓰고 개척해야 할 땅, 스스로 강인해져서 온갖 시련을 이겨내야 살 수 있는 땅을 선물로 주었다. 강인한 삶으로의 초대인 셈이다. 악사는 그런 아버지의 처사를 원망하지 않았다. 다만 샘 몇 개만이라도 달라고 청하여 윗샘과 아랫샘을 얻었다. 척박한 환경 속에서 살아남기 위한 최소한의 거점이 마련된 것이다.

기도

하나님. 우리는 사랑하는 이들에게 가장 좋은 것을 주고 싶어 합니다. 사랑하는 이들이 안락하고 편안하게 살 수 있기를 바라는 것은 인지상정입니다. 그런데 어쩌자고 갈렙은 딸과 사위에게 척박한 광야를 물려준 것일까요? 미워해서가 아니라 사랑하고 신뢰했기 때문일 것입니다. 바라는 모든 것을 손쉽게 손에 넣을 수 있을 때 삶에서 소거되는 것은 감사와 감격입니다. 비록 지금 우리가 걷고 있는 인생길이 광야처럼 고달프다 해도 투덜거리지 않겠습니다. 뚜벅뚜벅 걸어가며 감사와 기쁨의 찬양을 바치겠습니다. 우리의 찬양을 받아주십시오. 아멘.

깨어나라,
너 잠자는 자여

그리스도인들은 자기 시대의 과제에 신앙적으로 응답해야 한다. 지난 시절에는 민주주의를 정초하는 일이 중요했다면, 이제는 돈이 주인이 되어 버린 세상에서 사람들이 어떻게 중심을 잃지 않고 살아야 하는지, 그렇게 사는 이들이 얼마나 아름다운지 삶으로 입증해야 한다.

Monday ~~~~~~

Tuesday ~~~~~~

Wednesday ~~~~~~

깨어나라,
너 잠자는 자여

Thursday ~~~~~

Friday ~~~~~

Saturday ~~~~~

Sunday ~~~~~

왕후 와스디

이레가 되는 날에, 왕은 술을 마시고, 기분이 좋아지자, 자기를 받드는 일곱 궁전 내시 곧 므후만과 비스다와 하르보나와 빅다와 아박다와 세달과 가르가스에게 이르기를, 와스디 왕후가 왕후의 관을 쓰고, 왕 앞으로 나오게 하라고 명령하였다. 왕후가 미인이므로, 왕은 왕후의 아름다움을 백성과 대신들 앞에서 자랑하고 싶었던 것이다. 그러나 와스디 왕후는 내시들에게 왕의 명령을 전하여 듣고도, 왕 앞에 나오기를 거절하였다. 이 소식을 들은 왕은, 화가 몹시 났다. 마음속에서 분노가 불같이 치밀어 올랐다(에스더 1:10-12).

에스더 하면 떠오르는 구절이 "죽으면, 죽으렵니다"이다. 설교자들이 애국을 강조하려 할 때 떠올리는 텍스트 가운데 하나가 에스더기이다. 유대인들은 페르시아 통치자들로부터 구원받은 것을 기념하는 부림절Purim에 이 성경을 낭독

깨어나라,
너 잠자는 자여

하곤 했다. 부림절은 민족주의적 감정이 승하던 마카베오 시대에 대대적으로 지켜졌다고 한다.

에스더기의 주인공은 에스더이지만 그의 등장을 예비하는 한 인물에 주목할 필요가 있다. 그는 왕후 와스디이다. 일반 역사에서 크세르크세스라고 알려진 아하수에로 왕은 인도에서 에티오피아에 이르기까지 백스물일곱 지방을 다스린 왕으로 소개되고 있다. 자기 성취에 크게 고무된 왕은 장수들과 귀족, 각 지방 총독들을 위해 큰 잔치를 벌인 후 도성 수산에 있는 일반 백성들을 위해서도 이레 동안 잔치를 베풀었다. 이레가 되는 날 왕은 술이 거나해져서 내시들을 왕후에게 보내 왕후의 관을 쓰고 왕 앞으로 나오라고 명한다. 왕은 왕후의 아름다움을 뭇 사람들에게 과시하고 싶었던 것이다.

와스디는 그때 부인들을 초대하여 잔치를 베풀고 있었다. 그래서일까? 와스디는 왕의 명령에 따르지 않았다. 남성들의 눈요깃감으로 소비되기를 거부하는 각성된 여성의 항거라고 보아야 할까? 여하튼 뜻밖의 거절에 직면한 왕은 분노했다. 와스디의 처신이 왕의 권위를 훼손했다고 판단했기에 그는 법에 밝은 측근들과 왕후를 어떻게 처리할지를 의논했다. 법률 전문가들은 와스디의 처신이 왕께만 잘못을 한 것이 아니라, 나라 안에 있는 여성들에게 잘못된 신호를 주어

남편들을 업신여기게 될 것이라고 충고한다. 결국 왕비는 폐위되었고, 가부장적 질서를 강화하는 내용의 조서가 모든 지방으로 송달된다.

"남편이 자기 집을 주관하여야 하며, 남편이 쓰는 말이 그 가정에서 쓰는 일상 언어가 되어야 한다"(에스더 1:22b).

와스디는 강성하고 발달된 제국의 이면에서 작동되고 있는 강압적이고 폭력적 질서를 고발하는 기표로 우리 가운데 서 있다. 와스디의 폐위가 결국 에스더의 등장을 예비하지만, 에스더기가 여성들을 바라보는 관점은 이중적이다. 와스디는 남성들이 지배하는 세상에 길들여지기를 거부하다가 몰락했지만, 에스더는 자신의 여성적 매력을 통해 민족을 구원한 사람으로 이상화되고 있다. 누가 옳고 누가 그른가를 따지는 것은 무의미하다. 와스디는 와스디의 역할을 했고, 에스더는 자기 역할을 다했을 뿐이다. 그럼에도 불구하고 와스디의 이름을 오늘 호명하는 까닭은 그가 남성들의 폭력에 의해 스러져간 모든 이들을 상기시키고 있기 때문이다.

깨어나라,
너 잠자는 자여

하나님, 의도하든 의도하지 않든 우리는 주위 사람들에게 폐를 끼치며 살아갑니다. 할 수 있는 한 친절하고 따뜻한 마음으로 사람들을 대하려 하지만, 무정한 마음에 굴복할 때가 더 많습니다. 존중받고 사랑받는다는 느낌이 들 때 우리는 너그러워집니다. 그러나 무시당한다고 느낄 때면 날카로워집니다. 와스디처럼 누군가의 꽃이 아니라 자기 생각과 입장을 가진 사람으로 살려다가 어려움을 겪는 이들을 긍휼히 여겨주십시오. 주님의 무한하신 자비로 그들을 품에 안아주십시오. 아멘.

뜻이 바로 서면

> 그래서 감독관은 그 말을 따라서, 열흘 동안 시험해 보았다. 열흘이 지났을 때에 보니, 그들의 얼굴빛이 왕이 내린 음식을 먹은 젊은이들의 얼굴빛보다 좋고 건강하여 보였다. 감독관은 그들에게 지정된 음식과 마실 포도주를 주지 않고, 채소를 계속 주어서 먹게 하였다. 하나님은 이 네 젊은이들이 지식을 얻게 하시고, 문학과 학문에 능통하게 하셨다. 그 밖에도 다니엘에게는 환상과 온갖 꿈을 해석하는 능력까지 주셨다(다니엘 1:14-17).

나라를 잃은 백성으로 산다는 것처럼 비참한 게 또 있을까? 인위적으로 획정된 국경으로 인해 이리저리 찢긴 채 세상을 떠돌며 살아가는 크루드 족들은 어디에서나 천덕꾸러기 신세를 면치 못하고 있다. 유대인들이 1948년 팔레스타인에 이스라엘을 세운 것은 나라 없이 떠돌던 긴 세월 동안 그들이 감내해야 했던 쓰라림을 다시는 겪고 싶지 않다는 바람

깨어나라,
너 잠자는 자여

때문이었다. 일찍이 예레미야는 바빌로니아에 포로로 잡혀가 있는 동족들에게 보낸 편지에서 그 땅에서 살아남기 위해 안간힘을 다하라고 권고했다. 아들 딸도 낳고, 집도 짓고, 농토도 일구면서 때를 기다리라는 것이었다.

이것은 급진적 낙관주의인 동시에 지극히 현실주의적 태도이다. 바빌로니아는 포로로 잡아간 이들 가운데 능력 있는 이들을 선발하여 바빌로니아의 언어와 문학을 습득하도록 했다. 식민정책의 일환이었다. 다니엘은 그들 가운데 하나였다. 선민이라는 자부심이 투철한 유대인들이 이방 민족의 지배를 받는다는 사실을 수긍하기 어려웠겠지만 현실은 냉혹했다.

그들에게는 세 가지 길이 있었다. 끝까지 저항하다가 몰락하는 길, 동화되는 길, 그리고 적응하지만 동화되기를 거부하는 길이 그것이었다. 다니엘과 세 친구는 세 번째에 해당했다. 궁궐에 들어가서 바빌로니아의 지혜와 학문을 익혀야 했지만 그들은 자기들의 정체성을 포기하지 않았다. 하나님 경외는 포기할 수 없는 삶의 핵심이었고, 토라의 가르침은 그들의 삶을 지탱해주는 기둥이었다. 다니엘은 정결법을 위반하지 않으려고 모험을 감행했다. 감독관에게 청해 왕이 내려준 음식을 먹지 않도록 해달라고 요구했던 것이다. 열흘이 지났을 때 물과 채소만 먹은 그들의 얼굴빛이 다른 젊은이들보다 건강하게 보였다.

사람은 밥만 먹고 사는 존재가 아니라 뜻을 먹고 산다. 어떤 일이 의미 있다고 느낄 때 사람들은 피로를 느끼지 않는다. 무의미함이야말로 우리 삶을 뒤흔드는 억센 손이다.

도스토예프스키는 시베리아 유형 경험을 담은 『죽음의 집의 기록』에서 죄수들이 가장 견디기 어려워했던 것이 바로 무의미한 노동의 반복이었다고 말한 바 있다. 무의미성의 자각은 우리로 하여금 삶의 의욕을 잃게 하고, 때로는 원망의 심연에 빠져들게 만든다. 다니엘과 세 친구들을 지켰던 것은 음식이 아니라 뜻이었다. 뜻이 바로 설 때 삶은 가지런해진다. 그들이 바빌로니아에서 익힌 문학과 학문이 하나님을 경외하는 마음과 결합할 때 구원의 지혜로 승화되었다. 뜻이 무너지는 순간 누추한 삶이 시작된다.

깨어나라,
너 잠자는 자여

하나님. 진실한 사람이 되고 싶습니다. 두려움 없이 주님을 신뢰하는 사람이 되고 싶습니다. 악의 없이 순수한 사람이 되고 싶습니다. 이런 우리의 바람은 현실의 장벽에 부딪혀 좌절되곤 합니다. 장하게 세웠던 뜻이 무너지면 우리는 허탈감에 사로잡힙니다. 다니엘과 세 친구들처럼 확고한 믿음 위에 우리 인생의 집을 짓고 싶습니다. 주님의 신비를 우리에게 보여주십시오. 주님의 사랑이 우리 삶의 어둠을 밝히는 새벽이 되게 해주십시오. 비틀거리지 않고 진리를 향해 뚜벅뚜벅 걸어갈 힘과 용기를 주십시오. 아멘.

미더운 말은
아름답지 않다

나의 형제자매 여러분, 무엇보다도 맹세하지 마십시오. 하늘
이나 땅이나 그 밖에 무엇을 두고도 맹세하지 마십시오. 다만,
"예" 해야 할 경우에는 오직 "예"라고만 하고, "아니오" 해야
할 경우에는 오직 "아니오"라고만 하십시오. 그렇게 해야 여러
분은 심판을 받지 않을 것입니다(야고보서 5:12).

말은 다리일 때도 있고, 검일 때도 있다. 사람과 사람 사이
를 이어주기도 하지만, 관계를 단절시킬 때도 있으니 말이
다. 하나님의 선물로서의 말은 사방 돌아다니며 사건을 일
으킨다. 소설가 이청준은 모든 말들이 길을 헤매고 있다고
말했다. 사람들이 "너무나 많은 말을 하여 말들의 주소를 바
꿔 놓음으로써 말들을 혹사했고, 결국에는 기진맥진 지쳐나
게 했다"(『떠도는 말들』 중에서)는 것이다. 떠도는 말들은 저희
끼리 자유롭고 음란스런 교미를 즐기다가 자신들이 당해 온

깨어나라,
너 잠자는 자여

학대와 사역에 대한 복수를 음모한다(《자서전들 쓰십시다》 중에서). 무서운 일이다. 오늘 우리가 살고 있는 세상은 말들이 인간에게 복수하는 시대이다.

참된 말을 가리기 쉽지 않다. 사실과 허구가, 진실과 거짓이 뒤섞인다. 아무도 서로의 말을 액면 그대로 믿지 않는다. 종교적인 언어조차 의미를 잃고 있다. 사람들은 자기들의 말이 참임을 입증하기 위해 맹세를 하기도 한다. 그러나 맹세나 굳은 서약도 믿기 어렵기는 마찬가지이다. 기본적인 신뢰가 무너져 있기 때문이다. 막스 피카르트는 침묵을 바탕으로 하지 않은 말은 소음이라고 말했다. 성경은 가급적이면 맹세를 하지 말라고 가르친다. 이유는 단순하다. "그들이 주님께서 살아 계심을 두고 맹세하고, 주님을 섬긴다고 말하지만, 말하는 것과 사는 것이 다르다"(예레미야 5:2). 삶으로 뒷받침 되지 않는 맹세는 허망할 따름이다.

시인 정현종은 '장난기'라는 시에서 "내 말보다는 아무래도/셰익스피어가 한 말이라고 해야 먹힐 것 같아/나는 장난기가 동하면 가끔 내 말을 셰익스피어가 한 말이라고 하고 말을 한다/사람들은 긴가민가하면서도(셰익스피어가 안 한 말이 있겠느냐 싶기도 하여) 표정을 고쳐가지고 듣는다"고 말한다. 씁쓸하지만 이건 경험적 진실이다.

이제는 말을 바른 자리에 두어야 한다. 그러기 위해서는 말이 담백해야 한다. 사도는 "'예' 해야 할 경우에는 오직 '예'라고만 하고, '아니오' 해야 할 경우에는 오직 '아니오' 라고만 하십시오"라고 권고한다. 이 말은 어떤 손해를 감수 하고라도 참을 말하라는 것이 아니라, '예'는 '예'가 되게 하 고 '아니오'는 '아니오'가 되게 하라는 것이다. 노자는 『도덕 경』의 마지막 장인 81장에서 "미더운 말은 아름답지 않고, 아름다운 말은 미덥지 않다. 선한 사람은 말을 잘 못하고, 말을 잘 하는 사람은 선하지 않다信言不美 美言不信 善者不辯 辯者不善 신언불미 미신불언 선자불변 변자열선"고 가르쳤다. 노자가 자기 가르침 을 마감하면서 실속 없는 말의 위험을 지적한 것은 그만큼 말의 오용을 심각하게 생각했기 때문일 것이다. 말이 살 때 세상은 새로워진다.

기도

하나님, 주님은 말로써 천지를 창조하셨지만 불충한 우리는 말로 혼돈을 만들며 삽니다. 사람과 사람 사이를 이어주어야 할 말을 오용하여 불통의 세상을 만들었습니다. 사람들은 이제 서로의 말을 믿지 않습니다. 말이 무 너진 자리에 남은 것은 불신과 미움뿐입니다. 진실한 말, 꼭 필요한 말, 친 절한 말을 하며 살게 해주십시오. 참과 거짓을 가려들을 수 있는 분별력 을 허락하여 주십시오. 자신을 정당화하기 위해 불필요한 말을 함으로 오 히려 말을 오염시키던 우리의 잘못된 습관을 고쳐주십시오. 아멘.

깨어나라,
너 잠자는 자여

밀레도에서

보십시오. 이제 나는 성령에 매여서, 예루살렘으로 가는 길입니다. 거기서 무슨 일이 내게 닥칠지, 나는 모릅니다. 다만 내가 아는 것은, 성령이 내게 일러주시는 것뿐인데, 어느 도시에서든지, 투옥과 환난이 나를 기다리고 있다는 것입니다. 그러나 내가 나의 달려갈 길을 다 달리고, 주 예수께 받은 사명, 곧 하나님의 은혜의 복음을 증언하는 일을 다하기만 하면, 나는 내 목숨이 조금도 아깝지 않습니다(사도행전 20:22-24).

사랑하는 이들과의 이별은 늘 애닯다. 등 돌려 떠나지만 마음은 차마 떠나지 못할 때가 많다. 고려시대의 문인 정지상의 〈송인送人〉은 이별의 쓸쓸함을 곡진하게 보여준다.

"비 개인 긴 강둑 위에 풀빛도 새로워라/남포에 님 보내는 노랫가락 슬프구나/대동강 푸른 물은 어느 때에 마를 건가/이별의 눈물 더해 해마다 더 푸르리."

세월이 가도 가시지 않을 그리움을 절절히 노래하고 있다. 삶은 만남과 헤어짐의 연속이다. 만날 땐 반갑지만 헤어질 땐 아쉬운 법이다.

에베소에서 복음을 전하던 바울은 온갖 박해를 견디다 못해 그 현장을 떠날 수밖에 없었다. 드로아를 거쳐 밀레도에 도착한 바울은 에베소에 사람을 보내어 교회 장로들을 불렀다. 어쩌면 다시는 만나지 못하리라는 예감 때문이었을 것이다. 바울과 장로들의 만남은 따뜻했지만 비장감이 넘쳤다. 바울은 에베소에서의 자기 사역을 회상한다.

"나는 겸손과 많은 눈물로, 주님을 섬겼습니다. 그러는 가운데 나는 또, 유대 사람들의 음모로 내게 덮친 온갖 시련을 겪었습니다. 나는 또한 유익한 것이면 빼놓지 않고 여러분에게 전하고, 공중 앞에서나 각 집에서 여러분을 가르쳤습니다"(사도행전 20:19-20).

순수한 열정이었다. 어떤 이익을 바랐다면 박해를 견디면서까지 복음을 전하지 않았을 것이다. 값없이 받은 은혜를 값없이 나누는 이의 기쁨을 그는 한껏 누렸다.

예루살렘으로 돌아가면 어떤 일이 그를 기다리고 있을지 분명치는 않았지만 그는 직감적으로 시련을 예감했다.

"다만 내가 아는 것은, 성령이 내게 일러주시는 것뿐인데, 어느 도시에서든지, 투옥과 환난이 나를 기다리고 있다는

깨어나라,
너 잠자는 자여

것입니다"(사도행전 20:23).

그의 앞에는 꽃길이 아니라 가시밭길이 놓여 있었다. 그러나 그 길을 회피하려 하지 않는다. 그것이 주님의 뜻임을 알았기 때문이다. 복음을 증언하는 일을 다 할 수만 있다면 그는 목숨을 조금도 아끼지 않겠노라고 말한다. 바울은 행복한 사람이다. 목숨을 바쳐도 좋을만한 일을 만났으니 말이다.

"괴로웠던 사나이,/행복한 예수 그리스도에게 처럼/십자가가 허락된다면//목아지를 드리우고/꽃처럼 피어나는 피를/어두워가는 하늘 밑에/고요히 흘리겠습니다." 했던 윤동주의 고백도 같은 지점을 가리키고 있다.

바울은 장로들에게 어떤 시련과 유혹이 닥쳐오더라도 자신의 가르침에서 벗어나지 말라고 신신당부했다. 그러면서 그들을 하나님과 그의 은혜로운 말씀에 맡겼다. 바울과 장로들은 무릎을 꿇고 함께 기도를 올렸다. 그리고 실컷 울고서, 서로 목을 끌어안고 입을 맞추었다. 눈물로 작별한 후 각자의 자리로 돌아가야 했지만 그들은 사실 한 곳, 곧 하나님 나라를 향해 나아가는 사람들이었다.

하나님, 낯선 이들과 삶을 공유하는 일은 참 어렵습니다. 저마다 생각과 습관이 다르기 때문입니다. 공동체를 이루기 위해서는 인내와 이해와 사랑이 필요하지만 우리는 그 번거로움이 싫어서 진지한 사귐을 회피하기도 합니다. 그러나 그런 버성김을 극복하면서 친밀하게 된 이들은 얼마나 귀한지요? 그들과 헤어져야 한다는 것은 얼마나 큰 아픔입니까? 주님의 뜻에 순종하기 위해 고난이 예견되는 길을 떠나는 바울의 그 마음을 잊지 않게 해주십시오. 주님이 어디로 이끄시든지 '아멘' 하고 따라나설 수 있는 믿음을 우리 속에 심어 주십시오. 아멘.

깨어나라,
너 잠자는 자여

사람들에게 몸을 맡기지 않으셨다

> 예수께서 유월절에 예루살렘에 계시는 동안에, 많은 사람이 그가 행하시는 표징을 보고 그 이름을 믿었다. 그러나 예수께서는 모든 사람을 알고 계시므로, 그들에게 몸을 맡기지 않으셨다. 그는 사람에 대해서는 어느 누구의 증언도 필요하지 않으셨기 때문이다. 그는 사람의 마음속에 있는 것까지도 알고 계셨던 것이다(요한복음 2:23-25).

유월절에 예루살렘에 있던 많은 사람들이 예수께서 행하시는 표징을 보고 그 이름을 믿었다. '믿다' 곧 '피스티스^{fistis}'는 기본적으로 '어떤 말을 진실이라고 받아들이다'라는 뜻이다. 그러니까 설득되었다는 말이다. 예수가 행한 일은 예수의 말이 진실임을 입증했고, 사람들은 그 틈 없는 일치를 인정하지 않을 수 없었다. 예수의 이름을 그들은 기적 행위와 더불어 기억했다. 그렇다고 하여 사람들이 예수를 구원자로 온전히 받아들였다는 뜻은 아니다. 그들이 예수에게 구한 것은 삶의 방편 혹은 기적이었지 생명이신 분의 존재 자체가 아니었다. 이것은 이어지는 진술을 보면 알 수 있다.

예수께서는 그들에게 몸을 맡기지 않으셨다. '맡기다'라고 번역된 단어 역시 '피스티스'에서 파생된 단어이다. 이 단어의 반복적 사용을 통해 요한은 군중과 예수 사이의 어긋남을 드러내고 있다. 예수는 그들에게 자신의 몸과 마음을 의탁하지 않으셨다. 사람들은 예수를 믿었지만 예수님은 그들은 믿지 않았다는 말이다. 예수의 이런 부정적 인식을 어떻게 이해해야 할까? 예수는 군중들의 욕망을 잘 이해하고 계셨던 것으로 보인다. 군중은 조직화된 집단이 아니지만 물리적으로 가까이 있기에 영향을 주고받을 수 있는 집단이다. 그들은 다른 사람이 선택한 것을 별다른 고민 없이 선택하기도 한다. 결단의 주체가 되기보다는 대세를 따름으로 심리적 안전을 누리고 싶어 한다. 예수는 자기를 향한 군중의 기대 심리 속에서 위험을 감지하셨던 것일까?

예수님이 군중들의 태도에 크게 고무되거나 동요하지 않았던 까닭을 요한은 예수께서 모든 사람을 알고 계셨기 때문이라고 말한다. "그는 사람에 대해서는 어느 누구의 증언도 필요하지 않으셨기 때문이다. 그는 사람의 마음속에 있는 것까지도 알고 계셨던 것이다"(요한복음 2:25). 이 구절을

깨어나라,
너 잠자는 자여

두고 어떤 이들은 예수님이 하나님의 아들이기에 사람을 속속들이 아시는 것이라고 말한다. 경건한듯 하지만 실체적 진실이라 말하기는 어렵다. 우리가 물어야 할 질문은 이것이다. "예수는 대체 어떤 경험을 했길래 이런 인식에 이른 것일까?"

사람들이 톨스토이나 도스토예프스키에게 놀라는 것은 그가 형상화하는 인물들의 복잡 미묘한 성격 묘사 때문이다. 인간은 쉽게 규정되거나 규명될 수 없는 존재이다. 붙잡았다 싶은 순간 미끄러져 나가는 것이 인간의 마음이다. 삶 자체가 모호하지 않던가. 공생애 이전의 삶을 우리는 알지 못한다. 분명한 것은 순탄치 않은 삶이었다는 것뿐이다. 순탄한 삶이었다면 그런 복잡한 인식에 이를 수 없었을 것이다. 상황에 따라 속절없이 흔들리는 인간의 마음을 다 경험하셨기에 예수님은 모든 세대 사람들과 소통하실 수 있었다. 예수님은 지금도 혼돈 속에 질서를, 어둠 속에 빛을 가져오신다.

하나님, 삶이 곤고함을 알기에 우리는 다른 이들의 시선이나 평가에 민감하게 반응합니다. 나를 긍정해주는 사람을 만나면 살맛이 나고, 부정적인 시선이나 반응에 부딪힐 때면 어둠에 사로잡히곤 합니다. 사람들의 그런 평가나 인정이 예수님께 별다른 영향을 끼치지 못했다는 사실이 우리를 부끄럽게 만듭니다. 이웃들과 좋은 관계를 유지하면서도 그들의 평가에 연연하지 않을 수 있는 자유로움을 누리고 싶습니다. 그런 자유는 진리 안에 굳게 서 있을 때 유입되는 것임을 압니다. 우리를 더 깊은 진리의 세계로 이끌어 주십시오. 아멘.

깨어나라,
너 잠자는 자여

게르솜과 엘리에셀

미디안의 제사장이며 모세의 장인인 이드로는, 하나님이 모세와 그의 백성 이스라엘에게 하신 일, 곧 주님께서 어떻게 이스라엘을 이집트에서 인도하여 내셨는가 하는 것을 들었다. 모세의 장인 이드로는 친정에 돌아와 있는 모세의 아내 십보라와 십보라의 두 아들을 데리고 나섰다. 한 아들의 이름은 게르솜인데, 이 이름은 "내가 타국 땅에서 나그네가 되었구나" 하면서 모세가 지은 것이고, 또 한 아들의 이름은 엘리에셀인데, 이 이름은 그가 "내 아버지의 하나님이 나를 도우셔서, 바로의 칼에서 나를 건져 주셨다"고 하면서 지은 이름이다(출애굽기 18:1-4).

가끔 섭리는 우리를 예상치 못한 곳으로 이끈다. 모세의 경우가 특히 그러하다. 태어날 때부터 그는 삶과 죽음의 경계선에 놓여 있었다. 공적 생에 돌입하기 전에 머물렀던 광야 또한 문명과 문명의 경계이다. 경계선에 선다는 것은 어디에도 속하지 못한다는 말이다. 모세는 가나안을 목전에 두고 세상을 떠났다. 가혹한 운명이다. '물에서 건진 아이'라는 뜻의 이름이 그의 운명을 반영하고 있다. 감리교를 시작한 존 웨슬리는 어린 시절 아버지가 시무하던 교회의 목사관에 불이 나서 죽음의 위기를 맞았었다. 거의 마지막 순간 기적적으로 구출되자 어머니 수산나는 스가랴 3장 2절을 떠올리며 그에게 '불에서 꺼낸 타다 만 나무토막'이라는 별명을 붙여주었다. 웨슬리는 그것을 자신의 운명으로 여기고 살았다.

물에서 건짐을 받은 모세는 절망의 심연으로 빠져들던 히브리인들을 건져내야 했다. 하나님의 손에 붙들려 산다는 것은 영광스러운 일이지만 개인적으로 보자면 난감한 일이다. 안일한 삶, 평범한 삶은 그에게 허락되지 않기 때문이다. 출애굽 공동체가 홍해를 건너 신 광야를 통과한 후 르비딤에 진을 쳤을 때 오아시스 지대를 잃고 싶지 않았던 아말렉이 몰려와서 이스라엘 사람들을 공격했다. 힘겨운 싸움이었지만 그들은 의기투합하여 승리를 거두었다. 출애굽 이후에 그들이 능동적으로 자기 운명을 걸고 싸웠던 싸움이었다.

그 직후에 모세의 장인 이드로가 모세의 아내 십보라와 두 아들을 데리고 모세를 만나러 왔다. 거대한 역사의 소용돌이 속에서 일견 사소해 보일 수도 있는 사건이었지만 가

깨어나라,
너 잠자는 자여

족과의 친밀한 만남은 모세에게 큰 힘이 되었을 것이다. 물론 그때 모세의 나이 이미 80이 넘어 있었다. 두 아들의 이름은 각각 게르솜과 엘리에셀이었다. '나그네'를 뜻하는 단어 '게르'에서 유래한 게르솜은 낯선 곳에서 새로운 삶을 일구어야 했던 모세의 신산스러운 처지를 반영하는 이름이다. 엘리에셀은 '나의 하나님은 돕는 분'이라는 뜻으로 하나님을 신뢰해야만 살 수 있었던 모세의 간절한 염원을 담은 이름이다. 두 아들의 이름은 모세가 고독과 적막 속에서 어떤 마음으로 살았는지를 보여주는 단서가 된다.

위대한 정신은 저절로 탄생하지 않는다. 단련된 인격은 시련의 시간을 거친 후에만 획득된다. 그래서 맹자도 "하늘이 장차 어떤 사람에게 큰 임무를 맡기려 할 때는 반드시 그 심지를 지치게 하고 뼈마디가 꺾어지는 고난을 당하게 한다"고 말했다. 마음을 두들겨서 참을성을 길러 주어서 그때까지 할 수 없었던 일을 하게 한다는 것이다. 게르솜과 엘리에셀은 그 연단의 과정을 버티게 해준 든든한 버팀목들이었다.

하나님. 생이 가혹하다는 생각에 사로잡힐 때가 많습니다. 아무리 애써 보아도 길이 보이지 않을 때 우리는 운명이 우리를 어디로 이끌어갈지 몰라 전전긍긍합니다. 하나님의 길은 우리의 길과 다르고, 하나님의 생각은 우리의 생각보다 높다는 사실을 잘 알면서도 조바심에서 벗어나지 못합니다. 모세가 겪어야 했던 고독이 단순한 괴로움이 아니었던 것은 그 고독 속에서도 하나님의 사랑을 느낄 수 있었기 때문입니다. 삶이 아무리 곤고해도 하나님의 사랑 밖으로 떠밀릴 수 없다는 사실을 잊지 않게 도와주십시오. 아멘.

깨어나라,

너 잠자는 자여

동상 만들기 욕망

> 그 뒤에 이스라엘 사람들이 기드온에게 말하였다. "장군께서 우리를 미디안의 손에서 구하여 주셨으니, 장군께서 우리를 다스리시고, 대를 이어 아들과 손자가 우리를 다스리게 하여 주십시오." 그러나 기드온은 그들에게 말하였다. "나는 여러분을 다스리지 않을 것입니다. 나의 아들도 여러분을 다스리지 않을 것입니다. 오직 주님께서 여러분을 다스리실 것입니다"(사사기 8:22-23).

위대한 사람을 키우는 것은 역사이다. 위기의 시대에 큰 인물이 나오는 것은 그 때문이다. 전쟁의 세기였던 주전 5세기의 아테네에서 탄생한 위대한 영혼들을 생각해 보라. 페리클레스와 같은 참주들은 물론이고, 서양 정신의 원형이 담긴 비극 작가들도 그 무렵에 등장한다. 중국에서도 위대한 인물들은 대개 춘추전국시대에 나타났다.

대 사사인 기드온도 그러한 경우에 해당한다. 그는 역사의 전위에 설 생각이 없었다. 시대에 대한 울분이 있었지만 나라를 지킬 책임이 자기에게 있다고 여기지는 않았다. 하나님의 사자가 그에게 모습을 드러냈을 때 그는 주님이 함께 계신다는 사실을 믿을 수 없다고 말하기도 했다. 하나님의 강한 손에 붙들려 역사의 무대에 서게 되었을 때, 옛 삶과의 결별을 선언하듯 바알의 제단을 허물고 아세라 목상을 불살라 하나님께 번제를 바쳤다.

그는 선발된 삼백 명의 용사와 더불어 유목 부족인 미디안과 아말렉의 침공에 맞서 싸웠고 대승을 거두었다. 그럼에도 불구하고 다른 지파 사람들은 기드온의 지도력을 받아들이려고 하지 않았다. 기드온은 강온 양면 전략을 구사하며 사람들을 자기 지도력 안에 들어오게 만들었다. 마침내 오랜 전란이 끝나고 평화 시대가 열리자 이스라엘 사람들이 기드온에게 세습 왕조를 세워달라고 청한다. 그러나 기드온은 일언지하에 거절하며 말한다. "나는 여러분을 다스리지 않을 것입니다. 나의 아들도 여러분을 다스리지 않을 것입니다. 오직 주님께서 여러분을 다스리실 것입니다"(사사기 8:23). 오직 여호와만이 이스라엘의 왕이시라는 선언이다.

중앙집권적 국가의 효율성을 모르지 않지만 효율성을 위해 평등공동체 수립이라는 출애굽 정신을 훼손할 수는 없다는 것이었다. 기드온의 이런 태도는 칭찬받아 마땅하다. 그러나 그의 행태는 뒷맛이 개운치 않다. 그는 백성들에게 전리품 가운데 금 귀고리 하나씩을 달라고 부탁한다. 모아진 금 귀고리는 천칠백 세겔, 약 20킬로그램이나 되었다. 기드온은 그것으로 에봇을 만들어 자신의 영지인 오브라 산당에 보관했다. 이스라엘 역사에서 전통적인 성지인 실로와 경쟁적으로 영향력을 확대하려 했던 것으로 보인다. 자기에 대한 기억이 사라질 것을 염려했기 때문일 것이다.

왕위는 거절했지만 그는 일종의 '동상 세우기'의 욕망에 굴복했던 것이다. 사사기 기자는 사람들이 기드온이 만들었던 에봇을 음란하게 섬겼다고 말함으로 기드온의 과실을 은근히 지적한다. 공을 이룬 후에 거기에 머물지 않는 사람을 만나보기 어렵다. 마른 나뭇잎이 한 점 미련 없이 바닥으로 낙하하듯이 자기를 내려놓을 줄 아는 사람만이 홀가분한 자유를 누린다.

하나님, 초심을 잃지 않기란 여간 어려운 것이 아닌 것 같습니다. 가진 것이 없을 때는 작은 이익에 쉽게 흔들리지 않지만 지켜야 할 것이 늘어날 때면 슬그머니 애초의 소신을 저버리고 편의주의를 따르는 게 우리들의 부끄러운 모습입니다. 자꾸만 내려놓고 버리는 연습을 하지 않으면 결국 욕망에 굴복하고 마는 게 우리 인생임을 잊지 않게 해주십시오. 하나님과의 친밀한 사귐 속에서 인생의 진미를 발견하고 싶습니다. 쉽게 흔들리곤 하는 우리 마음을 꼭 붙들어주십시오. 아멘.

깨어나라,

너 잠자는 자여

탄식한다고 세상이 달라지지는 않는다. 하나님의 정의와 공정을 외치는 동시에 그런 세상을 이루기 위해 헌신해야 한다. 지치지 않으려면 함께 노래를 부르는 이들이 필요하다. 축제의 함성을 지를 줄 아는 사람들만이 세상을 변혁시킬 수 있다. 함께 부르는 노래는 '다시는 없다'는 절망감을 '언제라도 가능하다'는 희망으로 전환시킨다.

Monday ~~~~~

Tuesday ~~~~~

Wednesday ~~~~~~

깨어나라,
너 잠자는 자여

Thursday ~~~~~

Friday ~~~~~

Saturday ~~~~~

Sunday ~~~~~

음식이 문제가 아니다

예수께서 다시 무리를 가까이 부르시고서, 그들에게 말씀하셨다. "너희는 모두 내 말을 듣고 깨달아라. 무엇이든지 사람 밖에서 사람 안으로 들어가는 것으로서 그 사람을 더럽히는 것은 아무것도 없다. 사람에게서 나오는 것이 그 사람을 더럽힌다"(마가복음 7:14-16).

삶이 맑아지기 위해서는 어떤 규율 속에서 자기를 단련할 필요가 있다. 유학이 가르치는 '팔조목八條目'은 그런 자기 닦음의 과정을 상세하게 보여준다. 격물格物, 치지致知, 성의誠意, 정심正心, 수신修身, 제가齊家, 치국治國, 평천하平天下. 마음을 바로 잡고 의지를 성실하게 하는 것과 사물의 이치를 궁구하는 지적 활동이 분리될 수 없다. 바른 삶이란 개인의 욕망에만 충실한 것이 아니라 공적인 책임을 질 줄 아는 것이다. 자기 닦음을 생략한 채 세상을 아름답게 만들 수는 없는 법

깨어나라,
너 잠자는 자여

이다. 파란 녹이 낀 구리 거울 속에 비친 것 같은 자기 모습을 시인 윤동주는 부끄러워한다. 진실하게 살고 싶고 정의롭게 살고 싶은 바람이 시대의 장벽 앞에서 번번이 좌절됨을 느끼기에 그는 침통하게 삶을 응시한다. 포기할 수도 없다. 예민한 영혼은 그렇기에 다짐한다. "밤이면 밤마다 나의 거울을/손바닥으로 발바닥으로 닦아 보자"(〈참회록〉 중에서).

율법의 조문을 지키는 일은 중요하다. 정결한 음식을 먹고 정결법의 규정에 따라 자기 삶을 규율하는 것은 거룩한 백성이 되기 위해 꼭 필요한 과정이었다. 성경이 번거로울 수도 있는 제사 규정을 그렇게 세세하게 기록한 것은 그런 과정을 통해 마음 닦음이 일어나기 때문이었을 것이다. 그러나 외적인 종교 행위가 곧 내적인 닦음으로 이어지지 않는다는 게 문제라면 문제이다. 하나님은 예언자들을 통해 마음이 담기지 않은 예배, 삶의 변화가 수반되지 않는 예배를 집어치우라 명하셨다. 바리새파 사람들과 율법학자들은 율법에 대한 전문가인 동시에 그 율법을 철저하게 살아내는 사람들이었다. 자부심을 가질만 했다. 문제는 자기들의 기준에 부합하지 않는 이들을 '죄인' 혹은 '더러운 존재'로 규정하는 오만함이었다. 오만함에 사로잡힌 영혼에는 온기가 없다. 그래서 아픔과 슬픔과 배고픔에 처한 사람들의 시린 마음을 부둥켜안지 못한다. 오히려 그런 이들을 비판하고 정죄함으로 자기 의를 드러내려 한다.

예수님은 정결법을 가지고 사람들을 평가하고 정죄하는 이른바 경건한 사람들을 보며 말씀하셨다. "무엇이든지 사람 밖에서 사람 안으로 들어가는 것으로서 그 사람을 더럽히는 것은 아무것도 없다. 사람에게서 나오는 것이 그 사람을 더럽힌다"(마가복음 7:15-16). 음식이 문제가 아니다. 마음이 문제다. 율법 조문을 잘 지킨다고 하여 곧 경건한 사람인 것은 아니다. 경건의 모양은 있지만 그 능력은 부인하는 이들이 많지 않던가. 공감과 이해와 사랑이야말로 우리가 그리스도에게 속한 존재임을 보여주는 일종의 징표이다.

기도

하나님, 예레미야는 '만물보다 더 거짓되고 아주 썩은 것이 사람의 마음'이라고 탄식했습니다. 칙살맞고 던적스러운 사람들에게 치일 때마다 예레미야의 그 말이 자꾸만 떠오릅니다. 그러나 곰곰이 생각해보면 다른 이들을 가리킬 것도 없습니다. 우리 마음 또한 욕망의 어둠 속에 잠겨 있으니 말입니다. 누구를 대하든 사랑의 마음으로 대하셨던 예수님의 마음을 닮고 싶습니다. 사람들 속에 있는 가장 아름다운 가능성을 보고 그것을 호명해주신 주님의 사랑을 배우고 싶습니다. 우리의 거칠어진 마음을 부드럽게 바꾸어 주십시오. 아멘.

깨어나라,
너 잠자는 자여

온화하게 바로 잡으라

어리석고 무식한 논쟁을 멀리하십시오. 그대가 아는 대로, 거기에서 싸움이 생깁니다. 주님의 종은 다투지 말아야 합니다. 그는 모든 사람에게 온유하고, 잘 가르치고, 참을성이 있어야 하고, 반대하는 사람을 온화하게 바로잡아 주어야 합니다. 그렇게 하면, 아마도 하나님께서 그 반대하는 사람들을 회개시키셔서, 진리를 깨닫게 하실 것입니다. 그들은 악마에게 사로잡혀서 악마의 뜻을 좇았지만, 정신을 차려서 그 악마의 올무에서 벗어날 것입니다(디모데후서 2:23-26).

논쟁에서 진리가 승리를 거두는 법은 없다. 논쟁은 어쩌면 두 성격 사이의 대립인지도 모르겠다. 구경꾼이 없다면 논쟁이 발전적 결론에 도달할 가능성이 있지만, 구경꾼 혹은 관찰자들이 있을 때는 지고 싶지 않다는 마음이 크게 작동한다. 사실과 주장이 뒤섞이고, 억측과 판단이 진실로 둔

갑하기도 한다. 일반적으로 사람들은 '가용성 편향availability bias'에 따라 세상을 바라본다. 그래서 관점을 바꾸기란 여간 어려운 것이 아니다.

진리를 가리키는 헬라어 '아레테이아'는 망각을 깨뜨리는 것 혹은 은폐되었던 것을 드러내는 것을 의미한다. 논쟁은 진리를 드러내기보다 가리는 경우가 많다. 종교에 대한 담론은 더욱 그러하다. 바울은 디모데에게 경험에서 우러나온 충고를 한다.

"어리석고 무식한 논쟁을 멀리하십시오. 그대가 아는 대로, 거기에서 싸움이 생깁니다"(디모데후서 2:23).

우리가 아는 대로 그리스의 시민 계급에게 논쟁은 일상이었다. 소크라테스도 소위 '산파술'이라는 대화법을 통해 사람들로 하여금 자신의 무지함을 깨닫게 하고 성찰에 이르게 하였다. 문제는 모든 논쟁이 사람들을 성찰로 이끌지는 않는다는 데 있다.

하나님의 말씀을 가르치고 전하는 이들은 논쟁을 통해 다른 이들을 설득하거나 설복시키려 하지 말아야 한다. 논쟁에서 이길 수는 있지만 사람을 얻지는 못할 수 있기 때문이다. 사도는 주님의 종은 다투지 말아야 한다고 말한다. 다툼은 승자와 패자를 나누게 마련이다. 승자는 자만에 빠지기 쉽고 패자는 쓸쓸함 속에 침잠한다. 쓸쓸함이 부끄러움과 결합하여 원한 감정으로 비약할 수도 있다. 평화로운 대화의 첫 번째 규칙은 상대방을 고쳐주려는 마음을 버리는 것이다. 하나님의 일을 하는 사람은 온유해야 한다. 온유한 이들은 다른 이들이 숨 쉴 여백을 제공하는 데 인색하지 않다. 온유함 속에서 상대방이 자유롭게 노닐 수 있을 때, 그래서 서로에 대한 깊은 신뢰가 생길 때까지 필요한 것은 참을성이다.

신뢰가 전제되지 않은 충고는 오히려 상대방의 마음을 얼어붙게 만들기도 한다. 자기가 온전히 받아들여지고 있음을 알 때 사람은 비로소 마음을 열고 다른 이들의 지혜로운 권고에 귀를 기울인다. 사랑은 상대의 허물을 감싸 안아줌으로 그가 다른 이들과 연결되어 있음을 깨닫게 해주는 것이지만, 그를 오류의 자리에 그저 방치하는 것은 진정한 사랑이 아니다. 때가 무르익을 때 온화하게 바로잡아 그가 진리 안에서 자유를 누리도록 해주어야 한다. 생텍쥐페리는 "인간이 된다는 것, 그것은 바로 책임을 지는 것"이라 말했다. 진리를 소유하고 있다는 자부심보다 더 중요한 것은 곁에 있는 이에 대한 따뜻한 배려의 마음이다.

하나님, 거칠고 상스러운 말, 다른 이에게 상처를 입히는 말, 조롱하는 말, 냉소하는 말, 저주하는 말이 세상을 어지럽히고 있습니다. 바람이 바닥에 깔린 먼지와 쓰레기를 공중에 날게 하는 것처럼 이러한 죽임의 말들로 인해 세상은 혼돈에 빠지고 있습니다. 종교 지도자를 자처하는 이들의 말이 살림의 말이 아니라 죽임의 말인 경우가 많습니다. 우리를 불쌍히 여겨주십시오. 바른 말, 살리는 말, 정 깊은 말, 따뜻한 말, 부드러운 말을 사용하는 이들이 늘어나게 해주십시오. 아멘.

깨어나라,
너 잠자는 자여

축제의 함성을
외칠 줄 아는 백성

> 정의와 공정이 주님의 보좌를 받들고, 사랑과 신실이 주님을
> 시중들며 앞장서 갑니다. 축제의 함성을 외칠 줄 아는 백성은
> 복이 있습니다. 주님, 그들은 주님의 빛나는 얼굴에서 나오는
> 은총으로 살아갈 것입니다(시편 89:14-15).

시편 89편의 시인은 하나님께서 소용돌이치는 바다를 다스
리시며, 뛰노는 파도도 진정시키신다고 말한다(9절). '소용
돌이치는 바다'는 혼돈의 은유이고, '다스림'은 혼돈을 코스
모스로 바꾸시는 하나님의 주권의 은유이다. 바빌로니아 창
조 설화는 마르둑이 아프수담수淡水와 티아마트염수鹽水를 죽이
고 그 몸으로 땅을, 그 피로 강을 만들었다고 말한다. 혼돈
의 괴물을 질료삼아 만들었기에 세상은 끊임없이 혼돈으로
돌아가려는 경향을 보인다는 것이다. 그러나 창세기의 첫
장은 하나님께서 말씀으로 세상의 혼돈을 물리치셨다고 말

한다. 혼돈과 공허와 흑암이 가득 찬 세상을 감싸 안고 있던 하나님의 영, 그리고 그 무질서의 세상에서 터져나온 빛에 대한 이야기는 얼마나 매혹적인가?

그러나 시인은 바빌로니아의 창조 설화에서 모티프를 빌리기를 주저하지 않는다. 라합을 격파하여 죽이고, 원수들을 강한 팔로 흩으신 분이 바로 야훼 하나님이라는 것이다. 시인이 겪고 있는 현실의 어둠과 혼돈이 얼마나 컸기에 그는 이런 이미지를 떠올리는 것일까? 악한 자들이 득세하는 세상이지만, 그것은 현실의 표면일 뿐 오직 하나님만이 세상의 통치자임을 그는 노래하고 있다.

"하늘은 주님의 것, 땅도 주님의 것, 세계와 그 안에 가득한 모든 것이 모두 주님께서 기초를 놓으신 것입니다"(시편 89:11).

하나님의 세계의 기초는 정의와 공정이고, 그 통치 원리는 사랑과 신실함이다. 정말 그러한가? 많은 이들이 회의에 빠져 있다. 문화혁명의 와중에 군중들로부터 받은 모멸감에 시달리다가 스스로 목숨을 거둔 중국 작가 라오서의 『루어투어 씨앙쓰』에 나오는 한 대목이 떠오른다. "비는 공평하지 않다. 공평함이 없는 세상에 내리기 때문이다." 비가 내린 후 시인은 연잎 위의 구슬과 쌍무지개를 읊조리지만 가난뱅이들은 어른이 병 나면 온 식구가 굶주리는 게 현실이

깨어나라,
너 잠자는 자여

다. 아이들은 배가 고파 좀도둑질을 하거나, 자기 몸을 팔 수도 있다. 정의와 공정이 주님의 보좌를 받들고 있다는 말을 어떻게 받아들여야 할까?

탄식한다고 세상이 달라지지는 않는다. 하나님의 정의와 공정을 외치는 동시에 그런 세상을 이루기 위해 헌신해야 한다. 지치지 않으려면 함께 노래를 부르는 이들이 필요하다. 축제의 함성을 지를 줄 아는 사람들만이 세상을 변혁시킬 수 있다. 함께 부르는 노래는 '다시는 없다never again'는 절망감을 '언제라도 가능하다ever again'는 희망으로 전환시킨다. 혼자 부르는 노래는 외롭고 무기력하지만 함께 부르는 노래는 사건을 일으킨다. 개별적인 주체를 언약 공동체의 일원으로 변화시킨다. 허무를 용기로 바꾸어준다.

기도

하나님. 난폭한 운명에 걷어 채인 사람들은 좀처럼 명랑함을 되찾지 못합니다. 세상이 온통 적대적인 것처럼 보이기 때문입니다. 외로움이 심화되면 자기 외부 세계를 공포로 인식합니다. 주님께서 우리에게 신앙공동체를 주신 것은 절망을 넘어 희망의 노래를 부르라는 뜻인 줄로 믿습니다. 세상이 아무리 소란해도 주님의 꿈을 가슴에 품은 이들이 손을 맞잡을 수 있다면 우리는 좌절하지 않을 것입니다. 혼돈이 우리를 삼키려 할 때 사랑의 노래. 평화의 노래를 부를 줄 아는 진실한 믿음을 허락하여 주십시오. 아멘.

깨어나라,
너 잠자는 자여

영혼의 버팀목

11월 25일

그 무렵에, 마리아가 일어나, 서둘러 유대 산골에 있는 한 동네로 가서, 사가랴의 집에 들어가, 엘리사벳에게 문안하였다. 엘리사벳이 마리아의 인사말을 들었을 때에, 아이가 그의 뱃속에서 뛰놀았다. 엘리사벳이 성령으로 충만해서, 큰 소리로 외쳐 말하였다. "그대는 여자들 가운데서 복을 받았고, 그대의 태중의 아이도 복을 받았습니다. 내 주님의 어머니께서 내게 오시다니, 이것이 어찌된 일입니까? 보십시오. 그대의 인사말이 내 귀에 들어왔을 때에, 내 태중의 아이가 기뻐서 뛰놀았습니다. 주님께서 하신 말씀이 이루어질 줄 믿은 여자는 행복합니다"(누가복음 1:39-45).

소명을 받드는 것은 아름다운 일이지만 고통스러운 일이기도 하다. 그는 더 이상 개인으로 살 수 없기 때문이다. 가브리엘 천사를 통해 "그대가 잉태하여 아들을 낳을" 것이라는 소식을 들었지만 마리아는 그 말의 의미를 이해할 수 없었다. 그럴 수밖에. 그러자 가브리엘은 오랫동안 아기를 낳지 못하던 마리아의 친척 엘리사벳이 하나님의 능력으로 잉태하게 되었다면서 하나님께는 불가능한 일이 없다고 말한다.

우리가 하나님이 하시는 일에 대한 확신을 갖지 못할 때 하나님은 우리의 믿음 없음을 꾸짖으시기보다는 고민과 갈등 그리고 기쁨을 함께 나눌 수 있는 동료를 주신다. 교회는 그런 경험과 이야기가 고여 있는 저수지와 같은 곳이다. 한몸 공동체를 이룬 이들은 서로가 경험한 하나님의 은총 이야기를 나누면서 불신앙을 극복해 나가야 한다. 바람 부는 날 촛불을 들고 길을 걷다가 내 초에 불이 꺼져도 함께 걷고 있는 동료로부터 불씨를 나누어 받는 것과 같은 이치이다. 마리아는 엘리사벳에게 일어난 일을 전해 듣고 용기를 얻었다. 마침내 마리아는 하나님이 자신을 통해 하시려는 일을 수용한다.

시간이 조금 지난 후 태기를 느낀 마리아는 엘리사벳을 찾아간다. 누가는 마리아가 엘리사벳에게 문안했을 때 엘리사벳의 태중에 있던 아기가 뛰놀았다고 전한다. 아기의 태동은 특별한 일이 아닌 데도, 엘리사벳은 깜짝 놀라 마리아에게 말한다.

"그대는 여자들 가운데서 복을 받았고, 그대의 태중의 아

깨어나라,
너 잠자는 자여

이도 복을 받았습니다. 내 주님의 어머니께서 내게 오시다니, 이것이 어찌된 일입니까? 보십시오. 그대의 인사말이 내 귀에 들어왔을 때에, 내 태중의 아이가 기뻐서 뛰놀았습니다"(누가복음 1:42-44).

빛의 화가라 불리는 17세기 네덜란드 화가 렘브란트는 이 놀라운 순간을 즐겨 그렸다. 렘브란트는 1656년경에 제작한 작품에서 엘리사벳의 모습을 매우 늙게 표현했다. 젊었을 때 그린 유화에서는 엘리사벳이 대등한 자리에 서서 키스로 마리아를 맞이하고 있지만, 그로부터 상당한 시간이 경과한 후에 제작한 작품에서는 엘리사벳이 마리아에게 깊이 허리를 숙여 인사하는 것으로 형상화했다. 몸이 불편해 보이는 사가랴도 마리아를 맞이하기 위해 하인의 어깨에 의지한 채 계단을 내려오고 있다. 렘브란트는 신적 경외심에 사로잡힌 엘리사벳의 모습을 드러내고 싶었던 것이리라.

분주함 속에서 표류하고 있는 우리 영혼은 신적 징후에 둔감해진 것이 아닌가 돌아볼 일이다. 믿음의 사람들은 서로에게 영혼의 버팀목 혹은 영혼의 숫돌이 되어주어야 하지 않을까? 마리아와 엘리사벳이 그러했듯이.

기도

하나님, 가끔은 누구에게도 말 못할 고민에 빠질 때가 있습니다. 아무도 이해해줄 수 없을 거라는 생각에 마음이 아뜩해지면 삶의 무게가 태산처럼 무겁게 느껴지기도 합니다. 비가 되어 내릴 때 먹장구름의 어둠이 걷히는 것처럼, 우리도 마음 내려놓을 곳이 절실히 필요합니다. 주님, 우리에게 마음을 나눌 사람을 보내주십시오. 어떤 판단도 하지 않으면서 존재그 자체를 따뜻하게 받아들일 수 있는 사람이 그립습니다. 이제 우리도누군가에게 그런 사람이 되기 위해 노력하겠습니다. 우리를 이끌어 주십시오. 아멘.

깨어나라,
너 잠자는 자여

다윗의 자기 이해

11월 26일

이것은 다윗이 마지막으로 남긴 말이다. 이새의 아들 다윗이 말한다. 높이 일으켜 세움을 받은 용사, 야곱의 하나님이 기름 부어 세우신 왕, 이스라엘에서 아름다운 시를 읊는 사람이 말한다. 주님의 영이 나를 통하여 말씀하시니, 그의 말씀이 나의 혀에 담겼다. 이스라엘의 하나님이 말씀하셨다. 이스라엘의 반석께서 나에게 이르셨다. 모든 사람을 공의로 다스리는 왕은, 하나님을 두려워하면서 다스리는 왕은, 구름이 끼지 않은 아침에 떠오르는 맑은 아침 햇살과 같다고 하시고, 비가 온 뒤에 땅에서 새싹을 돋게 하는 햇빛과도 같다고 하셨다(사무엘하 23:1-4).

이제 모든 사람들이 가는 곳으로 갈 때가 되었음을 직감한 다윗은 후손들을 격려하기 위해 자기 삶의 내력을 간략하게 요약하여 들려준다. 그는 인생에서 벌어졌던 사건들을 세세하게 전하기보다는 하나님을 두려워하며 살아온 삶이 은총이었음을 증언하기 위해 언어를 정선했다. 그는 자신을 "높이 일으켜 세움을 받은 용사, 야곱의 하나님이 기름 부어 세우신 왕, 이스라엘에서 아름다운 시를 읊는 사람"(사무엘하 23:1)이라고 고백한다.

그는 평탄하지 않았지만 정말 위대한 삶을 살았다. 하지만 그는 자기 삶을 돌아보면서 자랑스럽다고 생각하기보다는 경외심에 사로잡혀 있다. 지나온 날을 돌이켜 보면서 오늘의 자기가 있게 된 것은 다 하나님의 은총임을 깨달았던 것이다. 그는 자신을 "높이 일으켜 세움을 받은 용사"라고 자칭한다. '일으켜 세움을 받았다' 피동사 속에는 하나님에 대한 감사의 마음이 가득 담겨있다. 그가 돌올한 존재로 우뚝 설 수 있었던 것은 하나님의 숨이 속에 가득 차 있었기 때문이다.

다윗은 자기 삶의 목적은 하나님의 뜻을 수행하는 데 있음을 망각하지 않고 살았다. "야곱의 하나님이 기름 부어 세우신 왕"이라는 표현이 그것을 드러낸다. 다윗은 자기가 누구의 손에 붙들려 있는지를 늘 명심하고 살았던 것이다. 자기의 뜻을 이루기 위해 하나님을 동원하는 삶이 아니라, 하나님의 뜻을 이루기 위해 자기를 도구로 바치며 사는 삶이었다는 말이다. 그는 기름 부음을 특권이 아니라 의무로 이해했던 것이다.

깨어나라,
너 잠자는 자여

다윗은 지극히 산문적인 현실에 몸담고 살면서도 시인의 감성을 잃지 않았다. 그는 "이스라엘에서 아름다운 시를 읊는 사람"을 자처한다. 시인은 영혼의 예민한 촉수로 남들이 보지 못하는 현실의 미세한 부분을 더듬는 사람이고, 남들이 듣지 못하는 소리를 듣는 사람이다. 다윗은 땅에 살고 있으면서도 하늘의 소리에 민감했고, 그 소리에 반응하며 살았다.

다윗은 또한 하나님에게 쓰임 받는 왕의 통치의 핵심을 간략하게 밝힌다. "모든 사람을 공의로 다스리는 왕", "하나님을 두려워하면서 다스리는 왕"은 마치 구름이 끼지 않은 아침에 떠오르는 맑은 아침 햇살과 같고, 비가 온 뒤에 땅에서 새싹을 돋게 하는 햇빛과도 같다는 것이다. 사람을 공의로 다스린다는 말은 구부러진 척도를 가지고 세상을 재지 않는다는 말이다. 그는 자기 마음에 드는 사람이라 하여 두둔하고, 자기 마음에 안 든다고 함부로 대하지 않는다. 법을 사사로이 적용하지 않는다. 공의로운 다스림의 근거는 하나님 경외이다. 심판하는 자도 심판 아래 서 있음을 알아야 한다.

하나님, 저마다에게 주어진 삶의 길이 다 다른 것 같습니다. 평범하게 살다 가는 이들도 있고, 극적인 일에 연루되어 살다가 가는 이들도 있습니다. 그러나 삶의 경중은 가릴 수 없습니다. 우리에게 품부된 삶이 무엇이든 하나님이 주신 기회로 알고 살겠습니다. 크든 작든 하나님께서 맡겨주신 삶의 자리에서 그리스도의 향기를 풍기며 살겠습니다. 하나님을 경외하는 마음을 잃지 않도록 우리 마음을 지켜주십시오. 아멘.

깨어나라,
너 잠자는 자여

고통을 통해 깊어지다

어른의 종인 제가 소인의 아버지에게, 그 아이를 안전하게 다시 데리고 오겠다는 책임을 지고 나섰습니다. 만일 이 아이를 아버지에게 다시 데리고 돌아가지 못하면, 소인이 아버지 앞에서 평생 그 죄를 달게 받겠다고 다짐하고 왔습니다. 그러니, 저 아이 대신에 소인을 주인 어른의 종으로 삼아 여기에 머물러 있게 해주시고, 저 아이는 그의 형들과 함께 돌려보내 주시기를 바랍니다. 저 아이 없이, 제가 어떻게 아버지의 얼굴을 뵙겠습니까? 그럴 수는 없습니다. 저의 아버지에게 닥칠 불행을, 제가 차마 볼 수 없습니다(창세기 44:32-34).

낯선 곳에서는 누구나 다 취약해진다. 죄 지은 것이 없어도 두려운 법이다. 여러 해 지속된 기근으로 인해 애굽에 식량을 구하러 왔던 야곱의 아들들은 뭔가가 자꾸 꼬이고 있음을 느꼈다. 어려움은 연이어 온다더니 그들은 간첩 혐의를 받고 옥에 갇히기도 했다. 벼랑 끝에 선 심정이었을 것이다. 그 아찔한 자리에서 그들은 오랫동안 잊고 있었던 자기들의 죄를 기억해낸다. 자기들에게 이런 시련이 닥쳐온 것은 20여 년 전 요셉에게 저지른 죄 때문인 것 같다는 생각이 불현듯 그들을 엄습했다.

"그렇다! 아우의 일로 벌을 받는 것이 분명하다! 아우가 우리에게 살려 달라고 애원할 때에, 그가 그렇게 괴로워하는 것을 보면서도, 우리가 아우의 애원을 들어 주지 않은 것 때문에, 우리가 이제 이런 괴로움을 당하는구나"(창세기 42:21).

간첩 혐의를 벗기 위해서는 그들의 말이 거짓이 아니라는 것을 증명해야 했다. 시므온이 인질로 옥에 갇혀있는 동안 형제들은 가나안에 가서 막내 동생인 베냐민을 데려왔다. 그를 데려와야 그들의 말을 믿겠다는 요셉의 강요 때문이었다. 친 동생인 베냐민을 보면서 요셉은 형제의 정을 억제하지 못하지만 애써 본색을 숨기고 마지막으로 형제들을 시험한다.

요셉은 형제들의 곡식 자루에 각 사람이 가져온 돈을 넣고, 특히 베냐민의 자루에는 점을 치는 데 쓰는 은잔을 넣어두도록 지시한다. 마침내 식량을 구한 형제들이 안도의 한숨을 내쉬며 가나안을 향해 돌아갈 때 요셉은 사람을 보내

깨어나라,
너 잠자는 자여

형제들을 붙잡는다. 그리고 각자의 곡식 자루를 검사한다. 그들의 곡식 자루에서 곡식을 사기 위해 가져갔던 돈이 나왔고, 베냐민의 자루에서는 은잔이 나왔다. 그들은 도둑으로 몰렸다. 변명의 여지가 없었다. 베냐민의 죄는 특히 심각했다. 애굽 사람들이 점치는 데 사용하는 은잔을 훔친 죄는 결코 용서받을 수 없었다. 자기들이 곤경에 처했음을 알아차린 유다는 자기들 모두 요셉의 종이 되겠노라고 벌을 자청한다. 하지만 요셉은 오직 은잔을 훔친 자만 종이 될 것이라고 말한다.

이때 유다가 나서서 아주 열정적으로, 하지만 겸손하게 자기들의 불행한 가족사를 총리 앞에 털어놓는다. 사랑하던 아들이 사라진 일로 인해 아버지가 겪었던 상심의 세월을 언급하며, 지금 성물 절도사건에 연루된 베냐민이 자기 아버지에게 얼마나 소중한 존재인지를 밝힌다. 자기들이 베냐민을 데리고 가지 못한다면 아버지는 결국 슬픔 속에서 죽고 말 것이라고 말한 후에 그는 베냐민 대신 종이 되게 해달라고 청한다. 놀라운 변화이다. 그는 이제 질투심 때문에 형제를 죽이려 했던, 그래서 아버지의 가슴에 못을 박았던 과거의 사람이 아니다. 타인의 고통을 대신 감당하려는 참 사람이다. 유다는 예수 그리스도의 속죄 은총을 선구하는 존재이다. 고통과 시련은 때때로 사람을 깊어지게 만든다.

하나님. 돌아보면 우리 삶은 온통 실수와 허물투성이입니다. 바르고 정직하게 살겠다고 다짐하지만 어느 순간 우리는 무정한 사람이 되어 이웃의 마음에 못을 박곤 합니다. 흉과 허물을 숨긴 채 우리는 교양인으로 혹은 신앙인으로 처신합니다. 요셉의 형제들은 예기치 않은 운명의 타격과 만났을 때 자기들의 죄를 비로소 자각했습니다. 너무 늦기 전에 우리도 스스로의 잘못을 깨닫고 돌이킬 수 있게 해주십시오. 그런 실수와 고통을 자양분 삼아 더 나은 존재가 되도록 이끌어 주십시오. 아멘.

깨어나라,
너 잠자는 자여

다윗의 춤

다윗이 자기의 집안 식구들에게 복을 빌어 주려고 궁전으로 돌아가니, 사울의 딸 미갈이 다윗을 맞으러 나와서, 이렇게 말하였다. "오늘 이스라엘의 임금님이, 건달패들이 맨살을 드러내고 춤을 추듯이, 신하들의 아내가 보는 앞에서 몸을 드러내며 춤을 추셨으니, 임금님의 체통이 어떻게 되었겠습니까?" 다윗이 미갈에게 대답하였다. "그렇소. 내가 주님 앞에서 그렇게 춤을 추었소. 주님께서는, 그대의 아버지와 그의 온 집안이 있는데도, 그들을 마다하시고, 나를 뽑으셔서, 주님의 백성 이스라엘을 다스리도록, 통치자로 세워 주셨소. 그러니 나는 주님을 찬양할 수밖에 없소. 나는 언제나 주님 앞에서 기뻐하며 뛸 것이오. 내가 스스로를 보아도 천한 사람처럼 보이지만, 주님을 찬양하는 일 때문이라면, 이보다 더 낮아지고 싶소. 그래도 그대가 말한 그 여자들은 나를 더욱더 존경할 것이오"(사무엘하 6:20-22).

블레셋과의 전투에서 승리를 거둠으로써 다윗의 지도력은 확고해졌다. 그러나 그것만으로는 부족했다. 그에게는 상징 자본이 필요했다. 다윗이 아비나답의 집에 머물고 있던 법궤를 예루살렘으로 모시려 한 것은 그 때문이다. 그러나 이스라엘 정병 삼만 명을 이끌고 법궤를 옮겨오려던 계획은 좌절되고 말았다. 나곤의 타작마당에 이르렀을 때 소들이 날뛰기 시작했고, 떨어지려는 궤를 붙들려던 웃사가 죽고 말았던 것이다. 다윗은 두려움에 사로잡혔다. 그래서 주님의 궤를 다윗 성이 아닌 오벳에돔의 집으로 실어가게 했다.

다윗은 주님께서 오벳에돔의 집에 복을 내리셨다는 소식을 듣고 다시금 궤를 모시려고 오벳에돔의 집으로 향했다. 그러나 전번과는 확연히 다른 모습이었다. 이전에는 새 수레에 하나님의 궤를 싣고 가려 했지만 이번에는 사람들로 하여금 조심스럽게 메고 가도록 한다. 궤를 멘 사람들이 여섯 걸음을 옮겼을 때, 다윗은 소와 살진 송아지를 잡아 자기의 죄를 용서해 달라고 속죄의 제사를 올렸다. 이전에는 삼만 명의 정병을 데리고 갔지만 다윗은 조촐한 인원만 대동한 채 스스로 위풍당당한 군인의 갑옷을 벗고 베로 만든 에봇을 입었다. 그가 에봇을 입었다는 것은 하나님의 능력과 주권을 인정하고, 깊이 신뢰한다는 사실을 나타낸다.

성경은 다윗이 여호와 앞에서 힘을 다하여 춤을 추었다

고 말한다. 격식에 맞는 춤, 배워서 추는 춤이 아니라 마음의 움직임에 자기를 맡긴 춤이었다. 남을 의식하는 춤이 아니라 오직 하나님을 기쁘시게 해드리기 위해 추는 춤이었다. 왕이라는 자의식을 말끔하게 걷어내고 하나님 앞에서 어린아이가 되어 춘 춤이었다. 다윗의 아내인 미갈은 왕의 그러한 행위가 못마땅했다. 왕으로서의 체통이 손상되었다고 보았기 때문이다. 나중에 다윗이 집에 들어왔을 때 미갈은 불편한 속내를 숨기지 못하고 다윗의 경거망동을 책망한다. 그때 다윗은 확고하게 말한다. "그렇소. 내가 주님 앞에서 그렇게 춤을 추었소." 그리고 한 술 더 떠서 말한다. "나는 주님을 찬양할 수밖에 없소. 나는 언제나 주님 앞에서 기뻐하며 뛸 것이오."

다윗은 하나님의 궤를 자기 성에 모시고 나서 번제와 화목제를 바쳐 감사의 마음을 표한다. 그리고는 만군의 여호와의 이름으로 백성에게 축복했다. 하나님을 모신 사람들은 누가 시키지 않아도 다른 이를 축복하며 산다. 자기 속에 기쁨의 샘이 있는 사람은 다른 이에게 기쁨의 샘물을 나누어 주도록 되어 있다. 내면에 평화가 있는 사람만이 다른 이를 평화의 길로 인도할 수 있다.

정병 삼만 명과 함께 법궤를 다윗 성으로 옮기려던 그의 계획은 좌절될 수밖에 없었다. 하나님을 납치하려던 것이었으니 말이다. 자기 정당성을 확보하기 위해 하나님을 수단으로 이용하려던 그의 시도를 하나님은 물리치셨다. 다행히 다윗은 하나님의 경고를 소홀히 하지 않는 사람이었다. 그가 겸허함을 회복했을 때 하나님은 비로소 그와 더불어 언약을 맺으셨다.

기도

하나님. 하나님을 진심으로 경외했던 다윗도 한순간 오만에 빠졌던 것일까요? 정병 삼만 명을 동원하여 법궤를 납치하려 했던 그를 보고 얼마나 마음이 아프셨습니까? 그러나 다행히 다윗은 자기의 잘못을 자각할 줄 아는 사람이었습니다. 다윗 못지않게 많은 잘못을 저지르면서도 여전히 자기 의에 사로잡혀 거들먹거리는 우리를 불쌍히 여겨주십시오. 겸허하게 하나님의 뜻을 받들며 조심스럽게 살도록 우리를 이끌어 주십시오. 아멘.

깨어나라,
너 잠자는 자여

사람을 공의로 다스린다는 말은 구부러진 척도를 가지고 세상을 재지 않는다는 말이다. 그는 자기 마음에 드는 사람이라 하여 두둔하고, 자기 마음에 안 든다고 함부로 대하지 않는다. 법을 사사로이 적용하지 않는다. 공의로운 다스림의 근거는 하나님 경외이다.

Monday 〰〰〰

Tuesday 〰〰〰

Wednesday 〰〰〰

깨어나라,
너 잠자는 자여

Thursday ~~~~~

Friday ~~~~~

Saturday ~~~~~

Sunday ~~~~~

틈이 많은 사람

생명을 사랑하고, 좋은 날을 보려고 하는 사람은 혀를 다스려 악한 말을 하지 못하게 하며, 입술을 닫아서 거짓말을 하지 못하게 하여라. 악에서 떠나, 선을 행하며, 평화를 추구하며, 그것을 좇아라. 주님의 눈은 의인들을 굽어보시고, 주님의 귀는 그들의 간구를 들으신다. 그러나 주님은 악을 행하는 자들에게서는 얼굴을 돌리신다(베드로전서 3:10-12).

입버릇처럼 '죽고 싶다'고 말하는 이들이 있다. 견디기 어려운 삶의 무게 때문일 것이다. 그러나 '죽고 싶다'는 말은 '살고 싶다'는 말의 반어일 수 있다. 사람은 누구나 잘 살기를 원하고 행복하기를 바란다. 그러나 그런 바람은 타자들의 존재 앞에서 좌절될 때가 많다. 서로의 이해관계가 다르기 때문이다. 공존을 위해 우리가 지켜야 할 최소한의 도덕은 무엇일까? 베드로는 시편 34편 12-16절을 인용하면서 몇 가지 삶의 지침을 제시한다.

첫째, 혀를 다스려 악한 말과 거짓말을 하지 말라. 말은 사람과 사람 사이를 이어주는 이음줄이 되기도 하지만, 관계를 단절시키는 칼날이 되기도 한다. 야고보는 '말에 실수가 없는 사람이 온 몸을 다스리는 온전한 사람'(야고보서 3:2)이라 말했다. 우적거리며 수박을 씹다가 수박씨를 뱉어내듯이 말을 함부로 내뱉는 이들이 왜 이리도 많은지. 침묵을 바탕으로 하지 않은 말은 소음임을 자각할 필요가 있다.

둘째, 악에서 떠나, 선을 행하며, 평화를 추구하라. 평화를 추구하려면 먼저 우리 속을 어느 정도 비워야 한다. 다른 이들이 들어와 쉴 수 있을 만큼의 여백을 마련하고 살아야 한다. 마음의 여백, 시간의 여백, 물질의 여백을 마련해야, 나를 필요로 하는 이에게 응답할 수 있다. 사람의 사람됨은 요구받음에 응답할 줄 아는 데 있다. 이런 저런 이유를 대며 상대방의 요구에 응하지 않을 때 관계가 버름해지고 적대감이 쌓이게 된다.

평화를 만드는 사람은 대개 틈이 많은 사람이다. 시인 김지하는 '갇힌 삶에도 봄이 오는 것은 빈 틈 때문'이라면서 사람이 곧 틈이라고 말했다. 빈틈없는 사람은 완벽해 보이지만 왠지 가까이 하기 싫다. 실수해보지 않은 사람은 남의 실수를 용납하기 어렵다. 빈틈이 없는 가정, 빈틈없는 사회는 감옥이다. 숨 쉴 여백조차 없이 교리와 제도로 사람들을 얽어매는 교회도 감옥이다. 다소 빈틈이 있는 사람과 제도가 건강하다. 자기 속에 있는 감정의 찌꺼기들을 잘 배출하려면 틈이 필요하기 때문이다. 비울 수 있어야 새로운 것을 자기 속으로 맞아들일 수 있다. 지나치게 촘촘한 관계의 그물망들을 조금 벌려 '사이'를 만들 때 세상은 평화로워진다.

평화를 추구하는 이들은 일쑤 어려움에 처하게 마련이다. 어둠은 빛을 싫어한다. 더러운 세상은 맑은 사람을 경계한다. 베드로는 바르게 살다가 어려움에 처한 성도들을 격려한다.

"그러나 정의를 위하여 고난을 받으면, 여러분은 복이 있습니다. 그들의 위협을 무서워하지 말며, 흔들리지 마십시오"(베드로전서 3:14).

정의를 위하여 일하다가 받는 고난을 복으로 여길 수 있다면 우리 삶은 든든한 토대 위에 섰다고 말해도 과장이 아닐 것이다.

깨어나라,
너 잠자는 자여

하나님. 욕망의 벌판에서 허둥거리다 보니 숨이 가쁩니다. 삶은 지루하고 우리 영혼은 남루하기 이를 데 없습니다. 마땅히 지켜야 할 삶의 원리를 잊은 지 이미 오래입니다. 전투를 치르듯 하루하루를 사느라 우리는 소명을 잊었습니다. 우리가 왜 이 세상에 왔는지, 하나님이 우리를 통해 하시려는 일이 무엇인지 다시금 일러 주십시오. 자아로 꽉 차 있는 우리 마음에 여백을 창조해주셔서, 이웃들이 편안하게 드나들 수 있게 해주십시오. 아멘.

갈대, 갈 데, 갈 때

예수께서 다시 그들에게 말씀하셨다. "나는 세상의 빛이다. 나를 따르는 사람은 어둠 속에 다니지 아니하고, 생명의 빛을 얻을 것이다." 바리새파 사람들이 예수께 말하였다. "당신이 스스로 자신에 대하여 증언하니, 당신의 증언은 참되지 못하오." 예수께서 그들에게 대답하셨다. "비록 내가 나 자신에 대하여 증언할지라도, 내 증언은 참되다. 나는 내가 어디에서 와서 어디로 가는지를 알고 있기 때문이다. 그러나 너희는 내가 어디에서 왔는지도 모르고, 어디로 가는지도 모른다"(요한복음 8:12-14).

사람은 '갈대'와 같다. 제 아무리 발버둥 쳐도 때가 되면 스러지는 존재이다. 하지만 '갈 데'를 알고 사는 사람은 약하지 않다. 예수님은 당신이 돌아갈 데가 하나님의 품임을 아셨다. 하나님 아닌 어떤 것도 주님의 삶을 뒤흔들어놓을 수 없었다. 우리가 세상에서 맥없이 비틀거리는 것은 '갈 데'를

깨어나라,
너 잠자는 자여

알지 못하고 살기 때문이다. 가지 말아야 할 곳에 기웃거리 느라 인생을 허비하는 이들이 많다. 누군가 현대인들이 '개 ^{dog}'처럼 거리를 방황하는 것은 '하나님^{God}'를 잃어버렸기 때문이라고 했다. 씁쓸한 말놀이에 불과하지만 그저 웃고만 넘길 수 없는 진실이 그 속에 있다.

예수님이 막힘없이 당당하게 사셨던 것은 돌아가야 할 데를 분명히 알고 사셨기 때문이다. "나는 내가 어디에서 와 서 어디로 가는지를 알고 있다." 기원과 목표를 분명히 아는 이들은 비틀거리지 않는다. 예수는 그 길의 목표에 당도하 기까지 쉬지 않으셨다. 길이 막히면 길을 만들어서라도 가 고, 죽음이라는 장벽을 돌파하기 위해 십자가도 마다하지 않으셨다. 십자가는 인생의 실패처럼 보이지만 새로운 생명 의 시작이었다.

함석헌 선생은 〈인생의 갈대〉라는 시 마지막 연에서 이렇 게 노래한다.

"인생은 꺾인 갈대 한 토막 뚫린 피리/높은 봉 구름 위에 거룩한 숨을 마셔/처량한 곡조 한 소리 하늘가에 부는 듯"

십자가 위에서 예수님은 꺾인 갈대가 되셨다. 하지만 그 몸에 난 상처 자국을 통해 주님은 하늘을 일깨우는 피리가 되셨다. 거룩한 숨이신 하나님께서 그의 상처를 어루만졌을 때 세상을 구원하는 하늘의 곡조가 울려 퍼졌다.

예수는 또한 '갈 때'를 알고 사신 분이다. 때를 분별하는 지혜가 있어야 누추함을 면할 수 있다. 나아갈 때와 물러갈 때를 구별할 줄 아는 것이 지혜이고, 때에 맞는 처신을 하는 것은 용기이다. 나아가야 할 때 나아가지 못하는 것이 비겁이라면, 물러서야 할 때 앞으로 나아가는 것은 만용이거나 어리석음이다. 예수는 아무 때나 죽기로 작정하고 사신 분이 아니다. 사람들이 당신을 붙잡아 죽이려고 했을 때 예수님은 몸을 피하시지 않았던가(요한복음 8:59). 아직 당신의 때가 이르지 않았음을 아셨기 때문이다. 하지만 하나님이 맡기신 일을 다 이루셨을 때 주님은 망설임 없이 십자가를 향해 걸어가셨다.

불가촉천민들에게 농사지을 땅을 제공하자면서 부단 운동을 벌였던 인도의 스승 비노바 바베는 수십 년에 걸친 공적인 삶을 마무리 지으면서 말했다.

"지나온 순례의 길은 거룩하고 힘겨운 노력의 길이었습니다. 이제부터 나의 순례는 버림의 여행이 될 것입니다."

비우고 버려 삶을 단출하게 하는 것이 잘사는 길이요, 잘 죽는 길이다. 비노바 바베는 갈 때를 아는 사람이었다. 나무는 스스로 잎을 떨궈 생명 활동을 최소화함으로서 겨울 날 준비를 한다지 않던가.

깨어나라,
너 잠자는 자여

하나님, 흔히 사람들은 쉽게 흔들리거나 연약한 것을 말할 때 갈대를 들먹입니다. 그런 의미에서 우리는 모두 갈대입니다. 그것도 상한 갈대입니다. 세상의 거센 바람과 맞서느라 우리는 허리가 꺾이고 말았습니다. 갈대 같은 우리들이지만 주님이 숨을 불어넣어주시면 우리는 하늘의 선율을 노래하는 피리가 될 수 있습니다. 우리가 마땅히 가야 할 데를 일러주시고, 떠나야 할 때 홀연히 떠날 수 있도록 우리 마음에 홀가분한 자유를 심어주십시오. 아멘.

하나님, 경작하고 돌보고 풍요롭게 만들라 이르신 이 땅을 우리가 다 망가뜨려놓았습니다. 하나님이 보시기에 좋았다 감탄하셨던 세상이 이제는 걱정거리가 되었습니다. 도처에서 피조물의 신음소리가 들려옵니다. 짓눌린 이들의 억눌린 함성이 세상을 채우고 있습니다. 이제는 돌이키고 싶습니다. 어리석고 무능한 우리를 꾸짖어 주십시오. 화들짝 잠에서 깨어나 맡기신 일들을 성심껏 수행하게 해주십시오. 다시는 하나님을 능멸하는 일이 없게 해주시고, 주님을 경외하는 참 사람으로 거듭나게 해주십시오. 아멘.

12월

인류의 대표자로

> 누가 신실하고 슬기로운 종이겠느냐? 주인이 그에게 자기 집
> 하인들을 통솔하게 하고, 제 때에 양식을 내주라고 맡겼으면,
> 그는 어떻게 해야 하겠느냐? 주인이 돌아와서 볼 때에, 그렇게
> 하고 있는 그 종은 복이 있다. 내가 진정으로 너희에게 말한다.
> 주인은 자기 모든 재산을 그에게 맡길 것이다(마태복음 24:45-47).

"누가 신실하고 슬기로운 종이겠느냐?" 이 물음 앞에 서면
우리는 객관적인 해답을 찾기 전에 먼저 자신을 돌아보게
마련이다. "나는 어떤가? 내게 맡겨진 일을 기뻐하며 감당
하고 있는가?" '그렇다'고 대답할 수 있는 사람은 행복하다.
하지만 대개는 시간 속에서 멀미를 하며 산다. '이건 아닌
데' 하는 느낌, 좀 더 충실하게 살지 못한데 대한 자책이 우
리를 괴롭힌다. 12월이 되면 더욱 그런 생각이 절실해진다.
삶은 점묘법點描法, pointillism으로 그리는 그림과 같다. 점묘법

깨어나라,
너 잠자는 자여

이란 화면에 다양한 색의 점을 찍음으로써 어떤 형상을 드러내는 기법이다. 그 하나하나의 점은 늘 전체의 형태와 관련되어 있어야 한다. 우리의 일생은 우리의 하루를 닮는다.

우리는 시간을 하나의 연속체로 경험한다. 오늘을 살고 있으니 내일도 당연히 다가올 거라고 생각한다. 하지만 우리는 시간의 주인이 아니다. 하룻밤 무서리가 내리면 화단의 꽃들은 속절없이 시들고 말지 않던가. 하나님의 기운인 숨이 우리 속에 머물 때 우리는 살지만, 그 숨을 거두어가시면 우리는 정든 모든 것을 두고 떠날 수밖에 없다. 숨이 있는 동안 그 분의 일을 성심껏 감당해야 한다.

다시 한 번 예수님의 질문 앞에 서보자. "누가 신실하고 슬기로운 종이겠느냐?" 예수님은 이 대목에서 당시의 종교 지도자들을 머리에 그리고 계셨던 것 같다. 스스로 '큰 자'로 여기는 지도자들을 가리켜 예수님은 '종'이라 하신다. 청지기oikonomos가 아니라 종dulos이다. 이것은 매우 의도적인 표현이다. 지도하는 위치에 선 사람은 자신을 과대평가하기 쉽다. 권력은 쾌락보다 달콤하다고 한다. 단소를 가르치는 이들은 제일 높은 소리인 '태汰' 음을 낼 때 마음을 가장 낮은 곳에 두어야 소리가 제대로 난다고 가르친다. 높아지려는 마음을 자꾸 끌어내리지 않으면 그 자리는 영광이 아니라 욕됨으로 귀결되게 마련이다. 바울 사도는 자신을 철저히 비워 종의 몸을 입고 오신 예수를 하나님께서 지극히 높이셨다고 말한다.

주인이 집을 비운 사이, 주인의 일을 대행해야 할 종에게 요구되는 것은 신실함과 슬기로움이다. 그 자리를 사욕을 채우는 기회로 삼아서는 안 된다. 거들먹거려서도 안 된다. 그는 늘 주인의 눈으로 집안일을 살피고, 주인의 마음으로 사람들을 보살펴야 한다. 소홀한 일은 없는지, 아픈 사람은 없는지, 배고픈 사람은 없는지, 억울한 사람은 없는지…. 지금 슬픔의 시간을 보내고 있는 이들에게 우리는 인류의 대표자로 그들 곁에 있음을 잊지 말아야 한다.

기도

하나님, 경작하고 돌보고 풍요롭게 만들라 이르신 이 땅을 우리가 다 망가뜨려놓았습니다. 하나님이 보시기에 좋았다 감탄하셨던 세상이 이제는 걱정거리가 되었습니다. 도처에서 피조물의 신음소리가 들려옵니다. 짓눌린 이들의 억눌린 함성이 세상을 채우고 있습니다. 이제는 돌이키고 싶습니다. 어리석고 무능한 우리를 꾸짖어 주십시오. 화들짝 잠에서 깨어나 맡기신 일들을 성심껏 수행하게 해주십시오. 다시는 하나님을 능멸하는 일이 없게 해주시고, 주님을 경외하는 참 사람으로 거듭나게 해주십시오. 아멘.

깨어나라,
너 잠자는 자여

성령이 주시는 선물

그러나 하나님의 영이 여러분 안에 살아 계시면, 여러분은 육신 안에 있지 않고, 성령 안에 있습니다. 누구든지 그리스도의 영이 없으면, 그리스도의 사람이 아닙니다. 또한 그리스도께서 여러분 안에 살아 계시면, 여러분의 몸은 죄 때문에 죽은 것이지만, 영은 의 때문에 생명을 얻습니다. 예수를 죽은 사람들 가운데서 살리신 분의 영이 여러분 안에 살아 계시면, 그리스도를 죽은 사람들 가운데서 살리신 분께서, 여러분 안에 계신 자기의 영으로 여러분의 죽을 몸도 살리실 것입니다(로마서 8:9-11).

하나님의 영에 사로잡힌 이들은 신명난 삶을 산다. 성령은 신바람이기 때문이다. 바람을 향하여 돛을 펼침으로 배가 앞으로 나아가는 것처럼, 성령을 향해 마음을 열 때 우리는 비로소 삶의 무력감에서 벗어나 활기찬 삶을 살게 된다. 성령의 능력을 경험하지 못한 이들의 삶을 어느 신학자는 "바람 빠진 타이어"에 빗대 설명했다. 바람 빠진 타이어로는 먼 길을 갈 수 없는 것처럼, 우리의 지식과 의지와 감정만으로는 검질기게 선을 추구하기 어렵다.

"누구든지 그리스도의 영이 없으면, 그리스도의 사람이 아닙니다"(로마서 8:9b). 단호하지만 분명한 말씀이다.

그렇다면 어떻게 해야 성령 안에서 살아갈 수 있을까? 외적인 종교 행위가 곧 성령 체험으로 연결되지는 않는다. 관습적인 신앙생활에 빠진 이들은 오히려 성령을 소멸시킬 때가 많으니 말이다. 물론 성령은 인간의 노력으로 체험할 수 있는 것은 아니다. 성령은 자유롭게 부는 바람과 같아서 누구도 제어하거나 강제할 수 없다. 성령 안에서 살기를 원하는 이들에게 꼭 필요한 것이 있다. 예수를 닮고 싶어 하는 갈망이다.

이런 갈망이 우리에게 있는가? 정말 그리스도를 닮을 각오가 되어 있는가? 우리 신앙생활이 맥이 없고 또 지지부진을 면치 못하는 까닭은 진실한 갈망이 없기 때문이다. 우리 안에 성령이 역사하고 있음을 어떻게 알 수 있을까? 성령께서 하시는 일이 우리 가운데서도 나타나고 있는가를 보면 된다.

성령은 어둠과 혼돈을 없애주신다. 어둡던 방에 불이 밝혀지면 어둠이 사라지면서 눈에 보이지 않던 것들이 눈에

깨어나라,
너 잠자는 자여

들어오기 시작한다. 우리 마음을 온통 사로잡고 놓아주지 않던 것들이 그렇게 중요한 것이 아님을 알게 되고, 오히려 보잘 것 없다고 생각했던 것들이 소중한 것임을 분별하게 된다. 옛날 성인들은 자기 교구에 있던 가장 연약하고 가난한 지체들을 '교회의 보물'이라 말하기에 주저함이 없었다. 눈이 열렸기에 그런 인식이 가능해진 것이다. 성령은 눈을 뜨게 한다.

성령은 또한 우리 속에 있는 호전성과 두려움을 이웃에 대한 존중과 경외심으로 바꾸어준다. 눈을 뜬 사람들은 다른 이들에게서 하나님의 형상을 보기에 그들을 함부로 대하지 않는다. 조롱하고 혐오하고 짓밟는 일을 하려야 할 수 없는 것이다. 성령은 우리 속에서 분열의 씨앗을 없애 주신다. 성령은 일치의 영이다. 성령 안에 머물 때 우리를 괴롭히던 허망한 열정은 잠잠해지고, 다른 이들에 대한 두려움과 적대감도 스러진다. 그런 삶에 하늘의 평화가 스며든다. 그 평화를 누리는 이들은 과거에 대한 미련과 미래에 대한 두려움에 사로잡히지 않는다. 오직 현재를 충만히 살뿐이다.

하나님, 생기 충만한 사람을 만나면 저절로 입가에 미소가 번집니다. 세상 번뇌를 알지 못하는 것 같은 아기들의 천진한 미소는 우리 마음에 드리운 시름을 지우는 지우개입니다. 세상 사람들이 하나님을 믿는 이들에게 기대하는 바도 그런 것이 아닐까요? 주님을 알고 또 믿는다고 하면서도 여전히 우울과 근심의 늪에 빠져 지내는 우리를 불쌍히 여겨주십시오. 주님의 마음을 우리 속에 일으켜 주십시오. 하늘 바람 타고 신명나게 살고 싶습니다. 성령이여, 우리 가운데 임하십시오. 아멘.

깨어나라,
너 잠자는 자여

잠수복과 나비

스올에서는 아무도 주님께 감사드릴 수 없습니다. 죽은 사람은 아무도 주님을 찬양할 수 없습니다. 죽은 사람은 아무도 주님의 신실하심을 의지할 수 없습니다. 제가 오늘 주님을 찬양하듯, 오직 살아 있는 사람만이 주님을 찬양할 수 있습니다. 부모들이 자녀들에게 주님의 신실하심을 일러줍니다(이사야 38:18-19).

"단지 아주 나쁜 번호를 뽑았을 뿐 나는 장애자가 아니다. 나는 돌연변이일 뿐이다." 이 말은 세계적인 잡지 《엘르》의 편집장이었던 장 도미니크 보비의 말이다. 그는 저명한 저널리스트였고, 자상한 아버지였다. 멋진 생활을 사랑하고 좋은 말을 골라 쓰는 유머러스한 남자였고, 앞서가는 정신의 소유자였다. 누구보다도 자유롭게 살아가던 그는 1995년 12월 8일 갑작스런 뇌졸중으로 쓰러졌다. 3주 후 의식을 회복했으나, 그가 움직일 수 있는 것은 오직 왼쪽 눈꺼풀뿐이었다. 절망스런 상황이었다. 하지만 그는 시간이 좀 지난 후 자기의 사랑스런 두 아이들에게 용기를 주기 위해 책을 쓰기로 작정했다. 유일한 의사소통의 수단인 왼쪽 눈꺼풀을 깜박거리면 비서가 그것을 보고 한자씩 적어나갔다. 그가 15개월 동안 20만 번 이상 눈을 깜박거려 쓴 책의 제목은 『잠수복과 나비』이다. 그는 자기의 짧은 인생을 풍자와 유머로서 진솔하게 묘사한다. '잠수복'은 전신이 마비된 그의 상황을 상징하는 말이고, '나비'는 세상 어디든 날아가고 픈 그의 정신을 상징하는 말이다. 그의 글은 우리 삶을 돌아보게 하는 거울이다.

"지금 현재로서는 끊임없이 입 속에 과다하게 고이다 못해 입 밖으로 흘러내리는 침을 정상적으로 삼킬 수만 있다면, 세상에서 가장 행복한 사람이 된 기분일 것 같다."

"갓난아이처럼 퇴행한 내 모습에서, 때로는 병적인 쾌감을 느낄 때도 있다. 하지만 다음날에는 이 모든 것이 더할 나위 없이 비극적으로 느껴져, 간호보조사가 내 볼 위에 발라 놓은 면도용 비누거품 위로 눈물이 주르륵 흘러내릴 때도 있다."

"정상적으로 호흡하는 것만큼이나 가슴 뭉클하게 감동하고 사랑하고 찬미하고 싶은 마음이 솟구친다."

"내 아들 테오필 녀석은 50센티미터밖에 안 되는 거리를

깨어나라,
너 잠자는 자여

두고 얌전히 앉아 있는데, 나는 그 아이의 아빠이면서도 손으로 녀석의 숱 많은 머리털 한번 쓸어 줄 수도, 또 부드럽고 따뜻한 아이의 작은 몸을 으스러지도록 안아 줄 수도 없다. 이런 기분을 무어라고 표현해야 할까? 극악무도한? 불공평한? 더러운? 끔찍한? 순간적으로 나는 그만 감정을 제어하지 못한다. 눈물이 펑펑 쏟아져 내리고, 목에서는 그르렁거리는 경련이 터져 나와 테오필을 놀라게 한다."

"정상인으로서 마지막 잠을 자고 눈을 떴으면서도, 그것이 행복인지도 모르는 채 오히려 툴툴거리며 일어났던 그 아침을 어떻게 말로 표현한단 말인가?"

살아 있다는 사실 하나만으로도 우리는 기적을 경험하는 것이 아닌가. 히스기야 왕은 죽음의 위기 속에서 하나님 앞에 납작 엎드렸다. 엎드려서 바라본 세상은 아름다웠다. 그는 죽은 자는 하나님을 찬미할 수 없다고 말한다. 오늘 우리가 산 자의 땅에 있는 까닭은 무엇인가?

하나님, 많은 것을 받아 누리면서도 우리는 고마운 줄 모릅니다. 주어진 것을 당연하게 여기기 때문입니다. 우리는 주어진 것에 감사하기보다는 결핍된 것에 온통 마음을 빼앗긴 채 살아갑니다. 우리 삶이 피곤한 것은 만족할 줄 모르는 마음의 습성 때문입니다. 소중한 것을 빼앗긴 후에야 그것이 얼마나 소중한 것이었는지를 뒤늦게 자각하는 우리들입니다. 이제는 일상의 모든 순간을 감사와 기쁨으로 받아들이며 살고 싶습니다. 이런 결심이 흔들리지 않도록 우리 마음을 꼭 붙들어 주십시오. 아멘.

깨어나라,
너 잠자는 자여

사막에 강을
내시는 하나님

너희는 지나간 일을 기억하려고 하지 말며, 옛일을 생각하지 말아라. 내가 이제 새 일을 하려고 한다. 이 일이 이미 드러나고 있는데, 너희가 그것을 알지 못하겠느냐? 내가 광야에 길을 내겠으며, 사막에 강을 내겠다(이사야 43:18-19).

바벨론에 포로로 잡혀가 삶의 희망을 송두리째 빼앗긴 채 살아가고 있던 이스라엘 백성에게 하나님의 말씀이 임했다. 주님은 이사야를 통해 새로운 시대가 열릴 것이라고 선언하신다. 이스라엘 백성들이 바벨론 제국의 압제에서 해방되어 마침내 새로운 백성으로 탄생하게 될 것이라는 것이었다. 하나님은 과거에 일어났던 구원 사건을 언급하심으로 백성들의 의구심을 지우려 하신다.

"내가 바다 가운데 길을 내고, 거센 물결 위에 통로를 냈다"(이사야 43:16).

뿐만 아니라 미구에 벌어질 일도 예고하신다.

"내가 광야에 길을 내겠으며, 사막에 강을 내겠다"(이사야 43:19b).

나는 하늘을 찌를 듯이 장하게 서있는 나무도 좋아하지만, 척박한 곳에서 사느라 안간힘을 다하고 있는 나무들을 더 좋아한다. 바위에 길이 막히면 온몸을 비틀어서라도 햇빛을 향해 서는 나무를 생각해 보라. 도봉산 우이암 중간에 있는 소나무 한 그루는 가지 전체가 동남쪽을 향해 뻗어있다. 마치 한 팔이 없는 사람을 보는 것 같아 안쓰럽지만 햇빛과 햇볕을 향한 그 나무의 안간힘을 보는 이들은 누구나 숙연해지지 않을 수 없다. 세상에서 뿌리를 제일 깊이 내린 식물은 사막에서 자라는 풀이라 한다. 사막에서 우연히 싹을 틔운 그 식물의 뿌리가 한 방울의 물을 찾아 어두운 땅속을 더듬어가는 광경을 상상해보라. 생명은 그처럼 장엄하고 강인한 것이다.

하나님의 사랑이 지속되는 한 길은 반드시 있다. 삶이 절망이라고 지레 말하지 말라. 물 한 방울을 찾아 잔뿌리를 뻗는 나무처럼 하나님의 사랑과 만나기 위해 혼신의 힘을 다하라. 마침내 그 사랑과 만나 길을 찾았거든 결코 서두를 필요가 없다. 다만 멈추지 않고 조금씩 앞으로 나아가면 된다. 미하엘 엔데의 소설 『모모』에 나오는 청소부 베포 할아버지

깨어나라,
너 잠자는 자여

는 모모에게 이렇게 말한다.

"얘, 모모야. 때론 우리 앞에 아주 긴 도로가 있어. 너무 길어, 도저히 해낼 수 없을 것 같아.… 그러면 서두르게 되지. 그리고 점점 더 빨리 서두르는 거야. 허리를 펴고 앞을 보면 조금도 줄어들지 않은 것 같지. 그러면 더욱 긴장되고 불안한 거야. 나중에는 숨이 탁탁 막혀서 더 이상 비질을 할 수가 없어. 앞에는 여전히 길이 아득하고 말이야. 하지만 그렇게 해서는 안 되는 거야… 한꺼번에 도로 전체를 생각해서는 안 돼. 알겠니? 다음에 딛게 될 걸음, 다음에 쉬게 될 호흡, 다음에 하게 될 비질만 생각해야 하는 거야. 계속해서 바로 다음 일만 생각해야 하는 거야.…그러면 일을 하는 게 즐겁지. 그게 중요한 거야. 그러면 일을 잘해 낼 수 있어. 그래야 하는 거야.… 한 걸음 한 걸음 나가다 보면 어느새 그 긴 길을 다 쓸었다는 것을 깨닫게 되지. 어떻게 그렇게 했는지도 모르겠고, 숨이 차지도 않아"(미하엘 엔데, 『모모』, 50-51 쪽).

중요한 것은 한 걸음을 잘 내딛는 것이다. 혹시 길이 너무 아득해 낙심하고 있지 않은가? 한 걸음만 바르게 걸어보자. 광야에 길을 내시는 분, 사막에 강을 내시는 분이 우리의 동행이다.

하나님, 사방이 가로막힌 듯 삶의 전망이 보이지 않을 때가 있습니다. 마치 벼랑 끝에 선 것처럼 마음이 아뜩해지고, 닫힌 문 앞에 선 것처럼 답답할 때 말입니다. 문득 내 앞에서 길이 끊어진 것 같아 낙심될 때도 있습니다. 주님, 지금 광야에 선 듯 삶이 위태로운 이들을 돌봐주십시오. 사막에서 목이 말라 허덕이는 나그네처럼 지친 이들에게 생명의 샘물을 허락하여 주십시오. 길 없는 곳에 길을 내시는 주님, 우리의 길이 되어 주십시오. 아멘.

깨어나라,
너 잠자는 자여

자족과 경건

누구든지 다른 교리를 가르치며, 우리 주 예수 그리스도의 건전한 말씀과 경건에 부합되는 교훈을 따르지 않으면, 그는 이미 교만해져서, 아무것도 알지 못하면서, 논쟁과 말다툼을 일삼는 병이 든 사람입니다. 그런 데서 시기와 분쟁과 비방과 악한 의심이 생깁니다. 그리고 마음이 썩고, 진리를 잃어서, 경건을 이득의 수단으로 생각하는 사람 사이에 끊임없는 알력이 생깁니다. 자족할 줄 아는 사람에게는, 경건은 큰 이득을 줍니다. 우리는 아무것도 세상에 가지고 오지 않았으므로, 아무것도 가지고 떠나갈 수 없습니다. 우리는 먹을 것과 입을 것이 있으면, 그것으로 만족해야 할 것입니다(디모데전서 6:3-8).

뭔가를 이루고, 뭔가를 손에 쥐고, 남들이 알아주는 중요한 인물이 되려고, 이를 앙다물고 살다보니 우리는 항상 뭔가에 쫓기듯 산다. 그럴 수밖에 없는 게 현실이다. 세상살이는 폐달을 밟지 않으면 넘어지게 마련인 자전거 타기와 비슷하다. 그래서 지치고 피곤해도 쉬지도 못하고 또 다시 페달을 밟는다. 조금 한가할 때면 한숨이 저절로 나온다. '사는 게 이게 뭐야.' 삶은 재미가 없고, 웃음도 점점 사라진다. 언제까지 이 거대한 자본주의 체제의 톱니바퀴에 낀 채 굴러가야 할까? 자기 삶의 속도를 잃어버린 이들이 행복할 수는 없는 노릇이다. 자기 삶의 속도에 맞춰 사는 것이 지혜이다.

많은 이들이 삶의 균형을 잃고 병적 징후 속에서 살아간다. 병을 자각하는 순간 근본을 생각해 볼 필요가 있다. 병든 물은 바다로 돌려보내야 한다지 않던가. 바다는 물의 어머니이다. '바다 해海' 자에 '어미 모母' 자가 들어있는 것은 그 때문일 것이다. 영혼에 병이 들면 우리는 어머니이신 하나님께로 돌아가야 한다. 돌아가야 낫는다. 우리의 병은, 그리고 지구가 앓고 있는 병은 우리가 하나님의 뜻에 따라 살지 않았기 때문에 생긴 것이다. 성경은 영혼에 고황이 든 사람들이 드러내는 증상을 이렇게 설명한다.

"그는 이미 교만해져서, 아무것도 알지 못하면서, 논쟁과 말다툼을 일삼는 병이 든 사람입니다. 그런 데서 시기와 분쟁과 비방과 악한 의심이 생깁니다. 그리고 마음이 썩고, 진리를 잃어서, 경건을 이득의 수단으로 생각하는 사람 사이에 끊임없는 알력이 생깁니다"(디모데전서 6:4).

깨어나라,
너 잠자는 자여

영락없이 우리 삶에 대한 묘사가 아닌가? 병에 대한 치방은 무엇인가? 자족함과 경건이다. 이것은 누릴 것을 다 누린 사람이 아니라, 그리스도를 따르기 위해 온갖 어려움을 삶 속에 받아들인 사람, 가난과 고통 그리고 박해와 위험 속에서 살아야 했던 사람의 말이다. 그의 자족의 비결은 무엇인가? 해가 떠오르는 순간 별빛이 스러지는 것처럼 더 큰 세계에 접속된 이들은 흔히 사람들이 생각하는 행복의 조건에 흔들리지 않는다.

"우리는 먹을 것과 입을 것이 있으면, 그것으로 만족해야 할 것입니다"(디모데전서 6:8). 담담하지만 강력한 말씀이다.

교황 요한23세는 하나님의 섭리는 언제나 정확하게 필요한 때에 우리를 찾아온다고 말했다. 필요 이상의 것은 주지 않지만 필요한 것은 빠뜨리지 않으신다는 것이다. 그는 또한 "모자라는 것이 없이 풍요롭게 지내게 될 때 사람들은 더 많은 것을 가지고 싶은 열병에 걸리기 시작한다. 자신의 처지로부터 벗어나기 위한 계획들을 세우게 되고, 그때부터 가난하지만 만족스럽게 살던 성스러운 단순성을 잃어버리고 만다"고 말했다. 성스러운 단순성을 회복할 때 우리 영혼의 병 또한 치유될 것이다.

하나님. 많은 것을 누리며 살면서도 우리는 만족하지 못합니다. 우리보다 더 많은 것을 누리는 사람들이 눈에 들어오기 때문입니다. 평준화된 욕망에 시달리고. 그것을 채우기 위해 동분서주하는 동안 우리는 삶이 주는 안온한 행복을 잃어버렸습니다. 삶의 온기를 나누던 정겨운 이웃들은 점점 멀어지고, 싸늘한 표정을 짓고 사는 타인들만이 우리의 공간을 채우고 있습니다. 이제 성스러운 단순함을 회복하고 싶습니다. 필요할 때마다 정확하게 채워주시는 하나님을 신뢰하며 살려 합니다. 우리의 어두운 마음에 하늘의 빛을 비춰주십시오. 아멘.

깨어나라,
너 잠자는 자여

사막의 기적

> 시온에서 슬퍼하는 사람들에게 재 대신에 화관을 씌워 주시며, 슬픔 대신에 기쁨의 기름을 발라 주시며, 괴로운 마음 대신에 찬송이 마음에 가득 차게 하셨다. 그리하여 사람들은 그들을 가리켜, 의의 나무, 주님께서 스스로 영광을 나타내시려고 손수 심으신 나무라고 부른다(이사야 61:3).

주님의 은총을 경험한 후 삶이 새로워진 사람들, 그들을 가리켜 이사야는 '의의 나무', '주님께서 손수 심으신 나무'라 부른다. 그들은 하나님의 영광을 드러내는 사람들이다. 사랑을 통해 일으켜 세워진 사람들은 황폐한 땅을 새롭게 하고, 무너진 것을 다시 세우는 일에 동참한다.

마하트마 간디는 아주 치명적인 사회적 불의를 일곱 가지로 정리했다. 원칙 없는 정치, 모험을 꺼리는 부유함, 도덕이 결여된 교역, 양심에 구애받지 않는 쾌락, 인격이 배제된 교육, 인간이 사라진 과학, 그리고 마지막은 희생이 없는 경배worship without sacrifice이다. 진실한 예배는 우리 삶의 현장에서 누군가를 위해 땀을 흘리는 것을 내포한다.

"중국의 모호소 사막에 가면 풀 한 포기 자라지 않는 사막에 풀씨를 뿌려 풀을 키우고 나무를 심는 여인이 있다. 그의 이름은 은옥진이다. 그는 어린 시절에 아버지의 당나귀에 태워진 채 인근 몇 십 리에 집 한 채 보이지 않는 그곳에 와서 낯선 남자와 살게 되었다. 너무나 외로웠고 무엇보다도 사람이 그리웠다. 어느 날 사막 언덕 저만큼 가물거리며 움직이는 것이 있었다. 사람이었다. 은옥진은 너무나 반가워 소리를 지르며 먼 그림자를 향해 달려갔다. 그러나 멀리서 가물거리던 그림자는 자신을 향해 소리치며 달려오는 사람에게 그만 겁을 집어먹고 되돌아서 달아나고 말았다. 사람이 그리웠던 그녀에게 남겨진 것은 그 낯선 사람의 발자국뿐이었다. 망연자실 먼 모래언덕만 바라보던 그녀는 날듯이 집으로 달려가 세숫대야를 가지고 나왔다. 그리고는 모래바람에 발자국이 지워지지 않도록 세숫대야를 그 위에 엎어놓았다. 그녀는 얼굴을 본 적도 없고 말을 나눠본 적도 없는 사람의 발자국을 이따금 들여다보며 울곤 했다. 어느 날 그녀는 그 발자국을 보며 결심했다. 그녀는 그때부터 풀씨를 심고 나무를 심었다. 심어놓은 한 포기의 풀, 한 그루

깨어나라,
너 잠자는 자여

의 나무가 타죽을 때마다 가슴이 아팠다. 하지만 포기하지 않았다. 몇 십 년이 지난 지금 그녀의 집 주변에는 백양나무와 사류나무 그리고 어린소나무와 중국단풍나무들이 작은 숲을 이루고 있고, 사막 곳곳에 자라고 있는 풀밭에는 300마리의 양들이 풀을 뜯고 있다고 한다"((작은 것이 아름답다), 2005년 12월호, 박남준의 '사막 위에 푸른 꽃비를 뿌리는 사람' 중에서).

희망은 이처럼 우직하게 자기 자리에서 희망의 씨앗을 심는 사람을 통해 세상에 유입된다. 우리는 고통 받는 사람의 이웃이 되어주고, 슬픔과 고독의 재를 뒤집어쓴 채 사는 이에게 기쁨의 화관을 씌워주라고 보냄을 받았다. 이 소명에 따라 살 때 우리는 이기심과 자아로부터 해방될 수 있다.

기도

하나님, 사람들은 저마다 세상을 보고 투덜거립니다. 세상이 왜 이 모양이냐고 탄식하기도 합니다. 그런데 그런 세상을 바꾸기 위한 노력은 게을리합니다. 세상을 바꾸기 위해 수고하고 땀 흘리는 것은 늘 다른 사람이기를 바랄 뿐입니다. 아름다운 세상은 꿈만 꾼다고 오는 것이 아니라, 그런 세상을 위해 헌신하는 이들을 통해 열림을 잊지 않게 해주십시오. 사막에 나무를 심는 사람의 마음처럼, 우리도 이 삭막한 세상에 사랑의 씨를 심으며 살게 해주십시오. 아멘.

얼굴, 내면의 풍경

> 공의회에 앉아 있는 사람들이 모두 스데반을 주목하여 보니, 그 얼굴이 천사의 얼굴 같았다 (사도행전 6:15).

일곱 집사 가운데 한 사람, 얼굴빛이 환했던 사람, 초대 교회 최초의 순교자. 스데반 하면 떠오르는 것들이다. 복음을 전하다가 산헤드린 공의회에 끌려가 취조를 당하는 그 긴장된 상황 속에서도 스데반은 두려움에 사로잡히지 않았다. "공의회에 앉아 있는 사람들이 모두 스데반을 주목하여 보니, 그 얼굴이 천사의 얼굴 같았다." 박해의 태풍이 닥쳐왔건만 스데반은 고요하다. 누가는 그의 얼굴이 천사의 얼굴 같았다고 말한다. 그 상황이 강요하고 있는 두려움도, 그를 모함하는 이들에 대한 증오심도 드러나지 않는 얼굴. 상상이 되는가? 얼굴은 얼의 골짜기라는 말이 있다. 얼굴에는 우리 내면의 풍경이 고스란히 담기게 마련이다. 독살스런 얼

깨어나라,
너 잠자는 자여

굴, 탐욕에 찌든 얼굴, 슬픔에 찬 얼굴, 멍한 얼굴이 있는가
하면 해처럼 밝은 얼굴도 있다. 김흥호 선생은 믿음을 가리
켜 '안에 핀 꽃'이라 말했다. 바깥에 핀 꽃은 때가 되면 시들
게 마련이지만 안에 핀 꽃은 늘 빛이 날 거라면서 그는 이렇
게 말한다.

"빛나는 하늘에 뭇별이 반짝이듯 마음속에 핀 꽃은 언제
나 빛날 것이다. 마음속에 피어 오른 아름다운 꽃, 꿈속에
피어 오른 아름다운 깸, 꽃이 이 봄을 끌어들이고 꽃으로 피
어올라 삶은 기쁨이 되고, 사랑의 물을 주어 여름이 열리면
뜨거운 햇빛과 퍼붓는 소낙비에 잎은 무성하고, 지혜의 가
을이 열리면 찬 서리에 열매는 무르익는다"(김흥호, 『사랑보다
아름다운 것』, 90쪽).

인생의 봄·여름·가을·겨울을 지나면서 점점 성숙한 지
경으로 나아갈 수 있다면 그보다 좋은 일이 또 있을까? 함
석헌 선생님은 〈얼굴〉이라는 시에서 우리가 이 세상에 온
것은 참 얼굴 하나를 보고 가기 위함이라고 말했다. 그가 말
하는 참 얼굴은 이러하다.

"그 얼굴만 보면 세상을 잊고,/그 얼굴만 보면 나를 잊
고,/시간이 오는지 가는지 모르고,/밥을 먹었는지 아니 먹었
는지 모르는 얼굴,/그 얼굴만 대하면 키가 하늘에 닿는 듯하
고,/그 얼굴만 대하면 가슴이 큰 바다 같애,/남을 위해 주고

싶은 맘 파도처럼 일어나고,/가슴이 그저 시원한,/그저 마주 앉아 바라만 보고 싶은,/참 아름다운 얼굴은 없단 말이냐?"

우리 신앙생활의 목표가 있다면 이런 얼굴을 만나는 것, 아니, 우리 얼굴이 이런 얼굴이 되는 것이 아닐까? 스데반은 죽음의 위협 앞에서 흔들리지 않는 내적 고요함을 간직하고 있었다. 그의 내면에 핀 꽃은 세상의 어떤 바람도 시들게 할 수 없었다. 스데반은 그 재판 자리를 그리스도에 대한 증언의 자리로 바꿔놓았다. 결국 그는 순교를 당하고 말았지만, 그의 순정하고 꿋꿋한 믿음은 박해 시대를 살아가야 했던 수많은 이들의 든든한 이정표가 되었다. 그 고요한 얼굴과 만나고 싶다.

기도

하나님, 가끔 거울을 보면 낯선 사람 하나가 나를 가만히 바라봅니다. 왠지 모를 부끄러움이 몰려올 때가 있습니다. 지친 얼굴, 어두운 얼굴이 거기 있기 때문입니다. 스데반은 어떻게 죽음의 위기 앞에 몰려서도 고요함과 맑음을 유지할 수 있었을까요? 꺼지지 않는 빛, 어두워질 수 없는 빛이 그 속에 있었기 때문일 겁니다. 주님, 우리도 그 빛 가운데 머물게 해주십시오. 그 빛을 받아 주위를 환하게 밝히는 사람이 되고 싶습니다. 우리 얼굴 속에서 사람들이 주님의 모습을 볼 수 있게 해주십시오. 아멘.

깨어나라,
너 잠자는 자여

희망은 우직하게 자기 자리에서 희망의 씨앗을 심는 사람을 통해 세상에 유입된다. 우리는 고통 받는 사람의 이웃이 되어주고, 슬픔과 고독의 재를 뒤집어쓴 채 사는 이에게 기쁨의 화관을 씌워주라고 보냄을 받았다. 이 소명에 따라 살 때 우리는 이기심과 자아로부터 해방될 수 있다.

Monday ~~~~~~

Tuesday ~~~~~~

Wednesday ~~~~~~

깨어나라,
너 잠자는 자여

Thursday ～～～～

Friday ～～～～

Saturday ～～～～

Sunday ～～～～

명랑하게 대항하기

12월 8일

주님, 내 영혼이 주님을 기다립니다. 나의 하나님, 내가 주님께 의지하였으니, 내가 부끄러움을 당하지 않게 하시고 내 원수가 나를 이기어 승전가를 부르지 못하게 해주십시오. 주님을 기다리는 사람은 수치를 당할 리 없지만, 함부로 속이는 자는 수치를 당하고야 말 것입니다. 주님, 주님의 길을 나에게 보여 주시고, 내가 마땅히 가야 할 그 길을 가르쳐 주십시오(시편 25:1~4).

매주 금요일이면 부둣가에 나가 우편선이 도착하기를 기다리는 사람이 있었다. 그는 76세의 퇴역 군인인 '대령'이다. 극심한 가난에 시달리고 있는 그가 기다리고 있는 것은 제대군인 연금수표이다. 제대할 때 정부로부터 보상금 지급을 약속받았지만 15년이 지난 지금까지 그는 아무런 보상도 받지 못했다. 노부부는 먹고 살기 위해 세간까지 다 팔았고 남은 것이라곤 수탉 한 마리뿐이었다. 그 수탉도 언제 팔려

깨어나라,
너 잠자는 자여

갈지 모르는 신세이다. 어느 날 대령은 우체국에 가서 자기에게 온 편지가 있는지를 묻는다. 오늘은 틀림없이 편지가 오기로 되어 있다면서. 하지만 그는 "틀림없이 오기로 되어 있는 것은 죽음뿐"이라는 대답을 듣는다. 당장 살아갈 길이 막막해 잠을 이루지 못하고 뒤척거리는 아내를 보고 대령은 말한다. "오래지 않아 연금이 나올 것이오." "당신은 똑같은 얘기를 십오 년째 계속하고 있어요." 아내의 퇴박에 그는 우물거리듯 말한다. "그렇기 때문에 이젠 정말 곧 나오게 될 거요."

이 우울한 이야기는 1982년에 노벨 문학상을 받은 콜럼비아 출신의 작가 가브리엘 가르시아 마르께스의 『아무도 대령에게 편지하지 않다』에 나오는 한 장면이다. 기다림이란 이렇게 처연하다. '좋은 날'을 기다리지만 그 날은 영영 오지 않을 것 같아 낙심하는 이들이 많다. 기다림 때문에 절망의 심연으로 가라앉지 않지만, 기다림 때문에 애태우는 것이 기다림의 역설이다.

하나님의 어지심과 선하심을 믿지만 그래도 여전히 불안할 수밖에 없는 것이 시간 속에서 살아가는 인간의 운명이다. 보지 않고도 믿는 자가 복이 있다고 하고, 믿고 구한 것은 받은 줄로 믿으라 하지만, 바랄 수 없는 중에 바라는 것이 믿음이라 하지만, 우리의 믿음은 늘 흔들린다. 그래서 시인은 "내가 부끄러움을 당하지 않게 하시고 내 원수가 나를 이기어 승전가를 부르지 못하게 해주십시오"(시편 25:2)라고 기도한다.

시인이 구체적으로 어떤 어려움을 겪고 있는지는 알 수 없지만, 그를 지켜보고 있는 적대자들이 가까이에 있음은 분명하다. 시인은 잘못을 저지르기도 하지만 하나님의 뜻대로 살기 위해 부단히 애를 쓰는 사람이다. 어쩌면 그는 하나님의 뜻을 수행하기 위해 불의한 자들의 제안을 거절했는지도 모르겠다. 불의한 이들이 제일 싫어하는 사람은 자기들 가까이 있으면서도 자기들의 일에 가담하지 않는 사람들이다. 그들은 위협과 악담도 마다하지 않는다. "너만 의롭냐?" "네가 그러고도 잘 되나 두고 보자." 그렇기에 더욱 잘 되는 모습을 보여주어야 한다. 기다리는 이들은 우울에 빠지지 말아야 한다. 명랑하게 끈질기게 악에 대항해야 한다. 그것이 진정한 기다림의 자세이다.

하나님, 악인들의 승전가가 도처에서 들려옵니다. 득의만면, 의기양양한 그들의 모습을 보며 선한 사람들은 더욱 속상해 합니다. 이런 세상이기에 우리는 더욱 간절히 주님의 개입을 기다립니다. 악인들의 **뿔**을 **뽑**아주시고, 그들이 더 이상 의로운 이들을 억압하거나 조롱하지 못하게 해주십시오. 현실이 제 아무리 어두워도 하나님의 빛을 꺼뜨릴 수 없음을 깨닫게 하시고, 끈질기게 빛의 노래를 부르도록 우리 속에 하늘의 숨을 불어넣어 주십시오. 아멘.

꺼지지 않는 불

"나는 세상에다가 불을 지르러 왔다. 불이 이미 붙었으면, 내가 바랄 것이 무엇이 더 있겠느냐? 그러나 나는 받아야 할 세례가 있다. 그 일이 이루어질 때까지, 내가 얼마나 괴로움을 당할는지 모른다(누가복음 12:49-50).

프랑스 철학자 바슐라르는 『촛불의 미학』이라는 책에서 "촛불은 수직으로 상승하기 위해 혼자 탄다"고 말했다. 매우 미세한 바람이나 입김에도 불꽃이 흐트러지긴 하지만 촛불은 곧 바로 다시 일어난다. 바슐라르는 촛불의 집요한 수직에의 본능은 차라리 거룩해 보인다고 말한다. 우리 속에도 촛불과도 같이 수직을 향한, 하늘을 향한 열망이 있다면 우리 삶은 한결 가벼워질 것이다. 우리 속에 하나님을 향해 타오르는 불꽃이 없다면 우리는 흙덩이에 불과할 것이다. 거룩한 삶을 가르치는 레위기는 "제단 위의 불은 계속 타고 있

깨어나라,
너 잠자는 자여

어야 한다"(레위기 6:9)고 말한다.

제단의 불이 계속 타고 있어야 하는 것처럼, 우리 혹은 교회가 사는 길은 하나님을 향한 불꽃이 계속해서 타오르도록 하는 것이다. 외경인 마카베오 하권에는 이 불과 관련해 매우 재미있는 이야기가 나온다. 이스라엘 사람들이 페르시아로 끌려갈 때, 당시의 경건한 사제들이 몰래 제단의 불을 가져다가 물 없는 저수 동굴 깊숙한 곳에 감추어 놓고는 아무도 그곳을 알아내지 못하게 흔적을 지웠다. 오랜 세월이 흘러 마침내 이스라엘 백성들이 자유의 몸이 되자 느헤미야는 그 불을 감추어 둔 사제들의 후손들에게 그 불을 가져오라고 일렀다. 그곳을 찾아간 사제들은 불이 있던 자리에 짙은 색 액체가 있는 것을 보았다. 보고를 받은 느헤미야는 그 물을 떠오라 지시했다. 희생 제물을 바칠 준비가 되자, 느헤미야는 사제들에게 나무와 그 위에 놓인 제물에 그 액체를 뿌리라고 명령했다. 사제들이 명령대로 한 후 어느 정도 시간이 흐르자 구름에 가렸던 해가 나왔다. 그 순간 제단에는 큰 불이 일어났다. 모두가 깜짝 놀랐다. 박해의 시기에 그 불은 이미 잦아든 것처럼 보였어도 변형된 모습으로라도 간직되었던 것이다.

예수님의 가슴에 지펴진 하늘의 불꽃은 제자들의 가슴으로 옮겨 붙었고, 그들의 가슴을 뜨겁게 했던 불꽃은 또 다른 이들의 가슴에서도 타올랐다. 그 가슴에 불이 붙은 이들은 세상을 밝히는 빛이 된다.

"너는 햇살 햇살이었다/산다는 일 고달프고 답답해도/네가 있는 곳 찬란하게 빛나고/네가 가는 길 환하게 밝았다//너는 불꽃 불꽃이었다/갈수록 어두운 세월/스러지는 불길에 새 불 부르고/언덕에 온 고을에 불을 질렀다."

신경림 시인의 시 〈햇살〉에 곡을 부친 이 노래는 한때 어두운 시대를 살던 젊은이들을 일으켜 세우는 따뜻한 위안이었다. 이 노래에서 '너'는 누구일까? 바로 우리들 자신이 되어야 한다. 비록 암담한 세월이라 해도, 말세의 끝이 다가온 것처럼 보이는 세상이라 해도 우리가 있는 곳이 찬란하게 빛나야 하지 않겠는가? 갈수록 어두운 세월이지만 스러지는 희망의 불길에 새 불 지르는 예수님의 불이 되어야 하지 않겠는가? 그 불이 꺼지지 않는 한 절망은 없다.

깨어나라,
너 잠자는 자여

하나님, 마음이 스산할 때 촛불 하나를 밝혀놓으면 낯선 고요함이 우리를 확고히 감쌉니다. 몽환적인 분위기 속에 머물다 보면 우리를 괴롭히던 것들이 허망한 것임을 깨닫게 됩니다. 우리 마음에 꺼지지 않고 타오르는 불이 있다면 우리는 냉혹한 세상에서 낙심하지 않을 수 있습니다. "불이 이미 붙었으면, 내가 바랄 것이 무엇이 더 있겠느냐?" 주님의 이 탄식이 아픔이 되어 다가옵니다. 주님의 불꽃이 우리 속에서 활활 타오르게 해주십시오. 아멘.

주님의 한결같은 사랑

주님, 주님의 한결같은 사랑은 하늘에 가득 차 있고, 주님의 미쁘심은 궁창에 사무쳐 있습니다. 주님의 의로우심은 우람한 산줄기와 같고, 주님의 공평하심은 깊고 깊은 심연과도 같습니다. 주님, 주님은 사람과 짐승을 똑같이 돌보십니다(시편 36:5-6).

날이 갈수록 분명해지는 한 가지 사실은 내가 할 수 있는 일이 매우 작다는 것이다. 이전에는 의지만 있다면 세상을 바꾸고 교회를 바꿀 수 있다고 생각했다. 하지만 그건 어처구니없는 자만이었다. 자기를 쇄신하며 살 수 있다면 그나마 다행이다. 영혼이 왜소해진 것 같아 참담하기도 하지만, 내가 그렇게 중요한 사람이 아니라는 깨달음은 오히려 우리에게 자유를 안겨준다. 아르스의 성자인 비안네는 사람들이 자신을 비난할 때 "그 사람들이 나를 잘 알고 있구나" 하고 말했다고 한다. 그는 누가 뭐라고 해도 근거 없는 비난이라

깨어나라,
너 잠자는 자여

고 길길이 뛰지도 않고, 변명을 길게 늘어놓지도 않았다. 자기를 돌아보았을 뿐이다.

시인은 악인들이 득세하는 세상에 살면서도 낙심하지 않는다. 그럴 수 있었던 것은 그가 더 크고 깊은 세상을 바라보고 있기 때문이다.

"주님, 주님의 한결같은 사랑은 하늘에 가득 차 있고, 주님의 미쁘심은 궁창에 사무쳐 있습니다"(시편 36:5).

한결같은 주님의 사랑, 이것이 우리의 생의 바탕이다. 주님의 미쁘심은 온 세상 구석구석 미치지 않는 곳이 없다. 누더기를 입고 살든, 비단옷을 입고 살든 우리를 향하신 하나님의 사랑은 변하지 않는다. 이게 우리 희망의 뿌리이다.

시인은 또한 하나님의 의로우심은 우람한 산줄기와 같다고 말한다. 이따금 산에 들 때마다 산의 품이 참 넉넉하다는 생각에 흔감해진다. 차별 없이 모든 사람들을 품어주는 산, 그리고 언제나 그 자리에 든든히 서있는 산, 하나님은 바로 그런 분이시다.

대학원 졸업 논문이 거부되어 낙심한 한 청년이 울화를 삭히려고 옥상에 올라갔다. 괜히 눈물이 났다. 그런데 문득 저 멀리 서있는 북한산이 자기에게 하는 말을 들었다. "나는 이렇게 수만 년을 서 있다." 내면에서 들려온 그 한 마디가 청년을 해방시켰다. 마음을 뒤덮고 있던 구름이 걷히고, 다시 시작할 용기를 얻게 되었던 것이다. 그는 작은 실패들에 연연하지 말아야겠다고 다짐했다. 우람한 산줄기처럼 우뚝한 하나님의 품안에서 살아가는 사람들은 일이 안 풀린다고 안달하지도 않고, 일이 잘됐다고 기뻐 날뛰지도 않는다. 모든 것이 하나님의 뜻대로 이루어질 것임을 믿기 때문이다.

시인은 하나님의 공평하심이 큰 바다와 같다고 말한다. 아무도 차별하지 않는 하나님의 공평하심을 시인은 바다에 빗대 노래한 것이다. 그런데 정말 그런가? 하나님은 공평하신 분인가? 잘 믿어지지 않는다. 세상이 너무나 불공평해 보이지 않던가. 이 말씀은 일종의 도전이다. 세상의 공평함은 궁극적으로는 하나님의 섭리 안에서 성취될 것이지만, 하나님을 믿는 우리에게 주어진 소명이기도 하다. 주님은 우리를 통해 세상을 고치려 하신다. 그 가슴 벅찬 도전 혹은 초대가 우리 삶을 곧추세우는 동력이다.

깨어나라,
너 잠자는 자여

기도

하나님, 무정한 세상에 살면서 우리 마음은 잔뜩 쪼그라들었습니다. 작은 충격에도 어쩔 줄 몰라 비틀거립니다. 배신의 쓰라림을 겪을 때마다 우리 마음은 굳게 닫히곤 합니다. 주님의 한결같은 사랑, 주님의 미쁘심이 아니라면 우리는 이미 쓰러졌을 것입니다. 세태와 무관하게 언제나 그 자리에 서 있는 산처럼, 거친 바람이 불어도 이내 수평을 유지하는 바다처럼 주님은 그렇게 든든한 존재의 근거가 되어 주십니다. 우리의 마음도 주님을 닮기 원합니다. 천둥소리에도 놀라지 않는 사자처럼 담대하게 믿음의 싸움을 계속하게 해주십시오. 아멘.

예수를 바라봅시다

그러므로 이렇게 구름 떼와 같이 수많은 증인이 우리를 둘러싸고 있으니, 우리도 갖가지 무거운 짐과 얽매는 죄를 벗어버리고, 우리 앞에 놓인 달음질을 참으면서 달려갑시다. 믿음의 창시자요 완성자이신 예수를 바라봅시다. 그는 자기 앞에 놓여 있는 기쁨을 내다보고서, 부끄러움을 마음에 두지 않으시고, 십자가를 참으셨습니다. 그리하여 그는 하나님의 보좌 오른쪽에 앉으셨습니다. 자기에 대한 죄인들의 이러한 반항을 참아내신 분을 생각하십시오. 그리하면 여러분은 낙심하여 지치는 일이 없을 것입니다(히브리서 12:1-3).

삶의 무게에 짓눌린 이들의 표정이 우울하다. 천근의 무게로 우리를 짓누르는 무거움에서 벗어나려면 수직의 심상을 수평의 심상으로 전환하는 경쾌함을 익혀야 한다. 물위를 걸으셨던 예수님의 그 가벼운 보행법을 배워야 한다. 시련

깨어나라,
너 잠자는 자여

과 고통의 파도가 잦아들지 않는 인생이지만, 그 속에 빠지지 않고 그 위를 걸을 수 있다면 얼마나 좋을까? 히브리서 기자는 순례자로 살아가는 이들에게 말한다.

"우리도 갖가지 무거운 짐과 얽매는 죄를 벗어버리고, 우리 앞에 놓인 달음질을 참으면서 달려갑시다"(히브리서 12:1b).

예수로 인해 온갖 시련을 겪고 있는 성도들에게 히브리서의 기자는 어깨를 짓누르고 있는 것들을 홀가분하게 벗어 던지라고 말한다. 믿음의 사람들은 이 세상에 살고 있으나, 이 세상에 속한 존재가 아니다. 그들은 영원한 본향을 찾는 나그네이다. 세상의 모든 것들은 때가 되면 우리에게서 멀어진다. 돈도 명예도 잠시 우리 곁에 머물다 떠나간다. 떠나려는 것을 굳이 붙잡으려니 삶이 힘겹다.

할 수 있다면 예수님처럼 세상 물결 위를 가뿐하게 걷고 싶다. 하지만 우리는 베드로처럼 가라앉곤 한다. 욕심을 덜 부리고 살아야겠다고 다짐도 해보지만 세상은 마치 목동들이 올가미를 던져 소를 넘어뜨리듯이 수많은 올가미로 우리를 넘어뜨리곤 한다. 세상의 휘황한 빛에 취한 눈에 하늘의 별빛은 보이지 않는다. 세상의 온갖 소리에 익숙해진 귀에 하늘의 세미한 소리는 들려오지 않는다. 이게 바로 타락이다. 치유법은 무엇인가?

"믿음의 창시자요 완성자이신 예수를 바라봅시다"(히브리서 12:2a). 우리가 바라보아야 할 예수님은 자기를 깨는 아픔을 견디면서 이 땅에서 하늘을 사셨다. 하늘의 참 평화와 빛을 욕망으로 어둑해진 이 세상에 끌어들이셨다. 부와 권세가 지배하는 세상이 얼마나 폭력적이고 악마적인지를 드러내면서, 나눔과 섬김이야말로 하늘에 이르는 길임을 온 몸으로 보여주셨다. 그래서 그분은 그 길을 걷는 모든 이들의 주님이 되셨고, 그 길을 걷는 모든 이들의 생을 완성으로 이끄는 분이 되셨다.

누구를 바라보고 사느냐가 우리 인생을 결정한다. '바라봄'은 '바라는 것, 즉 소원을 보는 것'이다. 자기가 꿈꾸는 바를 잊지 않고 끊임없이 바라보면 꿈은 이루어진다. 날마다 예수님을 유심히 바라보는 사람은 예수님을 닮게 된다. '나를 본 자는 아버지를 보았다'(요한복음 14:9) 하셨던 예수님처럼 우리들도 '나를 본 자는 예수님을 보았다'고 할 수 있어야 한다. 이것을 일러 '즉유증무卽有證無'라 한다. 지금 눈에 보이는 것으로 눈에 보이지 않는 것을 드러낸다는 말이다.

깨어나라,
너 잠자는 자여

기도

하나님, 진실한 사람이 되고 싶습니다. 전심을 다하여 주님을 따르는 사람이 되고 싶습니다. 주님이 보여주신 하나님 나라를 향유하며 살고 싶습니다. 그러나 속정에 매인 우리는 맛깔스러우나 담백한 진리의 세계보다 자극적인 소비의 낙원을 더 좋아합니다. 눈에 보이지 않는 하나님을 가시적으로 드러내라는 부름을 받았으나 여전히 눈에 보이는 세계에만 마음을 두고 사는 우리를 불쌍히 여겨 주십시오. 이제는 그 곤고한 삶에서 벗어나 고요하고 담백한 진리에 맛들인 사람이 되게 해주십시오. 아멘.

고향무정

예수께서 거기를 떠나서 고향에 가시니, 제자들도 따라갔다. 안식일이 되어서, 예수께서 회당에서 가르치기 시작하셨다. 많은 사람이 듣고, 놀라서 말하였다. "이 사람이 어디에서 이런 모든 것을 얻었을까? 이 사람에게 있는 지혜는 어떤 것일까? 그가 어떻게 그 손으로 이런 기적들을 일으킬까? 이 사람은 마리아의 아들 목수가 아닌가? 그는 야고보와 요셉과 유다와 시몬의 형이 아닌가? 또 그의 누이들은 모두 우리와 같이 여기에 살고 있지 않은가?" 그러면서 그들은 예수를 달갑지 않게 여겼다. 그래서 예수께서 그들에게 말씀하셨다. "예언자는 자기 고향과 자기 친척과 자기 집 밖에서는, 존경을 받지 않는 법이 없다." 예수께서는 다만 몇몇 병자에게 손을 얹어서 고쳐 주신 것밖에는, 거기서는 아무 기적도 행하실 수 없었다. 그리고 그들이 믿지 않는 것에 놀라셨다(마가복음 6:1-6).

깨어나라,
너 잠자는 자여

고향은 어머니의 품같이 따뜻한 곳이지만, 누구에게나 언제나 그런 것은 아니다. 고향은 때로 늪이 되어 우리 발을 붙들기도 한다. 갈릴리 해변 마을을 두루 다니시며 하나님 나라의 복음을 전파하셨던 예수님이지만 고향에서만은 좌절을 맛보셨다. 회당에 들어가서 성경 말씀을 읽고 깨달음을 나누고자 했지만 사람들은 말씀에 집중하지 않았다. 말씀을 들은 이들의 반응은 '놀람'이었다. "이 사람이 어디에서 이런 모든 것을 얻었을까? 이 사람에게 있는 지혜는 어떤 것일까? 그가 어떻게 그 손으로 이런 기적들을 일으킬까?"(마가복음 6:2b)

우리가 주목해야 할 단어가 있다. '이 사람'이라는 호칭 말이다. 우리는 '이 사람'이라는 말에서 눈을 아래로 내려깔고 바라보는 거만한 시선을 느낄 수 있다. 예수님이 하신 말씀은 분명 놀랍고 심원하지만, 자기들이 잘 아는 사람이기에 인정하고 싶지 않은 것이다. 그들도 주님이 행하신 권능에 놀랐다. 하지만 그 일조차 다른 누구의 손도 아닌 '그 손'으로 이루어진 일이기에 마땅치 않은 것이다. '그 손'은 어떤 손인가? 목수의 투박한 손이다. 굳은살 투성이에, 손톱에는 멍이 들고, 곳곳에 생채기가 난 거칠기 이를 데 없는 손이었을 것이다. 손처럼 표정이 풍부한 몸의 지체가 없다. 우리가 어떤 사람을 알려면 그 사람의 손을 보면 된다지 않던가. 하지만 우리는 손의 언어를 왜곡할 때가 많다. 노동으로 단련된 거친 손을 볼 때와 마디 없는 고운 손을 볼 때 자세가 달라진다. 예수님의 손은 분명히 투박했을 것이다. 투박한 손 때문에 예수님은 지금 사람들에게 인정을 받지 못한다.

"이 사람이 마리아의 아들 목수가 아닌가? 그는 야고보와 요셉과 유다와 시몬의 형이 아닌가? 또 그의 누이들은 모두 우리와 같이 여기에 살고 있지 않은가?"(마가복음 6:3)

이 말 속에 담겨있는 편견이 참 강고하다. 사람들은 예수님을 인정할 수 없었다. 그는 자기들의 가구를 만들어주고, 부서진 문짝을 고쳐주고, 집을 짓는 솜씨 좋은 목수로 머물러야 했던 것이다. 하찮게 여겼던 이가 스승이 되어 가르치는 것을 그들은 받아들일 수 없었던 것이다. 주님은 고향에서 좌절을 경험하셨다.

"예수께서는 다만 몇몇 병자에게 손을 얹어서 고쳐 주신 것 밖에는, 거기서는 아무 기적도 행하실 수 없었다"(마가복음 6:5). 병든 자를 고치고, 귀신을 내쫓으시고, 풍랑을 잠잠케 하시고, 오병이어의 기적을 일으키시고, 죽은 사람을 살리시는 예수님도 할 수 없는 일이 있었던 것이다. 마음에 빗장을 지르고 있는 사람은 하나님도 어쩌실 수 없다. '그 사람'을 안다고 하는 못난 자부심, 서열을 뒤바꿀 수 없다는 폐쇄성이 결국은 구원의 기회를 잃게 만든 것이다. 예수에 대한 잘 안다고 생각하면서도 새로움을 받아들이지 못하는 이들이 많다. 지금 곁에 있는 이들을 허심탄회하게 하나님의 메신저로 받아들일 수 있다면 우리 삶이 새로워지지 않을까?

하나님. 삶이 힘겹다는 생각에 들 때마다 세상이 적막하다는 생각에 사로잡힙니다. 어디 한군데 마음 편히 내려놓을 데가 없어 외로울 때면 마치 이끌리듯 고향을 찾습니다. 그러나 그 고향이 화염검이 되어 우리를 밀쳐낼 때도 있습니다. 주님이 느끼셨던 아픔과 외로움이 얼마나 크셨을까요? 주님, 주님께서 우리의 고향이 되어 주셨던 것처럼 이제는 우리가 주님의 따뜻한 고향이 되고 싶습니다. 우리를 주님의 거처로 삼아주십시오. 아멘.

쟁기를 잡은 사람

또 다른 사람이 말하였다. "주님, 내가 주님을 따라가겠습니다. 그러나 먼저 집안 식구들에게 작별 인사를 하게 해주십시오." 예수께서는 그에게 말씀하셨다. "누구든지 손에 쟁기를 잡고 뒤를 돌아다보는 사람은 하나님 나라에 합당하지 않다"(누가복음 9:61-62).

예수님은 갈릴리의 어부들에게 '나를 따르라' 말씀하심으로 제자를 삼으셨다. 그러나 정작 자발적으로 당신을 따르겠다는 이들에게는 선뜻 응낙하지 않으셨다. 당신이 걷는 길의 신산스러움을 이야기함으로 지레 포기하게 하셨다. 기준은 무엇인가? 알 수 없다. 이 둘과는 다른 경우도 있다. 어느 사람이 주님을 따르겠다고 청했다. 그러면서 집안 식구들에게 작별 인사를 할 말미를 달라고 청한다. 따지고 보면 어려울 것도 없는 부탁이다. 하지만 주님의 말씀은 단호하다. 주님은 그 사람의 마음에 있는 틈을 보셨던 것이다. 따르겠다고는 했지만 여전히 망설임을 떨치지 못하는 그에게 예수님은 말씀하셨다.

"누구든지 손에 쟁기를 잡고 뒤를 돌아다보는 사람은 하나님 나라에 합당하지 않다"(누가복음 9:62).

예수님이 언어를 다루는 솜씨는 거의 천의무봉天衣無縫이다. 손에 쟁기를 잡고 뒤를 돌아보는 광경이 머릿속에 그려지면서, 가리산지리산 엉망이 되어버린 밭고랑이 떠오른다. 뒤를 돌아본다 함은 그가 한 가지 일에 집중하지 못함을 나타낸다. 그는 세상 염려와 근심이 많은 사람이다. 모든 것을 두고 떠나기에는 미련이 많은 사람이다. 우리는 하나님 나라의 밭을 갈도록 부름 받고도, 자꾸만 뒤를 돌아본다. 확신이 없기 때문이다. 지금 하는 일이 헛수고가 아닐까 하는 불안감 때문이다. 하지만 우리는 뒤를 돌아보는 사람이 아니라, 앞을 내다보는vorblick 사람이 되어야 한다.

"古人도 날 못 보고 나도 고인 못 뵈고/고인을 못 뵈도 녀던 길 앞에 있네/녀던 길 앞에 있거든 아니 녀고 어이리."
퇴계 이황 선생의 〈도산 십이곡〉 중 아홉 번째 노래이다. '녀다'라는 단어는 '가다, 행하다'를 뜻하는 옛말이다. 옛 성현들을 지금 볼 수 없고, 성현들도 나를 볼 수 없지만 그들이 걷던 길이 있으니 그 길을 아니 걸을 수 없다는 노래이다. 주님은 지금 우리를 '그 길'로 부르신다.

지금 우리는 어떤 쟁기를 손에 잡고 있나? 우리는 지금 불화와 혐오가 엉겅퀴처럼 돋아난 묵정밭 앞에, 인정의 사막 앞에 서있다. 우리가 일상적으로 만나는 사람들의 마음은 거칠어졌고, 저마다 지쳐 여백이 없다. 주님은 우리 손에 쟁기를 쥐어주시며 그 황무지를 개간하라 이르신다. 사람들의 마음을 시원하게 하고, 지친 이들을 위로하고, 사랑하고 신뢰하며 살아가도록 도우라 하신다. 허물어진 성벽, 불에 탄 채로 버려진 문들, 끊겨버린 길 앞에서 망연자실했던 느헤미야의 마음이 이랬을까? 하지만 내가 변하면 세상도 변한다. 그 변화는 눈에 띄지 않을 수도 있다. 하지만 보이지 않는 보폭으로 담을 타고 오르는 담쟁이처럼, 하나님 나라는 시나브로 우리의 삶 속에서 자라고 있다. 그리스도인은 '우리 승리하리라'라고 말하는 사람이 아니라 '우리에게 어떤 일이 일어나든 그분이 승리하리라'고 말하는 사람이다.

깨어나라,
너 잠자는 자여

하나님, 시간 속을 걸어가는 우리는 후회와 불안 속에서 바장입니다. 낙원에서 쫓겨난 인간은 다시는 그 '꿈꾸는 순진무구'의 상태로 돌아갈 수 없습니다. 과거에 충실히 살지 못했다는 자책이 우리를 사로잡을 때가 많습니다. 우리는 또한 불확실한 미래를 두려움으로 전망하곤 합니다. 부질없는 일들입니다. 이제는 우리의 두려움과 혼돈까지 주님께 다 맡깁니다. 손에 쟁기를 잡았으니 뒤를 돌아보지 않고 앞만 보고 나아가겠습니다. 혼돈을 질서로, 공허를 의미로, 어둠을 빛으로 바꿔주실 주님만 믿고 나아가겠습니다. 우리를 꼭 붙들어 주십시오. 아멘.

안식을 취하라

주님께서 말씀하신다. "너희는 공평을 지키며 공의를 행하여라. 나의 구원이 가까이 왔고, 나의 의가 곧 나타날 것이다." 공평을 지키고 공의를 철저히 지키는 사람은 복이 있다. 안식일을 지켜서 더럽히지 않는 사람, 그 어떤 악행에도 손을 대지 않는 사람은 복이 있다(이사야 56:1-2).

"신들을 찾아 나선 여행길이 고되어서 지쳤으면서도, 너는 '헛수고'라고 말하지 않는구나. 오히려 너는 우상들이 너에게 새 힘을 주어서 지치지 않았다고 생각하는구나"(이사야 57:10).

행여 남에게 뒤질세라 질주하며 살다보니 우리 숨이 턱에까지 차올랐다. 숨이 가쁘니 다른 이들의 처지를 돌볼 여유를 누리지 못한다. 안식을 누리지 못하는 사람과 자연이 세상을 점점 황량하게 만든다. 11세기 이탈리아에서 태어

깨어나라,
너 잠자는 자여

나 영국교회의 수장인 캔터베리의 대주교로 일했던 안셀름
¹⁰³³⁻¹¹⁰⁹이 젊은 날에 쓴 『왜 하나님이 사람이 되셨는가^{Cur}
^{Deus Homo}』라는 책에 나오는 한 구절이 우리 삶을 돌아보게
만든다.

"자 이제, 미소한 인간이여, 네가 몰두해 있는 [온갖] 일
을 잠깐 뒤로 하라, 잠시 동안 너의 혼란스러운 생각들로부
터 너 자신을 감추어라. 이제 무거운 근심을 떨쳐버리고, 그
리고 너의 힘겨운 임무들을 내려놓아라. 잠깐 하나님께 마
음을 비우고 잠깐 그 분 안에서 안식을 취하라. 네 영혼의
골방에 들어가라^(마태복음 6:6), 하나님 이외의 모든 것을 배
제하라… 그리고 문을 닫고 그를 찾아라. 내 온 마음아, 이
제 말하라^(마태복음 6:6), 이제 하느님께 말하라: '제가 당신 얼
굴을 찾습니다, 주님, 당신 얼굴을 제가 찾습니다'"^{(시편 26:8,}
^{27:8)(캔터베리의 안셀무스, 『모놀로기온 & 프로슬로기온』, 박승찬 옮김,}
^{175쪽).}

그는 해야 할 일과, 우리 마음을 어지럽히는 이런 저런 생
각과, 무거운 근심을 내려놓고 잠시 동안이나마 하나님 안
에서 안식을 누리라고 말한다. 그런 후에 온 맘으로 하나님
을 찾으라는 것이다. 믿음이란 결국 하나님의 현존 앞에 나
아가 엎드리는 것이 아닐까? 풍랑이 몰아치는 바다를 힘겹
게 건넌 선원이 마침내 항구에 닻을 내리는 것처럼, 우리는

자꾸만 하나님 앞에 나아가 엎드려야 한다. 주님 안에만 참된 안식이 있다. 잠시 숨을 고른 후에 우리가 할 일은 온 맘을 다해 하나님을 찾는 것이다. 공의와 공평을 추구하는 것이 바로 하나님을 찾는 길이요 참 사람이 되는 길이다.

사람과 사람 사이에서 산다는 것이 행복할 때도 있지만, 힘겨울 때가 더 많다. 가인의 후예들이 만든 도시는 우리 마음에서 안식을 빼앗아간다. 보이지 않을 뿐, 우리 가슴을 열어보면 삶이라는 전장戰場에서 입은 상처자국이 없는 사람이 없다. 예배란 그 상처와 우리에게 상처를 입혔던 사람에 대한 미움까지 하나님 앞에 내려놓는 것이다. 하나님께 그 상처를 솔직하게 열어 보일 때, 하나님은 그것을 은총의 계기로 바꿔주신다. 그것이 신앙의 신비이다.

깨어나라,
너 잠자는 자여

하나님, 해처럼 빛나는 얼굴을 만나기 어려운 시대입니다. 다들 지쳐 있습니다. 조금만 건드려도 화를 내거나 울 것 같은 표정을 짓고 살아갑니다. 하나님은 창조된 세상을 보고 기뻐하셨지만 우리는 무덤덤하게 그 곁을 지나갈 뿐입니다. 우리 영혼은 늘 뭔가에 쫓기듯 불안에 시달립니다. 참된 안식을 누리고 싶습니다. 하나님의 창조의 리듬 속에 깊이 잠겨 우리의 '있음' 그 자체가 은총임을 깨닫게 해주십시오. 하나님의 마음과 깊은 일치를 이루게 하시고, 공평과 공의를 이루는 기쁨을 한껏 누리게 해주십시오. 아멘.

예수님의 가슴에 지펴진 하늘의 불꽃은 제자들의 가슴으로 옮겨 붙었고, 그들의 가슴을 뜨겁게 했던 불꽃은 또 다른 이들의 가슴에서도 타올랐다. 그 가슴에 불이 붙은 이들은 세상을 밝히는 빛이 된다.

Monday ～～～～

Tuesday ～～～～

Wednesday ～～～～

깨어나라,

너 잠자는 자여

Thursday ~~~~~

Friday ~~~~~

Saturday ~~~~~

Sunday ~~~~~

담장 허물기

새 사람을 입으십시오. 이 새 사람은 자기를 창조하신 분의 형상을 따라 끊임없이 새로워져서, 참 지식에 이르게 됩니다. 거기에는 그리스인과 유대인도, 할례 받은 자와 할례 받지 않은 자도, 야만인도 스구디아인도, 종도 자유인도 없습니다. 오직 그리스도만이 모든 것이며, 모든 것 안에 계십니다(골로새서 3:10-11).

주님을 기다리는 이들은 '너'와 '나'를 가르는 담장을 허물어야 한다. 사람들이 담을 쌓는 까닭은 지켜야 할 자기가 있기 때문이고, 이웃을 신뢰하지 못하기 때문이다. 담은 우리를 보호하는 듯하지만 원활한 소통을 가로막는 장벽일 때가 더 많다. 높은 담 안에 갇힌 사람은 담 너머 사람들을 두려워한다. 담이 높아질수록 두려움도 증폭된다. 사도 바울은 예수님을 장벽을 허무는 분으로 소개하고 있다. 다양한 형

깨어나라,
너 잠자는 자여

태의 담을 헐어냄으로 서로 소통하는 세상을 열기 위해 주님은 몸을 바치셨다.

하나님은 '하나 되게 하시는 분'이시다. 말장난 같지만 이 말은 어떤 본질적인 진실을 드러내고 있다. 죄는 나누고, 사랑은 하나 되게 한다. 세상은 갈기갈기 찢겨 있다. 분쟁과 테러의 소식이 끊이질 않는다. 라멕의 노랫소리가 도처에서 들려온다. 위험한 세상이다. 그렇기에 더욱 은총을 구하지 않을 수 없다.

중국 송나라$^{960-1279}$ 때 한 여인은 자신을 향한 남편의 사랑이 소멸되는 것을 깨닫고 남편에게 다음과 같은 시를 바쳤다. 결혼 당시의 사랑에 다시 불을 붙이고 싶었던 것이다. "한 덩이 진흙으로/당신의 입상立像 만들고/나의 입상도 만들고//당신의 입상, 나의 입상/으깨어 합쳐/다른 진흙덩이 만들고//이 흙덩이로 다시/당신 입상 만들고/나의 입상 만들어요./이제야/"당신이 내 안에"/"내가 당신 안에"(C.S. 송, 『아시아의 고난과 신학』, 134-5쪽에서 재인용).

설명하지 않아도 그 절절한 느낌이 다가온다. 으깨어 합쳐져 다시 한 덩이가 되고, 다시 빚어지고 싶은 그 마음 말이다. 그때 비로소 우리는 '당신이 내 안에', '내가 당신 안에'라고 말할 수 있다. 하나님은 또한 '하는 님'이시다. 하나님은 스스로 자족하는 분이 아니라 늘 우리를 위해 뭔가 새

역사를 이루시는 분이시라는 말이다.

예수님이 꿈꾸셨던 세상은 모든 사람들이 인간 가족으로 서의 사랑을 품고 살아가는 공존의 세상이었다. 부자 나라 가 가난한 나라를 착취하는 일도 없고, 배운 사람이 못 배운 사람의 가슴에 대못을 박는 일도 없고, 힘 있는 사람은 그렇지 못한 사람을 억압하지 않고, 도와주는 것을 자랑하지 도 않지만 도움 받는 것도 부끄러워하지 않는 그런 세상 말 이다. 예수님은 세상의 모든 사람들이 한 하나님 안에서 가 족이 되는 꿈을 꾸셨다. 인종, 종교, 문화, 계층, 남녀, 소득의 격차를 넘어 모두가 기쁘게 만나 생을 축제로 바꾸는 세상 의 꿈은 어떤 경우에도 망각되지 말아야 한다.

기도

하나님, 땅의 것만 바라보고 사는 인생이 참 무겁습니다. 주님 안에 사는 이들의 생명은 그리스도와 함께 하나님 안에 감추어져 있다고 믿고 고백 하지만, 현실의 바람 앞에서 우리의 그런 고백은 무력하기만 합니다. 이제 정말 새 사람의 옷을 입고 싶습니다. 하나님의 형상을 따라 새로워져 참 지식에 이르고 싶습니다. 우리를 붙잡고 놓아주지 않는 탐욕을 향해 오연 한 목소리로 '가라'고 외치고, 주님이 주시는 참 자유를 누리며 살게 해주 십시오. 아멘.

깨어나라,
너 잠자는 자여

무거운 그림자를 떨치고

내가 [진정으로] 거듭 너희에게 말한다. 땅에서 너희 가운데 두 사람이 합심하여 무슨 일이든지 구하면, 하늘에 계신 내 아버지께서 그들에게 이루어 주실 것이다(마태복음 18:19).

6세기의 성자인 베네딕도는 서양 수도원 운동의 아버지로 알려진 분이다. 그와 관련된 전설이다. 그를 따르는 수도승들이 새 수도원 한 채를 짓고 있었다. 그들은 아주 큰 바위 덩어리 하나를 끌어올려 다른 곳으로 옮기려 했다. 그런데 그 바위가 너무 무거웠기 때문에 수도승들은 사람들을 더 불러왔다. 그런데도 바위 덩어리는 꿈쩍도 하지 않았다. 그들은 "악마가 이 바위 덩어리 위에 앉아 있나보다!"라고 말했다. 마침 그곳을 지나가다가 자초지종을 다 들은 베네딕도는 아무 말 없이 그 바위 덩어리와 수도승들 위에 성호를 그었다. 그러자 마치 어두운 그림자 하나가 바위 덩어리에서 빠져 나가기라도 한 듯 수도승들은 그 바위 덩어리를 가볍게 옮길 수 있었다고 한다.

우리 삶이 무겁다고 느껴지는 것은 어두운 그림자 하나가 빠져 나가지 않았기 때문인지도 모른다. 우리 속에서 빠져 나가야 할 어두운 그림자는 '용서하지 못하는 마음'이 아닐까? 원망과 미움이 우리 얼굴을 어둡게 하고, 천진하게 웃지 못하게 하고, 다른 이와 더불어 마음을 열고 만나지 못하게 한다.

가장 이상적인 신앙 공동체로 기억되는 초대교회도 역시 사람들이 모인 곳인지라 갈등이 있었다. 중요한 것은 갈등이 생겼을 때 그것을 '어떻게 처리하는가'이다. 덮어두어야 할 때도 있지만 덮어두는 것만이 능사는 아니다. 예수님은 이런 경우에는 적극적인 해결책을 모색해야 한다고 말씀하신다. 일단 잘못을 저지른 사람이 무안하지 않도록 홀로 조용히 충고해야 한다. 그런데도 그가 듣지 않으면 두세 사람이 함께 가서 충고하고, 그래도 듣지 않으면 교회가 공식적으로 그에게 충고를 해야 한다는 것이다. 그래도 듣지 않으면 어떻게 해야 할까? 마태는 다소 강한 어조로 말한다. "그를 이방 사람이나 세리와 같이 여겨라." 공동체를 지키려는 복음사가의 마음이 고스란히 드러나고 있다.

그러나 충고하는 이에게 정말 필요한 것은 형제를 얻으

려는 마음이다. 그가 잘못을 깨닫고 돌이켜 새 사람이 될 수 있는 기회를 제공하려는 마음 말이다. 사랑을 배경으로 하지 않는 충고는 오히려 더 큰 거리감을 만들기 일쑤이다. 어떤 사람을 꾸짖거나 충고를 해야겠다는 생각이 들면, 그를 감정적으로 용납하고 사랑할 수 있을 때까지 기다려야 한다. 그래야 문제를 풀 수 있다.

"내가 진정으로 너희에게 말한다. 무엇이든지, 너희가 땅에서 매는 것은 하늘에서도 매일 것이요, 땅에서 푸는 것은 하늘에서도 풀릴 것이다"(마태복음 18:18).

기도

하나님, 주님은 원수까지도 사랑해야 한다고 가르치셨지만 편협하기만한 우리는 여전히 그런 가르침대로 살지 못합니다. 우리에게 해를 끼치는 이들을 머리로는 받아들일 수 있지만 감정은 그를 밀어내고 보복을 감행하기 때문입니다. 용서하고 용납하기 위해서는 우리가 커져야 함을 깨닫습니다. 우리 마음을 주님께 내려놓습니다. 우리 마음을 넓혀주시고, 주님의 사랑으로 가득 채워주십시오. 그 사랑 안에 머물며, 세상의 모든 얽힌 것들을 풀어내는 평화의 사람이 되게 해주십시오. 아멘.

이야기의 장엄한 세계

나는 먼저 여러분 모두의 일로, 예수 그리스도를 통하여 나의 하나님께 감사를 드립니다. 그것은 여러분의 믿음에 대한 소문이 온 세상에 퍼지고 있기 때문입니다. 하나님은, 내가 그 아들의 복음을 전하는 일로 충심으로 섬기는 분이시기에, 내 마음속을 알고 계십니다. 나는 기도할 때마다, 언제나 여러분을 생각하며, 어떻게 해서든지 하나님의 뜻으로 여러분에게로 갈 수 있는 좋은 길이 열리기를 간구하고 있습니다. 내가 여러분을 간절히 보고 싶어 하는 것은, 여러분에게 신령한 은사를 좀 나누어주어, 여러분을 굳세게 하려고 하는 것입니다. 이것은, 내가 여러분과 함께 지내면서, 여러분과 내가 서로의 믿음으로 서로 격려를 받고자 하는 것입니다(로마서 1:8-12).

사도 바울이 쓴 서신들은 대개 그가 직접 세운 교회와 교인들을 향해 쓴 것이지만 로마서만은 예외이다. 로마 교회는

깨어나라,
너 잠자는 자여

바울이 세우지 않았다. 물론 로마 교회에는 바울 사도가 잘 아는 이들이 꽤 많이 있었다. 로마서 16장에 나오는 문안 인사에서 바울이 언급한 사람들만 보아도 알 수 있다. 뵈뵈, 브리스가와 아굴라 부부, 에배네도 등 많은 이들을 그는 동역자로 인식하고 있다. 그는 그들에게 사랑의 빚을 졌다고 말한다. 고난을 무릅쓰고 복음을 전하는 것은 죄인 중의 괴수인 자기를 구원하신 하나님과 동역자들에게 진 사랑의 빚을 갚기 위해서였다. 빚진 자 의식에는 공로 의식 따위가 끼어들 틈이 없다. 바울이 사람들에게 줄 수 있는 것은 그리스도의 사랑 이야기 외에는 아무 것도 없었다.

리베카 솔닛은 "가끔은 한 사람의 이야기가 더 큰 영역으로 들어가는 입구가 되어 주기도 한다"(리베카 솔닛, 『멀고도 가까운』, 김현우 옮김, 285쪽)고 말한다. 누군가의 삶의 이야기에 귀를 기울이는 순간, 우리는 자신을 온통 사로잡고 있는 일상의 무게가 특별한 것이 아니라는 사실을 깨닫게 된다. 다른 이들의 이야기를 경청하는 순간 우리를 사로잡고 있던 우울감이 사라지기도 하고, 울혈처럼 우리를 괴롭히던 삶의 무게감이 줄어들기도 한다. 리베카 솔닛의 책을 번역한 김현우 선생은 바로 그것이 성장이라고 말한다.

"타인의 이야기가 들어올 자리를 마련하기 위해, 내 이야기의 일부를 비워 내는 것, 그렇게 타인의 어휘를 나의 것으로 받아들이며 더 커진 경계 안에서 나를 발견하는 것을 성장이라고 부를 수도 있겠다"(위의 책, 379쪽, 옮긴이 후기 중).

바울의 이야기는 그의 이야기인 동시에 그리스도의 이야기이다. 두 이야기가 합류하여 구원 이야기를 이룬다. 듣는 이들 또한 그 이야기에 합류하면서 구세주의 구원 이야기는 점점 풍요로워질 것이다. 바울은 일방적으로 그들을 가르치려 하지 않는다. 오히려 그들의 믿음 이야기를 경청함으로 자신도 격려 받기를 바란다.

하나님이 우리를 공동체 안으로 불러주신 까닭은 무엇일까? 우리들 각자를 찾아오신 하나님의 이야기를 함께 나눔으로서, 하나님의 은혜의 깊이와 넓이와 높이를 깨닫고, 인생의 어떤 상황이 닥쳐와도 믿음으로 이겨낼 수 있도록 피차 격려하라는 것이 아닐까? 하나님이 일하시는 모습은 참 다양하다. 내가 경험한 하나님만이 참 하나님이라는 오만함을 버리고, 다른 이들의 경험에 귀를 기울일 때 우리 믿음의 지평이 커질 것이다. 다양한 하나님 경험이 공유될 때 이루어지는 이야기의 장엄 세계 속에서 세상은 새로워진다.

깨어나라,
너 잠자는 자여

하나님. 이야기는 사람을 만들고 사람은 이야기를 만든다는 말이 참 실감이 나는 나날입니다. 우리가 주로 듣는 이야기가 우리의 세계관과 인생관을 형성하니 말입니다. 하나님을 경외하는 사람들이 고초를 겪으며 당도한 진리의 세계가 우리 앞에 있습니다. 그 아프고도 진실된 이야기가 우리를 새로운 세계로 인도합니다. 마음을 열고 그 이야기를 듣고 또 그 이야기의 일부가 되고 싶습니다. 세상의 소음에 귀를 기울이지 말고, 세미한 하나님의 음성에 귀를 기울이도록 우리를 인도해 주십시오. 아멘.

신령한 복

우리 주 예수 그리스도의 아버지이신 하나님을 찬양합시다. 하나님께서는 그리스도 안에서, 하늘에 속한 온갖 신령한 복을 우리에게 주셨습니다. 하나님은 세상 창조 전에 그리스도 안에서 우리를 택하시고 사랑해 주셔서, 하나님 앞에서 거룩하고 흠이 없는 사람이 되게 하셨습니다(에베소서 1:3-4).

'그리스도 안에서'는 헬라어 '엔 크리스토 en christo'의 번역어인데 이 말 속에 바울 사상의 핵심이 다 담겨 있다 할 수 있다. 바울은 '엔 에페소' 곧 '에베소에 사는' 성도들에게 편지를 보냈다. '엔 에페소'와 '엔 크리스토'라는 두 구절이 서신의 수신자들이 처한 실존적 조건을 잘 보여준다. 엔 에페소가 시간과 공간의 제약을 나타낸다면, 엔 크리스토는 그것을 넘어서는 가치를 가리킨다. 충실한 삶이란 자기에게 주어진 시간을 아름답게 그리고 소중하게 살아내는 동시에 자

깨어나라,
너 잠자는 자여

기가 머물고 있는 삶의 자리를 아름답게 가꾸어가는 일이
다. 유대인들은 자녀들에게 "네가 태어나기 전 세상보다 네
가 떠날 때의 세상이 더 나은 곳이 되게 살라"고 가르친다
고 한다. '티쿤 올람tikkun olam'이 그것이다. '세상을 고친다'
는 뜻이다.

　그러나 그렇게 살기 위해서는 시공간의 제약 혹은 자기
삶의 조건을 뛰어넘는 비전이 필요하다. 믿음의 사람들에게
그 비전은 '엔 크리스토'라는 말 속에 담겨 있다. 이 표현은
다양한 의미를 내포하고 있어 일의적으로 설명하기는 어렵
지만 거칠게나마 두 가지로 간추릴 수 있다. 첫째는 하나님
의 은총이 그리스도를 통하여 우리에게 주어진다는 것이고,
둘째는 믿는 이들의 생각과 삶과 실천은 그리스도의 마음에
깊이 뿌리를 내려야 한다는 뜻이다. 그 마음에 뿌리를 내릴
때 우리는 자기의 한계를 뛰어넘어 다른 이에게 자신을 선
물로 내주며 살 수 있다.

　이스라엘 작가인 아모스 오즈는 "인간은 누구나 섬이 아
니다"라고 노래한 존 던John Donne 1572-1631의 말을 인용하면
서 한 마디를 덧붙인다. "그 어떤 남자라도, 그 어떤 여자라
도 섬은 아니지만, 우리 모두는 반도半島이다"(아모스 오즈, 『광
신자 치유』, 노만수 옮김, 83쪽). 인간의 삶이란 대륙에 뿌리를 내
리되, 바다를 향해 열려 있는 형국이라는 말일 것이다. 민족,

종교, 문화, 가족이 대륙이라면, 신앙은 바다를 향해 열린 전망이다.

무릇 사람이라면 주어진 삶에도 충실해야 하지만, 역사를 향한 하나님의 꿈에도 충실해야 한다. 비전이 없는 현실주의적 삶은 욕망의 노예살이가 되기 쉽고, 현실에 뿌리 내리지 않은 비전은 자칫하면 몽상으로 흐를 수 있다. 잘산다는 것은 '엔 에페소'와 '엔 크리스토' 사이의 균형을 잘 유지하며 사는 것이다.

믿음으로 사는 이들이 세상의 눈으로 볼 때는 손해를 감수하며 사는 것처럼 보인다. 자기 이익을 중심에 놓지 않기 때문이다. 하지만 그들은 믿음이 없는 이의 눈에는 보이지 않는 복을 누린다. 택하시고, 사랑하시고, 거룩하고 흠이 없는 사람이 되게 하신 복보다 큰 복이 어디 있을까? 그런 '신령한 복'을 누리는 이들은 세상이 알지 못하는 참 자유와 기쁨을 노래하며 현실의 무거움을 극복한다.

하나님. 엄벙덤벙 살다 보니 가리산지리산 삶이 뒤죽박죽입니다. 다들 분주하게 어딘가를 향해 질주하고 있지만 그 방향이 옳은지는 차마 묻지 않습니다. 행여 길을 잘못 들었다는 생각이 들까봐 두렵기 때문입니다. 이왕들어선 길 내처 달리자는 심정으로 살지만 마음의 공허가 줄어들지 않습니다. 우리에게 주어진 현실에 충실해야 하지만, 우리가 본향을 찾는 나그네임을 잊지 않게 해주십시오. 더 큰 세계를 향해 마음을 열게 하시고, 먼 빛의 시선으로 우리 삶을 조망하는 여유를 허락하여 주십시오. 아멘.

함께 있겠다는 신호

> 너희는 내 친구들이니, 나를 너무 구박하지 말고 불쌍히 여겨
> 다오. 하나님이 손으로 나를 치셨는데, 어찌하여 너희마저 마
> 치 하나님이라도 된 듯이 나를 핍박하느냐? 내 몸이 이 꼴인데
> 도, 아직도 성에 차지 않느냐? 아, 누가 있어 내가 하는 말을 듣
> 고 기억하여 주었으면! 누가 있어 내가 하는 말을 비망록에 기
> 록하여 주었으면! 누가 있어 내가 한 말이 영원히 남도록 바위
> 에 글을 새겨 주었으면!(욥기 19:21-24)

영문을 알 수 없는 고난의 습격을 받은 욥은 등허리가 부러
진 사람과 다를 바 없다. 말이 끊어진 자리에서 그는 몸부림
쳤다. 불행에 빠진 친구를 찾아 먼 길 마다않고 달려온 친구
들은 얼마나 고마운 존재인가? 그러나 시간이 지나면서 그
들은 욥의 죄를 지적하는 일에 열중했다. 욥은 부질없는 말,
온기 없는 말에 지쳤다. 그들은 더 이상 위로자가 아니라 고

깨어나라,
너 잠자는 자여

통을 심화시키는 자들이었다. 그래서 욥은 애원하듯 친구들에게 말한다.

"너희는 내 친구들이니, 나를 너무 구박하지 말고 불쌍히여겨다오. 하나님이 손으로 나를 치셨는데, 어찌하여 너희마저 마치 하나님이라도 된 듯이 나를 핍박하느냐? 내 몸이 이 꼴인데도, 아직도 성에 차지 않느냐?"(욥기 19:21-22)

'어찌하여 마치 하나님이라도 된 듯이 나를 핍박하느냐?'라는 구절이 아프게 다가온다. 이해할 수 없는 현실보다 더 괴로운 것은 변덕스러운 친구들의 우정이다. 기원전 1세기 로마의 정치가이자 철학자인 마르쿠스 툴리우스 키케로 Marcus Tullius Cicero, B.C.E 106-43는 아름다운 삶을 위해서는 벗들의 우정이 꼭 필요하다면서 이렇게 말했다.

"친구 간의 상호 선의에서 안식을 얻지 못하는 삶이 어떻게, 엔니우스의 말처럼, 살 만한 가치가 있겠는가? 자네가 마치 자네 자신과 말하듯 무엇이든 마음껏 더불어 말할 수 있는 누군가를 갖는다는 것만큼 감미로운 일이 또 있겠는가? 자네가 번영을 누릴 때 자네 못지않게 그것을 기뻐해줄 누군가가 없다면 어떻게 그것을 마음껏 누릴 수 있겠는가? 자네 자신보다도 더 괴로워하는 사람이 없다면 불운은 정말로 견디기 어려운 것이 된다네"(키케로, 『노년에 관하여 우정에 관하여』, 천병희 옮김, 117-118쪽).

무엇이든 터놓고 이야기를 나눌 수 있는 사람, 서로 선의를 가지고 바라보아 주기도 하고, 아픔과 괴로움을 함께 나눌 사람이 하나라도 있다면 절망의 심연에 빠져들지 않을 수 있다. 하지만 지금 욥의 곁에는 아무도 없다. 그를 비난하는 이들만 있을 뿐이다. 하나님께서 나무뿌리를 뽑듯이 그의 희망을 뿌리째 뽑아 버리시자, 그렇게 다정하게 굴던 사람들도 다 싸늘하게 등을 돌렸다.

"나를 아는 이들마다, 낯선 사람이 되어 버렸다. 친척들도 나를 버렸으며, 가까운 친구들도 나를 잊었다"(욥기 19:13-14).

나그네는 물론 종들까지도 그를 '없는 사람non-being'으로 취급했다. 냉랭함과 고독이 그를 괴롭혔고, 삶의 무의미성이 그를 사로잡았다. 지금 고통 가운데 있는 이에게 필요한 것은 적절한 충고의 말이 아니라, 어떤 경우에도 함께 있겠다는 신호가 아닐까?

깨어나라,
너 잠자는 자여

하나님, 불안이 안개처럼 슬그머니 우리 영혼을 잠식할 때면 마치 세상에 홀로 남겨진 것 같은 외로움에 사로잡히곤 합니다. 누군가 내 손을 잡아주기를 바라지만 사람들은 모두 저만치에서 자기들만의 일에 분주한 것처럼 보입니다. 그러다가 문득 누군가가 내민 손을 느낄 때면 울고 싶은 생각이 들기도 합니다. 외로운 사람들 곁에 다가가는 일은 정말 숭고하고 아름다운 일입니다. 오늘 사무치는 외로움 속에서 울고 있는 이들 곁에 다가갈 용기를 주십시오. 그리고 말이 아닌 존재의 온기로 그를 감싸게 해주십시오. 아멘.

역설적인 희망

> 주님께서 아하스에게 다시 말씀하셨다. "너는 주 너의 하나님에게 징조를 보여 달라고 부탁하여라. 저 깊은 곳 스올에 있는 것이든, 저 위 높은 곳에 있는 것이든, 무엇이든지 보여 달라고 하여라." 아하스가 대답하였다. "아닙니다. 저는 징조를 구하지도 않고, 주님을 시험하지도 않겠습니다." 그때에 이사야가 말하였다. "다윗 왕실은 들으십시오. 다윗 왕실은 백성의 인내를 시험한 것만으로는 부족하여, 이제 하나님의 인내까지 시험해야 하겠습니까? 그러므로 주님께서 친히 다윗 왕실에 한 징조를 주실 것입니다. 보십시오, 처녀가 잉태하여 아들을 낳을 것이며, 그가 그의 이름을 임마누엘이라고 할 것입니다(이사야 7:10-14).

임마누엘의 비전은 남 왕국 유다가 큰 위기에 처해 있던 시기에 예언자 이사야를 통해 주어졌다. 신흥강대국인 아시리

깨어나라,
너 잠자는 자여

아의 팽창정책에 맞서기 위해서 시리아와 북 왕국 이스라엘은 동맹을 맺었다. 하지만 그들의 힘만으로는 앗시리아를 막아낼 수 없었기에 그들은 유다도 그 동맹에 참여할 것을 요청했다. 유다가 거절하자 시리아-이스라엘 동맹군은 유다를 침공했다. 국가적 위기 앞에서 왕과 백성의 마음은 거센 바람 앞에서 요동하는 수풀처럼 흔들렸다.

그때 예언자 이사야가 아들 스알야숩을 데리고 아하스 임금 앞에 나가 하나님의 말씀을 전했다. "정신을 바짝 차리고 침착하게 행동하라", 그들은 다만 "타다만 부지깽이에서 나오는 연기에 지나지 않으니 두려워하거나 겁내지 말라"는 것이었다. 위기는 분명 위기였다. 하지만 위기의 순간에 굳게 붙들어야 하는 것은 '중심'이다. 중심이 무너지면 모든 게 무너진다. 이사야가 데리고 간 아들 스알야숩은 '남은 자가 돌아올 것'이라는 뜻이다. 역사는 끝내 중심을 포기하지 않는 사람들, 곧 남은자들에 의해 계속되게 마련임을 그는 보여주고 있다.

그러나 공포심에 넋을 잃은 아하스는 예언자의 말을 받아들이지 못한다. 이사야는 아하스에게 하나님이 그들과 함께 하신다는 표징을 구하라고 말하지만 그는 그것도 거절한다. 겸손하기 때문이 아니라, 부질없는 일이라는 생각 때문이었을 것이다. 이사야는 주님께서 다윗 왕실에 주실 징조를 알린다. "처녀가 잉태하여 아들을 낳을 것이며, 그가 그의 이름을 임마누엘이라고 할 것"이라는 것이었다.

여기서 '처녀'라고 번역된 히브리어 '알마^alma'는 결혼을 했지만 아직 출산하지 않은 여인이나, 가임기에 있는 여성을 일컫는 말이다. 히브리어 성경을 그리스말로 옮기면서 번역자들은 '알마'를 '파르테노스^parthenos', 즉 '처녀'라고 옮겼다. 이사야는 아기의 탄생이라는 일상적인 일 속에서 드러나는 하나님의 뜻을 보여주려 한 것인데, 그리스말로 번역되는 과정을 거치면서 뭔가 초자연적이고 신기한 탄생 이야기로 바뀐 것이다. 이사야는 포위된 조국을 위해 태어난 운명의 아기 이름이 임마누엘이라 말한다.

그 아기는 참 어려운 시기에 태어났다. 수많은 위기를 견뎌야 했을 것이다. 하지만 지키고 보호해야 할 그 아기의 존재야말로 하나님이 그들과 함께 하신다는 징표라는 것이다. 절망 속에 던져진 역설적인 희망이다. 캄캄한 어둠 속에 비쳐진 한 점 불빛이다. 한 아기가 우리에게 온다. 강대한 제국 로마의 식민지 변방에서 그것도 말구유에 내려온 비천한 아이, 우리는 그분을 임마누엘이라 부른다.

깨어나라,
너 잠자는 자여

기도

하나님, 우리는 어려운 일을 만나면 습관처럼 주위를 둘러보며 도움을 손길을 찾습니다. 도와줄 사람이 하나도 없다고 느낄 때 깊은 좌절과 절망감에 사로잡힙니다. 세상을 원망하기도 합니다. 세상의 모든 가능성이 사라졌다고 느낄 때 비로소 우리는 하나님을 바라봅니다. 본말전도입니다. 그런데 죽음의 공포에 시달리는 이들에게 어찌하여 아기의 탄생을 희망의 징조라 말씀하시는지요? 그 아기를 돌보는 것이야말로 희망의 심지에 불을 붙이는 일이라 일깨워주심인지요? 이제는 한숨을 거두고 연약한 생명을 보듬어 안기 위해 노력하겠습니다. 아멘.

그리스도의 평화

갑자기 그 천사와 더불어 많은 하늘 군대가 나타나서, 하나님을 찬양하여 말하였다. "더없이 높은 곳에서는 하나님께 영광이요, 땅에서는 주님께서 좋아하시는 사람들에게 평화로다"(누가복음 2:13-14).

동지 무렵 세상은 가장 어둡다. 그러나 동지는 어둠의 시간을 넘어 빛의 시간이 도래하고 있음을 알려준다. 동지 무렵 성탄절기가 있다는 사실은 의미심장하다. 세상 도처에서 빛의 축제가 벌어진다. 그러나 세상이 여전히 어둡게 느껴지는 것은 우리 내면에 등불이 밝혀지지 않았기 때문이다. 농가월령가는 동지 절기의 세시풍속을 이렇게 노래한다. "시식時食으로 팥죽 쑤어 인리隣里와 즐기리라." 빛의 새 세상이 열리고 있다는 사실을 이웃과 더불어 경축하는 일은 참 아름답다. 성탄 절기는 무엇보다 기쁨의 절기이다. 심상치 않

깨어나라,
너 잠자는 자여

은 빛이 밝아오면서 하나님의 사자가 등장했을 때, 들판에서 양을 치던 목자들은 소스라치듯 놀랐을 것이다. 하지만 천사는 그들에게 두려워하지 말라면서 온 백성에게 큰 기쁨이 될 소식을 전하여 준다. 세상을 구원하실 메시야가 탄생했다는 것이다. 세상에 태어나는 순간부터 우리는 죄의 영향력 아래 살아간다. 어느 누구도 죄의 인력을 벗어날 수 없다. 그래서 우리는 죄인이다. 그런데 그 죄의 종살이를 하는 이들을 구원하여서 하나님의 뜻을 따르는 사람이 되게 하기 위해 주님이 오셨다는 것이다. 이보다 기쁜 일이 또 있을까?

강원도의 태백시에 있는 황지연못은 낙동강 1300리의 발원지이다. 그곳에서는 하루에 5천 톤의 물이 솟아오른다. 그런데 그곳 사람들은 그 물줄기를 '하늘의 강'이라고 생각하여 신성시했다고 한다. 예수 그리스도, 그분은 어떤 의미에서 목마른 모든 이들에게 하늘의 연못처럼 마르지 않는 샘물이고, 어둠에 갇힌 이들에게 꺼지지 않는 빛줄기로 오셨다. 주님의 오심이 기쁨인 까닭이 여기에 있다.

이 기쁨을 맛본 사람들의 마음에서부터 조금씩 솟아나는 나무의 이름은 '평화'이다. '불안'은 시간 속에서 살아가는 사람의 운명이다. 가지 많은 나무에 바람 잘 날 없다는 말처럼, 우리는 이런저런 바람에 속절없이 흔들리며 살아간다. 행복해 보이는 사람도 저마다의 아픔을 안고 살아간다. 그렇기에 더욱 평화를 그리워한다. 로마의 평화라는 허구의 평화가 세상을 지배할 때, 주님은 진정한 평화의 왕으로 이 땅에 오셨다. 누가 진정한 평화를 누릴 수 있나? '주님께서 좋아하시는 사람들'이다. 『예루살렘 성경Jeruslem Bible』은 '주님께서 좋아하시는 사람들'을 '하나님의 호의를 향유할 줄 아는 사람who enjoy his favour'이라고 옮겼다. 주님을 마음 깊이 영접한 이들은 하나님의 영광을 오롯이 드러내며 산다. 하나님의 영광은 당신의 이름으로 세움을 입은 이들이 하나님의 뜻대로 살 때 드러난다.

기도

하나님, 긴긴 밤을 견디며 날이 새기만을 기다리던 목자들이 만났던 그 영광의 빛을 우리에게도 비춰주십시오. 상처와 아픔과 절망과 어둠을 감싸 안는 그 따뜻한 빛에 안겨 잠시 쉬고 싶습니다. '하늘의 영광'과 '땅의 평화'를 노래했던 천사들의 노랫소리를 듣고 싶습니다. 그 노랫가락에 몸을 싣고 우울과 절망을 떨쳐버리게 해주십시오. 그리스도의 평화가 이 땅에 도래할 수 있도록 길을 닦는 사람들이 되게 해주십시오. 아멘.

깨어나라,
너 잠자는 자여

우리는 지금 불화와 혐오가 엉겅퀴처럼 돋아난 묵정밭 앞에, 인정의 사막 앞에 서있다. 우리가 일상적으로 만나는 사람들의 마음은 거칠어졌고, 저마다 지쳐 여백이 없다. 주님은 우리 손에 쟁기를 쥐어주시며 그 황무지를 개간하라 이르신다. 사람들의 마음을 시원하게 하고, 지친 이들을 위로하고, 사랑하고 신뢰하며 살아가도록 도우라 하신다.

Monday ~~~~~

Tuesday ~~~~~

Wednesday ~~~~~

깨어나라,
너 잠자는 자여

Thursday ~~~~~

Friday ~~~~~

Saturday ~~~~~

Sunday ~~~~~

빛나는 샛별

> 빛 가운데 있다고 말하면서 자기 형제자매를 미워하는 사람은 아직도 어둠 속에 있습니다. 자기 형제자매를 사랑하는 사람은 빛 가운데 머물러 있으니, 그 사람 앞에는 올무가 없습니다. 자기 형제자매를 미워하는 사람은 어둠 속에 있고, 어둠 속을 걷고 있으니, 자기가 어디로 가는지를 알지 못합니다. 어둠이 그의 눈을 가렸기 때문입니다(요한일서 2:9-11).

요한은 빛이 세상에 왔지만 세상이 그를 영접하지 않았다고 말한다. 세상이 어둠이었기 때문이다. 요한은 빛을 영접하지 않는 것이 곧 스스로를 심판하는 것이라고 말한다. "심판을 받았다고 하는 것은, 빛이 세상에 들어왔지만, 사람들이 자기들의 행위가 악하므로, 빛보다 어둠을 더 좋아하였다는 것을 뜻한다"(요한복음 3:19). 이게 현실이다.

하지만 새로운 세상을 여시려는 하나님의 뜻은 좌절

깨어나라,
너 잠자는 자여

될 수 없다. 요한은 그것을 "어둠이 그 빛을 이기지 못하였다"(요한복음 1:5b)고 말한다. 길지 않은 생애 동안 예수님은 사람들의 어두운 마음을 찢어 희망의 별을 낳아주셨다. 죄인이라는 낙인이 찍힌 사람들, 하잘것없는 사람으로 취급받던 사람들에게 다가가 그들의 생이 얼마나 소중한지를 일깨워주셨다. 예수님은 별을 낳는 사람이었다. 그래서일까? 요한계시록의 마지막 부분에서 예수님은 자신을 이렇게 소개한다. "나는 다윗의 뿌리요, 그의 자손이요, 빛나는 샛별이다"(요한계시록 22:16b).

빛나는 샛별이면서, 동시에 사람들의 삶에 빛을 가져오는 빛이신 예수님이 우리 곁에 오신다. 이보다 기쁜 소식이 또 있을까? 슬플 때 곁에 있어 주시고, 길조차 보이지 않는 암담한 상황에서도 스스로 길이 되어 우리를 걷게 하시는 주님이 우리 가운데 오신다. 빛으로 오신 주님을 영접한다는 것은 우리 또한 빛이 되어 누군가의 발 앞을 비추어주는 것이다. 빈센트 반 고흐의 동생인 테오는 형에 대해 이렇게 증언한다. "형은 반복되는 일상생활 속에서 사람들이 각자의 찬란한 빛을 잃어 버렸다는 생각을 처음으로 한 사람이다. 형은 따뜻한 마음을 가졌고 사람들을 위해 무엇인가를 해주려고 계속 노력했다."

빛으로 오시는 주님을 맞이한다는 것은 바로 이 마음으

로 살아가는 것을 의미한다. 사도는 주님을 믿는 이들에게 "여러분이 전에는 어둠이었으나, 지금은 주님 안에서 빛입니다. 빛의 자녀답게 사십시오"(에베소서 5:8)라고 권고한다. 빛의 자녀답게 산다는 것은 어떤 것일까? 형제자매를 사랑하는 것이다. "빛 가운데 있다고 말하면서 자기 형제자매를 미워하는 사람은 아직도 어둠 속에 있습니다"(요한1서 2:9).

명쾌한 말이다. 잊지 말자. 우리도 어두운 밤의 시절을 보내는 있는 누군가의 별이다. 동방의 박사들을 주님께로 이끌었던 그 별처럼 우리도 사람들을 주님께로 인도하는 별이 되어야 한다. 자기희생적인 사랑과 자기 내려놓음이 아니고는 그 별이 될 수 없다. 이 아름다운 계절, 우리의 가슴에도 별 하나가 탄생할 수 있으면 좋겠다.

기도

하나님, 주님이 마지막 숨을 거두실 때 온 세상에 어둠이 내렸습니다. 그러나 부활절 아침 그 빈 무덤으로부터 영원히 꺼지지 않는 빛이 탄생했습니다. 우리는 그 빛을 보고 사는 사람입니다. 그러나 '빛 가운데 있다고 말하면서 자기 형제자매를 미워하는 사람은 아직도 어둠 속에 있다'는 사도의 말이 죽비처럼 우리 어깨를 내리치고 있습니다. 이제 우리 속에 있는 의구심을 떨쳐버리고 사랑의 모험에 나서겠습니다. 주님의 빛을 우리에게서 거두지 말아주십시오. 아멘.

깨어나라,
너 잠자는 자여

강보와 같은 사람들

그리고 하늘에 큰 표징이 나타났는데, 한 여자가 해를 둘러 걸치고, 달을 그 발 밑에 밟고, 열두 별이 박힌 면류관을 머리에 쓰고 있었습니다. 이 여자는 아이를 배고 있었는데, 해산의 진통과 괴로움으로 울고 있었습니다. 또 다른 표징이 하늘에서 나타났습니다. 머리 일곱 개와 뿔 열 개가 달린 커다란 붉은 용 한 마리가 있는데, 그 머리에는 왕관을 일곱 개 쓰고 있었습니다. 그 용은 그 꼬리로 하늘의 별 삼분의 일을 휩쓸어서, 땅으로 내던졌습니다. 그 용은 막 해산하려고 하는 그 여자 앞에 서서, 그 여자가 아기를 낳기만 하면 삼켜 버리려고 노리고 있었습니다. 마침내 그 여자는 아들을 낳았습니다. 그 아기는 장차 쇠지팡이로 만국을 다스리실 분이었습니다. 별안간 그 아기는 하나님께로, 곧 그분의 보좌로 이끌려 올라갔고, 그 여자는 광야로 도망을 쳤습니다. 거기에는 천이백육십 일 동안 사람들이 그 여자를 먹여 살리도록 하나님께서 마련해 주신 곳이 있었습니다(요한계시록 12:1-6).

요한계시록은 시끄러운 소리와 다채로운 색깔, 그리고 혼란스런 광경들로 일렁인다. 일곱 봉인이 열리면서 흰 말, 붉은 말, 검은 말, 청황색 말이 나타나고, 부르짖는 소리가 들리고, 세상 도처에서 온 사람들의 찬양 소리도 들린다. 일곱 천사의 나팔 소리도 빼놓을 수 없다. 진노의 일곱 대접이 쏟아지면서 나타나는 우주적인 재앙도 우리의 정신을 쏙 빼놓는다. 계시록은 우리를 어리벙벙하게 만든다. 요한은 어찌하여 세상이 혼돈으로 퇴행하고 있는 광경을 이처럼 생생하게 보여주는 것일까? 아니다, 그것은 혼돈chaos을 극복하고 질서cosmos를 세워 가시는 하나님의 뜻이 세상의 권력자들에 의해 훼손되고 있음을 보여주려는 것이다. 그럼에도 불구하고 하나님의 통치권은 영원하다.

여기 아기를 잉태한 한 여인이 있다. 그 여인은 해를 둘러 걸치고, 달을 그 발밑에 밟고, 열두 별이 박힌 면류관을 머리에 쓰고 있었다. 여인은 지금 진통 중이다. 고통이 얼마나 큰지 울고 있다. 그런데 그 앞에는 무시무시한 용이 여자가 아이를 낳으면 삼켜 버리려고 도사리고 앉아 있다. 성경에 등장하는 용은 악의 세력, 혼돈의 세력을 상징한다. 그는 사탄이거나 사탄의 하수인이 되어 하나님의 뜻을 거스르는 세상 권력일 것이다.

용도 영물인지라 여인이 낳으려는 아이가 누구인지를 안

깨어나라,
너 잠자는 자여

다. 지금은 연약하기 이를 데 없지만 언젠가는 자기들을 위협하리라는 것을 알기에 용은 아이를 죽이려 한다. 여인과 아기 둘 다 풍전등화와 같은 위기에 처해 있다. 여기서 여인은 물론 교회를 상징한다. 아기는 교회가 지켜내야 할 진리인 예수 그리스도의 정신과 생명일 것이다. 역사 속에서 그리스도의 정신은 늘 위기에 처해 있다. 붉은 색 용은 하나님을 대적하는 세력이다. 그 용은 머리가 일곱이고 뿔이 열 개인데, 꼬리로 하늘의 별 삼분의 일을 휩쓸어서 땅에 내던진다. 이건 교만해진 권력이 하나님의 질서를 제멋대로 훼손하고 있음을 상징한다.

무시무시한 용의 위협을 받으며 여인은 아기를 낳았다. 태어난 아기는 '길과 진리와 생명', '생명과 평화'이다. 요한은 그 아기를 '장차 쇠지팡이로 만국을 다스리실 분'이라고 소개한다. 그 아기가 지금 위험에 처해 있다. 요한은 그 아기가 하늘로 들려올라가 하나님의 보호 가운데 머물 것이라고 말한다. 지금 우리가 해야 할 일은 하늘의 보호에만 맡기지 말고 우리 스스로 품이 되어 그 아기를 보호하는 것이다. 세상을 구원하실 분이 강보에 싸인 어린아이의 모습으로 우리 가운데 오신다는 사실은 의미심장하다. 하나님은 그를 따뜻하게 감싸 안아줄 강보와 같은 사람들을 찾으신다.

하나님, 아기를 낳으려는 여인 앞에 도사리고 있는 용의 모습을 상상하는 것만으로도 오싹 공포를 느낍니다. 이것은 한낱 이미지에 지나지 않는다고 생각해보려 하지만 그럴 수 없습니다. 지금 우리의 현실이 이와 다를 바 없기 때문입니다. 선한 뜻을 품고 사는 이들은 항시적인 위협에 노출되어 있습니다. 하나님의 뜻대로 살기 위해 고난을 마다하지 않는 이들을 지켜주십시오. 그리고 우리도 여리고 순수한 생명이 유린되지 않도록 감싸는 강보와 같은 사람이 되게 해주십시오. 아멘.

깨어나라,
너 잠자는 자여

꿈을 품고 기다리다

그 날이 오면, 너는 이렇게 찬송할 것이다. "주님, 전에는 주님께서 나에게 진노하셨으나, 이제는 주님의 진노를 거두시고, 나를 위로하여 주시니, 주님께 감사드립니다. 하나님은 나의 구원이시다. 나는 주님을 의지한다. 나에게 두려움 없다. 주 하나님은 나의 힘, 나의 노래, 나의 구원이시다." 너희가 구원의 우물에서 기쁨으로 물을 길을 것이다. 그 날이 오면, 너희는 또 이렇게 찬송할 것이다. "주님께 감사하여라. 그의 이름을 불러라. 그가 하신 일을 만민에게 알리며, 그의 높은 이름을 선포하여라. 주님께서 영광스러운 일을 하셨으니, 주님을 찬송하여라. 이것을 온 세계에 알려라. 시온의 주민아! 소리를 높여서 노래하여라. 너희 가운데 계시는 이스라엘의 거룩하신 분은 참으로 위대하시다"(이사야 12:1-6).

체코의 대통령을 역임한 바츨라프 하벨은 기다림을 둘로 나누어 설명한다. 하나는 고도 ^{Godot} 를 기다리는 것과 같은 기다림이다. '고도'는 사무엘 베케트의 희곡 『고도를 기다리며』에 나오는 가상의 인물이다. 이 희곡에서 블라디미르와 에스트라공은 언제 올지도 모르는 '고도'를 막연히 기다리며 권태를 다스린다. 하벨은 공산주의 체제 가운데 살던 자기들의 처지가 그러했다고 말한다. "자신의 내부에 희망을 갖지 못했기에 외부에서 올 구원을 갈망"(바츨라프 하벨, 『불가능의 예술』, 이택광 옮김, 127쪽)했다는 것이다. 그들에게 고도는 무력감을 감추기 위한 가림막에 지나지 않았다.

다른 하나는 인내의 기다림이다. 이것은 "억압에 굴하지 않고 진리를 말하는 저항이야말로 합당하다는 생각에서 우러나오는 기다림입니다. 인정을 받든 승리를 거두든 패배를 하든 상관이 없습니다"(같은 책, 127쪽). 그는 이런 기다림을 반체제적 인내의 기다림이라고 말한다. 어찌 보면 매우 숭고한 태도이다.

그러나 우리는 그것과는 또 다른 하나의 기다림을 알고 있다. 그것은 결코 절망으로 귀착될 수 없는 기다림이다. "어둠 속과 죽음의 그늘 아래에 앉아 있는 사람들에게 빛을 비추게 하시고, 우리의 발을 평화의 길로 인도하실"(누가복음 1:79) 분이 오고 계신다. 우리의 희망은 우리의 의지나 지성으로부터 시작된 것이 아니라, 우리를 사랑하시어 우리 삶과 역사에 개입하시는 하나님으로부터 시작된다. 주님이 오심을 기다린다는 것은 그렇기에 막연히 좋은 날 오기를 기다리는 것도 아니고, 그저 인내하며 기다리는 것도 아니고, 하나님이 꿈꾸시는 세상의 꿈을 가슴에 품고 그 세상을 열기 위해 노력하는 것을 의미한다. 강대국들의 틈바구니에서 시달리던 이스라엘 백성들이 간절히 기다리던 '그 날'은 반드시 온다면서 이사야는 그 날이 오면 사람들은 이런 찬양을 올릴 거라고 말한다.

"주님, 전에는 주님께서 나에게 진노하셨으나, 이제는 주님의 진노를 거두시고, 나를 위로하여 주시니, 주님께 감사드립니다. 하나님은 나의 구원이시다. 나는 주님을 의지한다. 나에게 두려움 없다. 주 하나님은 나의 힘, 나의 노래, 나의 구원이시다"(이사야 12:1-2).

주님께서 진노를 거두시는 날, 고통 받던 이들을 위로하시던 날, 사람들은 감사의 찬양을 하나님께 바칠 것이다. "주 하나님은 나의 힘, 나의 노래, 나의 구원"이라고 진실 되게 고백하는 순간, 우리 속에 깃들었던 무기력증은 사라지고 하늘의 생기가 스며들 것이다. 어둠이 지배하는 것 같은 세상살이에 지쳐 낙심할 때도 있고, 가끔은 어긋난 길로 나아가기도 하지만, 믿는 이들은 기어코 몸을 일으켜 다시 하늘빛을 따라 걷는다. 조금 더디다고 하여 안달할 것 없다.

누군가를 미워하고 조롱하는 것만으로는 어둠의 세력과 싸워 이길 수 없다. 시절이 수상할수록 기쁨과 명랑함으로 현실을 건널 수 있어야 한다.

"너희가 구원의 우물에서 기쁨으로 물을 길을 것이다"(이사야 12:3).

먼 훗날 벌어질 일이 아니다. 구원의 우물에서 기쁨으로 물을 길어올릴 수 있을 때 우리는 긴 싸움에서 승리할 것이다.

기도

하나님, 우리는 늘 좋은 소식을 갈망합니다. 하루 종일 울리지 않는 전화를 쓸쓸하게 바라볼 때도 있고, 텅 빈 우체통을 멍하게 바라볼 때도 있습니다. 가끔은 뭘 기다리는지도 모르면서 막연히 기다릴 때도 있습니다. 그러나 절박한 처지에 빠진 사람들, 생존의 벼랑 끝으로 내몰린 이들은 구원자의 손길을 기다립니다. 욕망의 전장에서 지친 이들은 평화로운 세상이 도래하기를 꿈꿉니다. 그러나 꿈꾸는 자는 그 꿈을 지금 여기서 살아내야 한다는 사실을 잊지 않게 해주십시오. 아멘.

깨어나라,
너 잠자는 자여

진정한 사랑이란?

12월 25일

> 하나님께서 세상을 이처럼 사랑하셔서 외아들을 주셨으니, 이
> 는 그를 믿는 사람마다 멸망하지 않고 영생을 얻게 하려는 것
> 이다(요한복음 3:16).

성탄절이 한 해의 끝자락에 있다는 것은 매우 중요한 의미를 담고 있다. 성탄절은 세월을 허송한 듯한 깊은 회한과 새로운 한 해에 대한 설렘이 교차하는 시기에 다가온다. 빛과 어둠이, 낡은 것과 새것이 자리를 바꾸는 일종의 전환점인 것이다. 도정일 교수는 성탄절의 은유적 의미는 '극과 극의 만남과 화해'라고 말했다. 가장 고귀한 분이 가장 비천한 자리에 내려오셨다. 그분 안에서 하늘과 땅이 만나고, 정신과 육체가 결합되고, 성스러운 것과 비속한 것이 한 몸이 되었다.

복음서 기자들은 예수의 탄생이 곧 평화의 탄생이라고

선언한다. 그는 사람을 가르는 모든 담을 자기 몸으로 허무셨다. 유대인과 이방인, 의인과 죄인, 남자와 여자를 가르고 차별하는 문화적·종교적·민족적 경계를 가로질러 모두가 소통하는 새로운 세상을 이루기 위해 온몸을 바치셨다. 우리가 세상의 모든 차별과 맞서 싸울 때 우리는 세상에 드러난 주님의 현존이다. 안타까운 것은 기독교가 '부족적 종교 tribal religion'로 전락해가고 있다는 사실이다. 모든 사람을 구원하기 위해 오신 예수님을 믿는다는 이들이 가장 배타적이고 독선적인 모습을 보이고 있다.

'우리'라는 말은 좋은 말이지만, 이 말은 일쑤 우리 밖에 있는 '그들'을 상정하곤 한다. 그러면 우리는 담을 허무는 사람이 아니라 담을 쌓는 사람이 될 수밖에 없다. 우리는 하나님이 우리를 사랑하신다고 믿는다. 하지만 잊지 말아야 할 것은 하나님은 우리가 '그들'이라고 지칭하는 사람들도 사랑하신다는 사실이다.

이스라엘의 한 아동 병원에서 세 명의 이스라엘 소녀가 각각 심장과 폐, 간을 이식받았다. 열두 살 소녀 사마흐 가드반은 죽어가면서 5년이나 심장 이식 수술을 기다려왔다. 종교적인 이유로 장기 기증을 꺼리는 유대인 사회에서 장기를 구하기란 하늘의 별따기였다. 꺼져가는 생명을 바라만 보던 소녀들의 부모들은 장기 기증자가 나타났다는 소식에

깨어나라,
너 잠자는 자여

구세주를 만난 듯했다. 수술은 성공적으로 끝났다. 수술 뒤 의사는 "따님이 이식받은 장기는 팔레스타인 소년의 것"이라고 말했다. 눈엣가시 같은 팔레스타인 소년이 내 딸을 살리다니. 유대인 소녀들의 부모들은 할 말을 찾지 못했다. 팔레스타인 소년은 열두 살 난 아흐마드였다. 아흐마드는 라마단 단식이 끝나자마자 시작되는 이슬람 축제에서 장난감 총을 가지고 놀고 있었다. 그런데 이스라엘 군인들이 아흐마드의 총을 보고 사격을 해 그 자리에서 거꾸러지고 말았다. 아흐마드는 병원으로 옮겨졌지만 의사는 아이가 살아날 가망이 없다고 말했다. 비탄에 빠진 아흐마드의 부모는 두 시간 뒤 아들의 장기를 필요로 하는 사람에게 주라고 말했다. 그리고 이스라엘 사람이건 팔레스타인 사람이건, 대상은 관계없다는 말을 덧붙였다(조연현, 『지금 용서하고 지금 사랑하라』, 194-5쪽). 진정한 사랑이란 이런 것이다.

기도

하나님, 우리를 좋아하는 이들과 만나면 마음의 빗장을 풀고 함께 웃을 수 있어서 참 좋습니다. 하지만 살다보면 만나고 싶지 않은 사람을 만나야 할 때도 있습니다. 내색하지 않지만 마음은 종내 무겁기만 합니다. 그런데 주님은 어떻게 하나님의 뜻을 거스리는 이들까지도 사랑하실 수 있었습니까? 당신을 비웃는 사람들을 위해 용서를 비실 수 있었습니까? 아직 우리는 그런 사랑에 미치지 못합니다. 하지만 그 길이야말로 우리가 궁극적으로 가야 할 길임을 잊지 않게 해주십시오. 아멘.

깨어나라,
너 잠자는 자여

부끄러움, 은혜의 통로

우리 하나님, 위대하고 강하고 두렵고, 한 번 세운 언약은 성실하게 지키시는 하나님, 앗시리아의 왕들이 쳐들어온 날로부터 이 날까지, 우리가 겪은 환난을, 우리의 왕들과 대신들과 제사장들과 예언자들과 조상들과 주님의 모든 백성이 겪은 이 환난을 작게 여기지 마십시오. 우리에게 이 모든 일이 닥쳐왔지만, 이것은 주님의 잘못이 아닙니다. 잘못은 우리가 저질렀습니다. 주님께서는 일을 올바르게 처리하셨습니다(느헤미야 9:32-33).

느헤미야 9장은 죄를 자백하는 백성들의 기도이다. 그들은 잊고 있었던 자기들의 역사를 되짚어보며 참회의 기도를 올린다. 이때 역사란 객관적인 사실의 기록이 아니라 해석된 역사이다. 함석헌 선생님은 1934년부터 그 이듬해까지 〈성서조선〉에 '성서적 입장에서 본 조선 역사'라는 글을 연재했다. 역사를 성서의 눈으로 읽겠다는 의지가 제목 속에 담겨 있다. 나중에 그 글은 '뜻으로 본 한국역사'라는 제목으로 바뀌었다. '뜻'이라는 렌즈를 통해 역사를 바라보았다는 의미일 것이다. 성경은 하나님의 구원 행위에 초점을 맞춰 역사를 해석하는데, 이것을 일러 구속사^{Heils-Geschichte}라 한다. 구속사의 관점에서 보면 세속의 역사에서 위대한 업적을 남긴 왕들이 많은 비판을 받기도 하고, 반대로 변변찮은 업적을 남긴 왕이 칭찬을 받기도 한다. 구속사에서 중요한 것은 그들이 하나님을 경외했느냐 여부이기 때문이다.

느헤미야 9장은 하나님의 구원역사를 전형적으로 보여준다. 백성들은 하나님의 위대한 이름을 찬양한 후에, 하나님의 창조와 구원의 신비에 대해 노래한다. 아브라함과 맺으신 언약, 애굽으로부터의 구원, 광야에서의 보살피심, 시내산에서 맺은 계약. 그것을 한마디로 요약하자면 '돌아보니 발자국마다 은총이었네'가 될 것이다.

그러나 다음 순간 하나님의 크신 은총을 찬미하던 그들의 어조가 변한다. 값없이 베푸시는 은총을 받았음에도 불구하고 그들은 고집을 부르면서 주님의 명령을 지키지 않았다고 고백한다. 한마디로 하나님께 불성실했다는 것이다. 아픈 고백이다. 스스로 빚진 존재임을 알지 못하면 참 사람이 될 수 없다. 자기가 누리고 사는 모든 것을 당연한 것으로 여길 때 사람은 하나님으로부터 멀어진다. 이스라엘 백

깨어나라,
너 잠자는 자여

성들이 이런 아픈 자각에 당도한 것은, 자기들이 통제하기 어려운 고통을 겪었기 때문이다. 나라가 망하고서야 그들은 자기들의 불충을 자각했다. 이게 새로운 삶의 시작이다.

"그러나 우리에게 지워진 의무는 단번에 완전해지라는 것이 아니라, 일어나고 다시 일어나라는 것이다. 우리가 할 수 있는 유일한 일은 우리의 마음을 회오悔悟와 뉘우침 속에서 깨끗하게 비우는 것이다. 회오는 자아self로부터 스스로 벗어날 수 없음을 부끄러워하는 것으로 비롯된다. 우리의 실패를 뉘우치는 것이 스스로 완전한 줄 알고 만족하는 것보다 더 거룩하다"(아브라함 요수아 헤셸 선집3, 『누가 사람이냐』, 이현주 옮김, 161쪽).

헤셸은 부끄러워하는 마음이야말로 은혜의 통로임을 일깨워준다. 깨달음은 언제나 뒤늦게 찾아오지만, 그 깨달음을 굳게 붙잡을 때 고난은 복으로 바뀔 수 있다. 지금 누리고 있는 것을 당연한 것으로 여길 때 전락이 시작된다.

하나님, 삶이 순탄하고 원하는 것들이 제때에 이루어지면 우리는 하나님을 잊곤 합니다. 자기가 누리고 있는 것들이 선물임을, 누군가가 대신 대가를 지불한 것임을 잊고 교만에 빠집니다. 이게 어쩔 수 없는 인간의 버릇입니다. 예기치 않은 시간에 다가온 시련과 아픔은 우리가 얼마나 연약한 존재인지를 일깨워줍니다. 그제야 교만했던 과거가 부끄럽게 느껴집니다. 날마다 우리의 작음을 알게 하시고, 일상의 모든 순간이 은총의 통로임을 잊지 않게 해주십시오. 아멘.

깨어나라,
너 잠자는 자여

비록 반딧불이
하나라 해도

> 너희는 세상의 소금이다. 소금이 짠 맛을 잃으면, 무엇으로 그 짠 맛을 되찾게 하겠느냐? 짠 맛을 잃은 소금은 아무데도 쓸 데가 없으므로, 바깥에 내버려서 사람들이 짓밟을 뿐이다. 너희는 세상의 빛이다. 산 위에 세운 마을은 숨길 수 없다. 또 사람이 등불을 켜서 말 아래에다 내려놓지 아니하고, 등경 위에다 놓아둔다. 그래야 등불이 집 안에 있는 모든 사람에게 환히 비친다. 이와 같이, 너희 빛을 사람에게 비추어서, 그들이 너희의 착한 행실을 보고, 하늘에 계신 너희 아버지께 영광을 돌리게 하여라"(마태복음 5:13-16).

주님은 제자들을 향해 "너희는 세상의 소금이다", "너희는 세상의 빛이다" 하고 선언하셨다. 여기서 우리가 눈여겨보아야 할 것이 있다. 주님은 '너희는 세상의 소금이 되어야 한다' 혹은 '빛이 되어야 한다'고 말씀하지 않으셨다. "너희는 세상의 소금이다. 그리고 빛이다"라고 단언하셨다. 물론 그 의미가 다른 것은 아니다. 신학자들은 이것을 직설법 indicative 속에 명령법imperative이 들어있다는 말로 설명한다. '~이다' 속에는 이미 '~이 되라'는 뜻이 내포되어 있다는 말이다.

"너희는 세상의 소금이다." 무슨 뜻일까? 이 말은 소금이 짠 맛을 잃으면 아무 데도 쓸 데가 없어 바깥에 내버려져서 사람들에게 짓밟힐 거라는 구절과 연결해 보아야 제대로 이해할 수 있다. 소금의 소금다움은 결국 짠 맛에 있다. 이 대목에서 사람들은 습관처럼 소금의 방부제 역할, 맛을 내는 역할에 주목한다. 하지만 '너희는 세상의 소금'이라는 말씀 속에서 우리는 소금이야말로 기독교인의 존재 혹은 정체성의 핵심임을 알아채야 한다.

예수를 믿는 사람들의 정체성의 핵심은 무엇일까? 이것은 본문 바로 앞에 있는 팔복의 말씀과 연결시켜 보아야 한다. 주님은 마음이 가난한 사람, 슬퍼하는 사람, 온유한 사람, 의에 주리고 목마른 사람, 자비한 사람, 마음이 깨끗한 사람, 평화를 이루는 사람, 의를 위하여 박해를 받은 사람이 복이 있다 하셨다. 마지막 대목이 특히 중요하다. 예수를 따라 사는 이들은 박해를 받으면서도 그 길에서 벗어나지 않는 사람들이다. 시련 속에서도 단호하고 꿋꿋하게 자기 정체성을 지켜내는 사람, 바로 그 사람이 세상의 소금이다.

"너희는 세상의 빛이다." 이 말씀 앞에서 부끄러움을 느끼지 않을 수 없다. 아무리 생각해보아도 오늘의 한국 교회의 현실은 이 선언에 값하지 못하고 있기 때문이다. 어쩌면 어둠과 혼돈과 공허를 빚어내고 있는지도 모르겠다. 빛이 가리키는 것은 성도들의 '착한 행실'(마태복음 5:16)이다. 그 착한 행실은 다름 아닌 평화를 이루는 삶이라 하겠다. 누가 평화를 이룰 수 있나? 나의 생명이 하나님의 선물임을 깨닫는 사람, 사랑받고 있음을 느끼는 사람, 자신을 이웃들에게 선물로 내줄 줄 아는 사람, 불의에 대해 단호히 '아니오'라고 말하는 사람, 세상 도처에서 나타나고 있는 생명의 징조를 보며 기뻐하는 사람이 아닐까?

이런 이들을 만나고 나면 답답했던 가슴이 시원해진다. 반딧불이 하나가 발하는 빛은 희미하지만 그런 반딧불이들이 모여 함께 깜박일 때 사람들은 잃어버렸던 경외심을 되찾는다. 홀로는 외롭지만 함께라면 할 수 있다.

하나님, 어쩌자고 여전히 자아로부터 해방되지 못한 이들에게 '너희는 세상의 빛', '너희는 세상의 소금'이라 말씀하셨습니까? 그것은 그렇게 되어야 한다는 명령을 내포한다는 사실을 잘 알지만 우리는 그 이름값을 하지 못하고 있습니다. 소금이 되고 빛이 되기 위해서는 우리 속이 먼저 말끔이 비워져야 하는 데, 우리는 아직도 바라는 게 너무 많습니다. 지켜야 할 것이 많기에 우리는 주님으로 만족하지 못합니다. 불쌍히 여기소서. 반딧불이 하나에 불과할지라도 서 있는 삶의 자리에서 작은 빛이라도 발하며 살게 해주십시오. 아멘.

깨어나라,
너 잠자는 자여

제자가 된다는 것

> 예수께서 산에 올라가셔서, 원하시는 사람들을 부르시니, 그들
> 이 예수께로 나아왔다. 예수께서 열둘을 세우시고 [그들을 또
> 한 사도라고 이름하셨다.] 이것은, 예수께서 그들을 자기와 함
> 께 있게 하시고, 또 그들을 내보내어서 말씀을 전파하게 하시
> 며, 귀신을 쫓아내는 권능을 가지게 하시려는 것이었다(마가복음
> 3:13-15).

제자란 배우는 사람이다. 마가는 주님이 그들을 제자로 부
르신 까닭을 몇 가지로 요약한다. 먼저 주목해야 할 것은
"자기와 함께 있게 하시고"라는 구절이다. 제자는 주님과
함께 있는 사람이다. 낯선 이들이 함께 지낸다는 것은 여
간 어려운 일이 아니다. 공동체는 존재의 변혁이 일어나는
곳이다. 자기를 고집하면 반드시 불화를 빚도록 되어 있다.
'작은 나'가 자꾸 동료들과의 만남을 통해 깎여나가고 무너진 후에 '새로운 나'로 거듭나야 한다. 공동체 운동을 벌이고 있는 목사님 한 분이 공동체를 위기에 빠뜨리는 것은 거창한 이념이나 사상이 아니라 치약을 짜는 방식, 옷을 벗어 놓는 방식이라고 말했다. 실감나지 않는가?

그렇기에 훈련이 필요하다. 나찌 시대에 독일 기독교는 부끄럽게도 히틀러에게 복무했다. 제국교회에 저항하면서 오직 한 분이신 주님만을 섬기자며 시작된 것이 바로 고백교회 운동이다. 1934년 5월 일단의 목회자와 신학자들이 바르멘이라는 도시에 모여 '바르멘 신학 선언'을 발표한다. 그 선언문의 제1항은 성서에서 증언된 예수 그리스도는 사나 죽으나 신뢰하고 복종해야 할 하나님의 유일한 말씀이라고 고백하면서, "우리는 마치 교회가 그 선포의 원천으로서 이 하나님의 유일한 말씀 외에, 그리고 그것과 나란히 다른 사건들, 권세들, 형상들 및 진리들도 하나님의 계시로서 인정할 수 있고 또 인정해야 하는 것처럼 가르치는 잘못된 가르침을 배격한다"고 천명했다.

고백교회 운동에서 중요한 인물은 칼 바르트와 순교자인 디트리히 본회퍼 목사이다. 고백교회는 본회퍼에게 목회자 양성을 위한 과정을 맡겼고, 그는 핑켄발데Finkenwalde라는 곳에 기숙사를 겸한 신학교를 세우고 학생들을 가르쳤다. 핑켄발데에서 신학생들은 다른 이들과 함께 사는 법을 배웠

깨어나라,
너 잠자는 자여

다. 찬송가 부르기, 시편 기도, 성경 묵상, 예배, 도보여행, 스포츠, 침묵 등의 훈련이 지속되었다. "그 공동체는 예수께서 산상수훈에서 제자들에게 살라고 명하신 대로 살아가는 공동체, 신학생으로서만이 아니라 그리스도의 제자로서 살아가는 공동체"(에릭 메택시스, 『디트리히 본회퍼』, 김순현 옮김, 378쪽)였다. 신학만이 아니라 그리스도인다운 삶을 익혀야 했던 것이다.

예수님과 함께 지내는 동안 제자들의 가슴에는 하나님 나라에 대한 꿈이 서서히 스며들지 않았을까? 로마의 식민지 백성으로 살아가는 동안 알게 모르게 그들 속에 깊게 자리 잡은 패배의식과 원망은 스러지고, 가련한 삶을 살아가는 동족들의 현실이 눈에 들어왔을 것이다. 제자들은 사도, 곧 '보냄을 받은 자'이기도 했다. 제자들은 영적인 산에만 머무는 자들이 아니라, 곤고한 사람살이의 현장으로 들어가야 했다. 그곳에서 '다른 삶이 가능하다'는 사실을 몸으로 증언해야 했다. 지금 주님의 부름을 받은 이들이 해야 하는 일도 다를 바 없다.

하나님. 어느 순간부터 우리는 사람들을 대할 때 배우려 하기보다는 가르치려는 태도를 보입니다. 무시당하고 싶지 않다는 생각이 그렇게 표현되는 것인지도 모르겠습니다. 학생정신을 잃어버리는 순간 우리 영혼의 퇴락이 시작됨을 잊지 않게 해주십시오. 예수님과 함께 지내며 주님과 일상을 공유했던 제자들이 부럽습니다. 말씀을 넘어 존재 그 자체를 느낄 수 있었을 테니 말입니다. 날마다 주님의 발치 앞에 엎드려 배우게 해주시고, 주님이 머무셨던 아픔의 현장으로 발걸음을 옮길 수 있도록 우리를 이끌어 주십시오. 아멘.

깨어나라,
너 잠자는 자여

예수님은 세상의 모든 사람들이 한 하나님 안에서 가족이 되는 꿈을 꾸셨다. 인종, 종교, 문화, 계층, 남녀, 소득의 격차를 넘어 모두가 기쁘게 만나 생을 축제로 바꾸는 세상의 꿈은 어떤 경우에도 망각되지 말아야 한다.

Monday ~~~~~

Tuesday ~~~~~

Wednesday ~~~~~

깨어나라,
너 잠자는 자여

Thursday ~~~~~

Friday ~~~~~

Saturday ~~~~~

Sunday ~~~~~

감사의 노래를
부르는 사람들

또 내가 보니, 어린 양이 시온 산에 서 있었습니다. 그 어린 양과 함께 십사만 사천 명이 서 있었는데, 그들의 이마에는 어린 양의 이름과 그의 아버지의 이름이 적혀 있었습니다. 그리고 나는 많은 물이 흐르는 소리와도 같고 큰 천둥소리와도 같은 음성이 하늘에서 울려오는 것을 들었습니다. 내가 들은 음성은 거문고를 타고 있는 사람들의 노랫가락과 같았습니다. 그들은 보좌와 네 생물과 그 장로들 앞에서 새 노래를 부르고 있었습니다. 땅에서 구원을 받은 십사만 사천 명 밖에는, 아무도 그 노래를 배울 수 없었습니다. 그들은 여자들과 더불어 몸을 더럽힌 일이 없는, 정절을 지킨 사람들입니다. 그들은 어린 양이 가는 곳이면, 어디든지 따라다니는 사람들입니다. 그들은 사람들 가운데서 하나님과 어린 양에게 드리는 첫 열매로서 구원을 받았습니다. 그들의 입에서는 거짓말을 찾을 수 없고, 그들에게는 흠잡을 데가 없었습니다(요한계시록 14:1-5).

깨어나라,
너 잠자는 자여

요한계시록은 기독교인들에 대한 대대적인 박해가 자행되던 시기에 기록된 책이다. 시한부 종말론자들 혹은 나쁜 의도를 가진 이들이 요한계시록을 자기 멋대로 해석해서 사람들을 미혹하고 있지만, 이 책은 먼 미래에 일어날 일에 대한 예언이라기보다는, 박해에 직면한 성도들을 위로하고 격려하려는 의도에서 기록된 책이다. 이 책은 전염병, 기아, 전쟁, 천재지변 등 무시무시한 일들을 예고하고 있다. 성도들이라고 해서 이런 비극적인 일들을 피할 수는 없다. 성경은 이런 면에서 솔직하다. 예수님도 하나님의 뜻대로 살아가는 이들이 겪을 어려움에 대해 말씀하셨고, 바울은 예수님을 믿는 이들이 겪을 고난에 대해 언급했다.

기독교인들도 어려움을 겪는다. 하지만 똑같은 고생도 사람에 따라 의미가 달라진다. 옛 세계에 속해있는 이들에게 대격변은 기득권의 상실을 의미하지만, 새로운 질서, 곧 새 하늘과 새 땅을 내다보는 이들에게는 새 세상이 열리기 위한 산고일 뿐이다. 그렇기에 그들은 고생을 고생으로 여기지 않는다. 오히려 믿음과 인내로 새 세상을 열어 가시는 하나님의 일에 동참한다. 그들은 하나님을 거스르는 일들이 자행되는 세상, 냉담함과 우울이 지배하는 겨울 한복판에 살고 있지만, 하나님의 뜻이 이루어지는 역사의 봄을 내다보며 감사의 노래를 부른다.

요한은 시온 산에 어린 양이 서있는 것을 보았다. 그 어린 양과 함께 십사만 사천 명이 서 있었다. 문득 장엄한 소리가 들려왔다. 많은 물이 흐르는 소리 같기도 하고, 큰 천둥소리와도 같은 소리였다. 그것은 땅에서 속량을 받은 십사만 사천 명이 부르는 노래였다. 그 노래는 그들 이외의 사람은 부를 수 없었다. 사람들은 이십사만 사천이라는 숫자에 집착한다. 하지만 이 숫자는 완전 숫자의 결합을 의미할 뿐(12×12×10×10×10), 구원받을 사람의 수를 엄격하게 제한하는 것을 의미하지는 않는다. 오히려 하나님의 백성들은 누구나 다 구원받을 것이라는 적극적인 메시지로 이해해야 한다.

기독교인들에 대한 대대적인 박해가 자행되는 때에 요한은 하늘의 노랫소리를 듣는다. 땅의 소요가 그친 완전한 평화의 노래 말이다. 장엄하지 않은가? 그 노래를 부를 수 있는 사람은 누구인가? 첫째, 여자와 더불어 몸을 더럽힌 적이 없는 사람들 곧 달콤한 보상을 약속하는 우상 앞에 절하지 않은 사람들이다. 둘째, 어린 양이 가는 곳이면 어디든지 따라 다니는 사람들이다. 그들은 눈물과 한숨이 있는 갈릴리에도, 아골 골짝 빈들에도 주님과 동행하는 사람들이다. 셋째, 마음의 중심에 거짓이 없고, 행실에 흠이 없는 사람들이다.

깨어나라,
너 잠자는 자여

그 노래에 동참할 수 있는 사람은 땅에 사는 동안 거룩함의 길을 걸은 사람들이다. 겨울 공화국에 살면서도 봄의 전령이 되어 살아가는 사람들, 더러운 죄와 과도한 욕망의 수렁에서 몸을 일으켜 하나님의 뜻대로 살기로 작정하고 살아간 사람들 말이다.

기도

하나님, 밀물과 썰물이 갈마들면서도 언제나 푸른 생명의 바다를 바라봅니다. 오는 것이 있으면 가는 것도 있는 법입니다. 오고감이 생명의 이치이지만 우리는 그것을 거스르며 살고 있습니다. 떠나보내야 할 것을 떠나보내지 못하고, 마음을 다하여 맞이해야 할 것을 맞이하지 못하는 게으름으로 인해 삶이 누추해졌습니다. 우리도 주님을 찬미하는 이들의 모임에 합류하고 싶습니다. 이제부터라도 마음을 깨끗하게 닦고, 삶으로 주님을 증언하며 살겠습니다. 이런 우리의 결심이 흐려지지 않게 붙들어 주십시오. 아멘.

위선을 경계하라

12월 30일

너희는 남에게 보이려고 의로운 일을 사람들 앞에서 하지 않도록 조심하여라. 그렇지 않으면, 너희는 하늘에 계신 너희 아버지에게서 상을 받지 못한다. 그러므로 네가 자선을 베풀 때에는, 위선자들이 사람들에게 칭찬을 받으려고 회당과 거리에서 그렇게 하듯이, 네 앞에 나팔을 불지 말아라. 내가 진정으로 너희에게 말한다. 그들은 자기네 상을 이미 다 받았 다. 너는 자선을 베풀 때에는, 오른손이 하는 일을 왼손이 모르게 하여, 네 자선 행위를 숨겨두어라. 그리하면, 남모르게 숨어서 보시는 네 아버지께서 너에게 갚아 주실 것이다(마태복음 6:1-4).

산상수훈에서 주님은 유대인들이 경건생활의 핵심이라 생각했던 자선과 기도와 금식에 대해 가르치셨다. 이 세 가지 경건행위에서 예수님이 공히 경계하신 것은 '위선'이다. 위선은 본심에서 우러나오는 행동이 아니라 겉으로만 하는 착

깨어나라,
너 잠자는 자여

한 일을 뜻한다. 거짓 혹은 속이다라는 뜻의 '위僞'자는 '사람 人'변에 '할 爲' 자가 결합되어 있다. 사람의 눈을 의식해서 하는 행동이 곧 거짓이요, 위선이다. 주님은 제자들에게 자선을 베풀든, 기도를 하든, 금식을 하든 '사람들 앞에서' 혹은 '사람들에게 보이려고' 해서는 안 된다고 하셨다.

사람들이 위선적인 행동을 하는 까닭은 무엇 때문일까? 그것은 일종의 자기 위안일 때가 많다. 사람은 대체로 이기적인 욕망에 따라 살지만 가끔 선한 일을 행함으로써 자기가 그래도 꽤 괜찮은 사람이라고 스스로 믿고 싶어 한다. 자선 행위가 자기를 치장하기 위한 장식이 될 때가 많은 것은 그 때문이다. 하지만 진실이 아닌 위선이 삶을 이끌 때 우리 영혼은 더욱 황폐하게 변한다. 제대로 주기 위해서는 먼저 자기를 지우는 연습을 해야 한다. 준다는 의식조차 없는 게 좋다. 주는 행위가 시혜를 베푸는 행동이 될 때, 주는 사람과 받는 사람 사이에는 비대칭적 권력관계가 발생한다. 그러기에 주는 이들은 상대방이 굴욕감을 느끼지 않도록 세심하게 배려해야 한다. 토라는 추수할 때 밭의 한 모퉁이는 남겨두라 가르친다. 그들 곁에 머물고 있는 고아와 과부와 나그네의 몫이라는 것이다. 다 거두어들인 후에 나눠주지 말고, 그들 몫을 남겨둠으로 떳떳하게 살게 하라는 것이다. 칼릴 지브란은 주는 것에 대해 이렇게 말했다.

"주면서도 싫은 생각이 없고, 즐거움을 위하는 맘도 없고, 덕으로 여기는 생각조차 없이 주는 사람이 있다. 그들의 줌은 마치 저 건너 골짜기의 상록수가 공중을 향해 그 향을 뿜는 것과도 같은 것이다. 그런 사람들의 손을 통해 하나님은 말씀하시고 그들의 눈 뒤에서 하나님은 땅을 향해 빙긋이 웃으신다. 청함을 받고 주는 것이 좋으나, 청함을 받기 전에 알아차리고 줌은 더 좋다"(함석헌 전집 16, 『사람의 아들 예수/예언자』, 235쪽).

주는 이들도 잘 주어야 하지만, 받는 이들도 잘 받아야 한다. 받는 이들도 괜히 주눅이 들거나 부끄러워해야 할 까닭이 없다. 물론 게으름이나 무절제한 삶으로 인해 누군가의 도움을 받아야 한다면 사정이 조금 다르다. 아무리 애써도 곤경에서 벗어나기 어려운 이들은 일어설 수 있을 때까지 누군가의 도움을 받을 수밖에 없다. 받는 이들은 신세진다는 생각에 괴로워 할 것 없다. 감사함으로 받고 형편이 되면 받았던 사랑을 곤경에 처한 다른 이에게 되돌려주면 된다. 사랑의 연결고리를 만들어가는 것이 바로 성숙한 삶이다.

깨어나라,
너 잠자는 자여

하나님, 사람은 자기 마음의 주인이 아닌 것 같습니다. 좋은 사람이 되고 싶고, 담백한 사람이 되고 싶지만 늘 남의 눈을 의식하며 살기에 우리는 자유롭지 못합니다. 사람을 의식하지 않고 살 수는 없는 노릇이지만, 그들의 시선만 의식하다가는 우리는 위선자가 될 수밖에 없습니다. 주님의 마음을 품고 사는 새 사람이 되고 싶습니다. 마음 깊은 곳에서 우러나온 사랑으로 사람들을 대하며 살게 해주십시오. 아멘.

깨어나라,
너 잠자는 자여

주님께서 모세에게 말씀하셨다. "너는 이스라엘 자손에게 다음과 같이 일러라. 일곱째 달, 그 달 초하루를 너희는 쉬는 날로 삼아야 한다. 나팔을 불어 기념일임을 알리고, 거룩한 모임을 열어야 한다. 이 날 너희는 생업을 돕는 일은 아무것도 하지 말고, 주에게 살라 바치는 제물을 바쳐야 한다"(레위기 23:23-25).

유대인들은 유대력으로 일곱 번째 달 초하루를 '새해'로 기념했다. 우리 달력으로는 대체로 10월경이 된다. 새해를 히브리 말로 '로쉬 하샤나 Rosh Hashana'라고 한다. 우리말 성경은 이 날을 '나팔절'이라고 옮겼다. 유대력으로 칠월은 팔레스타인 농부들이 올리브와 포도 수확을 거의 마치는 때이고, 첫 번째 가을비가 내려 땅이 촉촉하게 젖어들고, 풀들이 푸릇푸릇 돋아나기를 기다리는 때이다. 수확의 기쁨과 다가올 농사철에 대한 기대와 설렘 사이에서 그들은 새로운 날을 기념했던 것이다.

이날 사람들은 양의 뿔로 만든 나팔을 불어 기념일이 시작되었음을 알렸다. 단속적으로 이어지는 그 소리는 새로운 시간이 도래하고 있음을 알리는 표시였다. 그 소리는 하나님과의 언약을 상기시키는 소리였고, 하나님 앞에서 삶을 돌아보라는 초대이기도 했다. 유대인들은 로쉬 하샤나를 뒷받침하기 위해 갖가지 전설들을 만들어냈다. 바로 그 날이 아담이 창조된 날이라고도 하고, 요셉이 애굽의 감옥에서 풀려난 날이라고도 하고, 모세가 바로 앞에 선 날이라고도 한다. 20세기의 유대교 철학자인 마이마너디는 온 천지에 울려 퍼지는 뿔 나팔 소리에 담긴 메시지를 이렇게 설명했다.

"깨어나라, 너 잠자는 자여,/너의 창조자를 기억하고 회개하라./그림자를 사냥하는 사람이 되지 말며/공허한 것을 찾느라 인생을 소비하는 자가 되지 말라./너의 영혼을 들여다보라./너의 악한 방법과 생각에서 떠나고 하나님께 돌아오라./그리하면 하나님께서 너를 긍휼히 여기시리라"(변순복, 〈성경 속의 절기를 찾아 떠나는 여행〉, 221쪽).

로쉬 하샤나는 창조주를 기억하는 날, 허비한 인생을 부끄러워하며 회개하는 날, 하나님께 돌아가는 날인 것이다. 이날 유대인들은 "네 이름이 기록되는 좋은 해가 되길 바란다"고 새해 덕담을 주고받는다고 한다. 하나님의 심판을 넘어 생명책에 기록되기를 바란다는 축원이다. 전통적으로 유대인들은 이날 할라 빵과 사과와 꿀을 먹었다. 솜씨 좋은 제빵사들은 그 빵을 사다리 모양, 새 모양, 왕관 모양으로 구워냈다. 사다리는 새해의 기도가 하늘에 올라가 하나님께 상달되기를 바란다는 뜻이고, 새는 은혜의 상징이고, 왕관은 하나님의 왕권을 인정하고 모든 것을 그분께 맡기라는 뜻이다. 사과는 그 둥근 모양처럼 한 해가 원만하게 진행되기를 바란다는 뜻이고, 꿀은 달콤한 한 해가 되라는 뜻을 내포하고 있다. 로쉬 하샤나 첫날 오후가 되면 사람들은 '죄를 바다의 깊음 속에 던져버리기 위해' 흐르는 물가로 모이곤 했다. 이것을 타슐라히라고 하는 데 '던져버려라'라는 뜻이라고 한다. 새로운 시간은 저절로 오는 것이 아니라 철저히 참회하고, 간절히 바라는 이들에게 주어지는 선물이다.

깨어나라,
너 잠자는 자여

하나님. 삶이 권태롭다고 느낄 때마다 뭔가 새로운 사건이 벌어지기를 기대합니다. 하지만 수첩을 바꾸고, 벽에 새로운 달력을 건다고 하여 시간이 새로워지지는 않습니다. 옛 삶과 결별하지 않는 한 새로운 시간은 이미 낡은 시간일 수밖에 없으니 말입니다. 부끄러웠던 삶을 주님 앞에 온전히 내려놓습니다. 그리고 설렘으로 우리에게 주어진 시간을 맞이하겠습니다. 주님이 우리를 어디로 이끄시든 감사함으로 따라가겠습니다. 아멘.

"

"

_____

_____

"

"